☀ **pmv** PETER MEYER VERLAG

pmv-Reiseführer werden nach ökologischen Grundsätzen hergestellt. Zu unseren inhaltlichen Kriterien gehören regionale, mit ÖPNV erreichbare Reiseziele sowie Ausflüge und Aktivitäten, die Natur und Umwelt schonen. Darüber hinaus helfen wir durch achtsamen Umgang mit Rohstoffen, Vermeidung von Plastik, Nutzung von Recyclingpapier und grünem Strom sowie kurzen Transportwegen, die Natur zu bewahren. Mit unserer konsequenten Haltung setzen wir im Buch- und Reiseführerbereich Maßstäbe.

Inhalt und Umschlag dieses Buches wurden auf umweltfreundlichen Papieren, die zu 100 % aus Altpapier bestehen, gedruckt. Die Druckfarben aus Pflanzenölen sind frei von Mineralölen und tierischen Inhaltsstoffen. Unsere obligatorische Klimaspende für dennoch verursachtes CO_2 fließt einem Wiederaufforstungsprojekt im Harz zu. Die Nachhaltigkeit dieses Buches wird durch seine Auszeichnung mit dem Blauen Engel garantiert. Genießen Sie Ihren grünen Urlaub!

W0078312

VEGAN
Veganes Druckprodukt

www.blauer-engel.de/uz195

Spannend. Lütt & lustig. Nachhaltig.

IMPRESSUM

© 2. Auflage 2022 • pmv Peter Meyer Verlag • Am Weidenberg 18 •
55291 Saulheim in Rheinhessen • www.PeterMeyerVerlag.de • info@PeterMeyerVerlag.de
© Die pmv-Reihe „... mit Kindern" existiert seit 1996 und ist namentlich geschützt.
Umschlag- und Reihenkonzept, insbesondere die Kombination von Griffmarken- und Schlag-
wort-System, sowie Text, Gliederung und Layout, Karten, Grafiken, Piktogramme und Illustra-
tionen sind urheberrechtlich geschützt. Abdruck und Einspeisung in elektronische Medien, auch
auszugsweise, nur mit Genehmigung des Verlags. Kopien vom gedruckten oder digitalen Buch
sind nur für den privaten, nicht kommerziellen Gebrauch gestattet.
Druck & Bindung: oeding print GmbH, Braunschweig, www.oeding-print.de
Umschlaggestaltung: Königsblau Design, Heidelberg • **Fotos:** Wenn nicht anders angegeben,
alle Rechte beim Verlag, siehe Nachweis beim jeweiligen Bild. Cover: mauritius images GmbH
Karten: pmv, Verkehrslinienplan: HVV • **Zeichnungen:** Silke Schmidt
ISBN 978-3-89859-476-9 (print), -074-7 (PDF) • Erhältlich überall dort, wo es Bücher gibt.

pmv ist Träger des Gütesiegels **Deutscher Verlagspreis** der Beauftragten der Bundesregierung
für Kultur und Medien für herausragende Leistungen in der gesamtverlegerischen Tätigkeit.

für Reise & Region
PMV PETER MEYER VERLAG
100 % GRÜN
seit 1976

HAMBURG
mit Kindern

von Kirsten Wagner & Stefanie Wülfing

Im & auf dem Wasser

NaturTouren

Spiel, Sport & Abenteuer

Museen & Betriebe

Kreuz & quer & kreativ

Raus aus Hamburg

INHALT

ÜBER DIE AUTORINNEN

Kirsten Wagner

… schreibt seit vielen Jahren Freizeit- und Reiseführer. Auch entwickelt sie Internetseiten für Kinder. In alle Länder der Erde könnt ihr auf www.kinderweltreise.de fahren! Für pmv war sie nach dem Harz, Hannover und der Lüneburger Heide nun erneut in Hamburg unterwegs. Dafür ist sie von Braunschweig sogar drei Monate in ihre Lieblingsstadt gezogen, um vor Ort alles testen zu können – und wohnt inzwischen ganz in Hamburg.

Ihre Recherchen zu diesem Reiseführer wurden gefördert von:

VG WORT

NEU START KULTUR

Die Beauftragte der Bundesregierung
für Kultur und Medien

Stefanie Wülfing

… ist schon lange Wahlhamburgerin. Mit ihren Kindern Ben (11) und Laura (7) hat sie die Hansestadt nach den schönsten Spielplätzen, spannendsten Museen und tollsten Theatern durchkämmt. Sie unterrichtet Deutsch als Fremdsprache und macht zusätzlich gerade eine Ausbildung zur Yogalehrerin.

VORWORT

Hamburg – das sind Elbe und Alster, Hafen und Elbphilharmonie, Michel und Speicherstadt. Aber was gibt es noch in der Hansestadt? Was können Familien mit Kindern hier erleben?

Für die zweite Auflage von *Hamburg mit Kindern* haben wir uns erneut auf die Suche gemacht nach den besten Tipps und den spannendsten Neuerungen. Dabei haben wir so manch Unerwartetes entdeckt. Denn wer rechnet in Hamburg schon mit Dünen und Mooren? Was steckt hinter Drachenlabyrinth und Goblinstadt? Was verbirgt sich hinter der Wunderkammer oder dem Museum of Popcorn? Wo kann man unter Dinos planschen und mit einem Esel wandern? Für uns gab es so manche „Oh-" und „Aha"-Erlebnisse und die werdet ihr bestimmt auch haben!

Egal, ob ihr nun selbst in Hamburg wohnt oder ob ihr als Besucher kommt – in *Hamburg mit Kindern* erhaltet ihr zahlreiche Anregungen, was ihr hier unternehmen könnt: Am, auf oder im Wasser, in der Natur oder in einem der zahlreichen Museen. Besonderen Wert haben wir auf umweltfreundliche Aktivitäten gelegt. So findet ihr auch viele Wanderungen und Radtouren, die euch garantiert Spaß machen. Da könnt ihr Gallowayrindern begegnen, Hirsche röhren hören oder auf dem Horizontweg wandeln. Und auch die Anfahrt mit Bus und Bahn steht immer mit dabei. Wen es schließlich doch raus aus der Stadt zieht, der findet im Ausflugskapitel zahlreiche Anregungen für gelungene Sonn- und Ferientage.

Wir wünschen euch viel Spaß beim Entdecken von Hamburg!

Kirsten Wagner und Stefanie Wülfing

Der Aufbau dieses Buches

▶ Euer Buch *Hamburg mit Kindern* ist in **6 Griffmarken** gegliedert. Fünf davon widmen sich dem, was Kindern in der Stadt Spaß macht, eine Griffmarke verführt euch zu Ausflügen *Raus aus Hamburg*.

Hallo! Ich bin **Karlotta**. Meine Freunde und ich sind eure Themen-Spezialisten. Ich z.B. liebe das Wandern.

Im & auf dem Wasser: In dieser Griffmarke zeigt euch *Sam,* die Wasserratte, den Weg zu Frei- und Hallenbädern, zu Seen und Flüssen, zu Kanu-, Tretboot- und SUP-Board-Verleih sowie Schifffahrten. Ihr erfahrt sogar, wo ihr segeln oder surfen lernen könnt. Nicht nur für HH-Besucher, sondern auch für einheimische Familien ist eine Schifffahrt mit einer Barkasse durch den Hafen und die Speicherstadt ein besonderes Erlebnis.

NaturTouren ist das Lieblingskapitel von *Karlotta,* unserer neugierigen Igelin. Sie liebt es, draußen unterwegs zu sein und die Natur zu erforschen. Sie weist euch den Weg zu Tierparks, Ponyreiten und Erlebnisbauernhöfen. Karlotta zeigt euch zudem die schönsten kindgerechten Touren, die ihr spazierend und radelnd in Hamburg unternehmen könnt.

Das ist **Sam**. Als waschechte Wasserratte kennt er jede Pfütze.

Spiel, Sport & Abenteuer ist für alle Kids und Freunde schön, deswegen seht ihr hier die ganze Rasselbande in Aktion: *Karlotta* mit *Specki,* dem Specht, und *Susi,* dem Schwein, und den anderen, die ebenfalls gern draußen sind. So findet ihr in diesem Abschnitt Abenteuer- und besonders schöne Spielplätze, Hochseilgärten und Skateparks. Wintersport in Hamburg? Na klar, auch eislaufen und rodeln könnt ihr in der Hansestadt.

Mauli Mau, Experte für Technik und Geschichte ...

Museen & Betriebe ist das Fachgebiet von *Mauli Mau:* Der Maulwurf mit der praktischen Latzhose bringt euch in die vielen spannenden Museen von Hamburg. Ihr werdet überrascht sein, wie viel es auch bei schlechtem Wetter zu entdecken gibt! Oder wie wäre es mit einer Betriebsbesichtigung? Wie eine Mühle funktioniert

... und **Mockes**, der begabteste Hase im Universum.

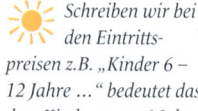

Schreiben wir bei den Eintritts-preisen z.B. „Kinder 6 – 12 Jahre …" bedeutet das, dass Kinder unter 6 Jahre freien Eintritt haben.

Schreibt an: Am Weidenberg 18, Saulheim. www.PeterMeyerVerlag.de. Trefft uns auf facebook.com/PeterMeyerVerlag mit vielen guten Tipps rund ums Reisen und Ausfliegen.

oder wie ein Anker in den Bonbon kommt, bleibt jetzt kein Geheimnis mehr.

Kreuz & quer & kreativ: *Mauli Mau* holt sich hier Unterstützung von *Mockes,* dem musikalischen Hasen. Die beiden nehmen euch mit zu den touristischen Höhepunkten wie der Michaeliskirche, dem Alten Elbtunnel oder dem Rathaus. Sehr spannend wird es auch, wenn ihr im gläsernen Aufzug nach oben fahrt oder die Unterwelt besichtigt. Dass so eine Stadtbesichtigung gar nicht langweilig sein muss, erfahrt ihr spätestens auf der Pfefferkörner-Tour oder dem Rundgang in Gummistiefeln. Bei Schietwetter geht es ins Kindertheater, Kino oder in den Zirkus! Ihr könnt Filme machen oder in der Bibliothek lesen und spielen gehen.

Ihr habt Lust auf einen Ausflug? Dann hilft euch das Kapitel **Raus aus Hamburg** weiter. Besucht doch einmal den Barfußpark in Egestorf, den Wildpark Schwarze Berge oder düst mit dem Katamaran nach Helgoland – direkt von den Landungsbrücken aus! Der farbige **Kartenatlas** sorgt für die nötige Orientierung und gibt einen Überblick über das Stadtgebiet. Der Verkehrslinienplan zeigt euch, wie ihr umweltfreundlich mit S- und U-Bahn zum Ziel kommt. Es ist also an alles gedacht – nur losziehen müsst ihr selbst!

In eigener Sache

All diese vielen Infos zusammenzutragen und aufzuschreiben, hat viel Zeit und Mühe gekostet. Und trotz aller Sorgfalt können sich Fehler eingeschlichen oder Preise und Öffnungszeiten geändert haben, zumal wegen aktuell wechselnder Corona-Vorschriften. Wir bitten um Nachsicht und eine kurze Info darüber. Auch wenn ihr etwas Neues entdeckt habt, freuen wir uns über eine eMail oder Postkarte!

Und noch ein Hinweis: Ihr wandert und radelt stets auf eigene Gefahr, aber hoffentlich immer mit großer Freude.

HVV & Tourist-Information

HVV – Hamburger Verkehrsverbund

Steindamm 94, 20099 HH-Innenstadt. ✆ 040/3257750,
www.hvv.de. **Infos:** HVV-Infotelefon ✆ 040/19449.

Am entspanntesten seid ihr in Hamburg mit **Bus
und Bahn** unterwegs, denn Parkplätze sind rar und
teuer. Der Großbereich des **Hamburger Verkehrs-
verbundes (HVV)** bedient das Hamburger Stadtgebiet (im Tarifplan die Ringe A und B), sein Gesamtbereich reicht sogar weit nach Schleswig-Holstein
und Niedersachsen hinein.

Am bequemsten erfragt ihr Verbindungen mit der
Suchmaske der HVV-Internetseite oder über die
App, über die ihr auch direkt Fahrkarten kaufen
könnt.

Im **Gebiet AB** (Stadtgebiet Hamburg) kostet
eine Fahrkarte für Erwachsene 3,50 € und die
Ganztageskarte 8,20 €. Die Tageskarte gilt für eine Person und bis zu drei Kinder (6 – 14 Jahre).
Oft lohnt sich eine Tageskarte schon ab zwei Fahrten.

Die **9-Uhr-Tageskarte** gilt ab 9 Uhr und kostet im
Stadtgebiet 6,90 €. Sie ist auch als **9-Uhr-Gruppen-
karte** erhältlich für bis zu 5 Personen, 12,90 €. Jedes
Jahr im Dezember erfolgt ein Fahrplanwechsel und
der Linienfahrplan wird aktualisiert.

Der QR-Code
bringt euch zum Bahn- &
Bus-Angebot des

☀ Kinder unter 6
Jahre fahren
kostenlos mit. Die Fahr-
karte für Kinder zwi-
schen 6 und 14 Jahre
kostet einheitlich für den
Großbereich 1,30 €, für
den Gesamtbereich
3,90 €.

Solltet ihr nur ein paar Tage in Hamburg bleiben,
lohnt sich die **Hamburg Card.** Diese Karte gewährt
für 1 – 5 Tage freie Fahrt im Stadtgebiet mit Bus und
Bahn sowie bis zu 50 % Ermäßigung bei rund 150
Kooperationspartnern wie Museen, Stadtrundfahr-
ten, Theatern und Restaurants. Die Karte gilt für
1 Person mit bis zu 3 Kindern bis 14 Jahre oder als
Gruppenkarte für bis zu 5 Personen: 1 Tag 10,90 €,
Gruppe 18,90 €, 2 Tage 19,70 bzw. 33,80 €, 3 Tage
28,40 bzw. 47,90 €, 4 Tage 36,90 bzw. 62,90 € und
5 Tage 43,90 bzw. 77,90 € (im Großbereich).

🚲 **Fahrräder** dürfen
in U- und S-Bah-
nen und vielen Bussen
kostenlos mitgenom-
men werden, außer
Mo – Fr 6 – 9 und 16 –
18 Uhr. Auf den Elbfäh-
ren und in den Ferien
gelten diese „Sperrzei-
ten" nicht.

FESTKALENDER HAMBURG

Februar: Wochenende vor Karneval: **Maskenzauber an der Alster,** Venezianischer Karneval in Hamburg.

März: Mitte März – Mitte April: **Frühjahrsdom** auf dem Heiliggeistfeld: großer Jahrmarkt mitten in der Stadt.

Mai: Wochenende um den 7. Mai: **Hafengeburtstag,** Hamburg feiert vier Tage lang im Hafen den Jahrestag seiner Zollfreiheit.

Mitte: **Japanisches Kirschblütenfest,** Fest an der Alster mit großem Feuerwerk.

Ende: **Hamburger Spieletage** im Hamburg Haus Eimsbüttel mit 2000 Spielen.

Juni: 2. Hälfte: **Umsonstfest,** Verschenkeflohmarkt, Musik, Kinderprogramm und Essen für die Familie.

Laut und Luise, Kindermusikfest in Planten un Blomen.

Jeden So Juni – Aug: **Sommer in der HafenCity** mit Theater, Konzerten und Kinderprogramm am Nachmittag oder Abend.

Juli: Anfang Sommerferien, **Kinder-Hit-Tag der Polizei.**

Mitte Juli – Mitte Aug: **Sommerdom.**

August: Ende: **Hamburger Tag der Familien,** mit buntem Programm von mehr als 200 Vereinen und Institutionen in vielen Stadtteilen.

September: Mitte Sep – Mitte Nov, **KinderKinder – Internationales Musik- und Theaterfestival.**

Sep/Okt, **Seiteneinsteiger,** Lesefest mit Lesungen und Veranstaltungen rund ums Buch und Schreiben.

Oktober: **Code Week,** mit Workshops mit Blick hinter die Kulissen der digitalen Welt.

November: **Hamburger Märchentage,** Lesungen mit Begleitprogramm in ganz Hamburg.

Mitte Nov – Mitte Dez: **Winterdom.**

Dezember: Ende Nov – Weihnachten: **Weihnachtsmärkte** und **Märchenschiffe** auf der Alster.

Hamburg Touristinformation

Hauptbahnhof/Ausgang Kirchenallee, 20095 HH-Innenstadt. ✆ 040/300511701, www.hamburg-tourism.de. **HVV:** Verkehrsknotenpunkt Hbf aller S- und U-Bahnen, ZOB über südlichen Ausgang (Adenauerallee). **Zeiten:** Mo – Fr 9 – 17, Sa, So, Fei 10 – 16 Uhr.

▶ Hamburg Tourismus hat vier Anlaufstellen: am Hauptbahnhof, am Hafen bei den St. Pauli Landungsbrücken zwischen Brücke 4 und 5, im Flughafen und das Welcome Center für neue Bürger Hamburgs. Bei den ersten beiden zentralen Standorten erhaltet ihr alle Informationen, die ihr braucht. Dazu erhaltet ihr die ✐ **Hamburg Card,** Stadtpläne und viel Wissenswertes zu den Sehenswürdigkeiten.

 **Hilfreiche Internetportale:**

www.hamburg.de: Offizielle Internetseite der Stadt Hamburg mit allgemeinen Tipps zu Festen, Museen und Veranstaltungen für jede Jahreszeit.

www.hamburg-magazin.de: Infos zu Sehenswürdigkeiten, Stadt- und Hafenrundfahrten, Veranstaltungen und Flohmärkten.

FESTE RAUS AUS HAMBURG

Mai:	1. Wochenende, Jork: **Altländer Blütenfest** mit Krönung der Blütenkönigin. Volksfest mit Umzügen und Musikveranstaltungen.
	Letztes Wochenende, Stade: **Tag der Hanse** mit Erlebnisstadtführungen durch die Altstadt und traditionelles Labskaus-Essen am Hafen.
	Letztes Wochenende, Jork-Neuenschleuse: **Wikingermarkt.**
Pfingsten:	Norderstedt, Stadtpark: **Parkperplex** mit Zirkuskunst.
Juni:	2. Wochenende, Wedel: **Hafenfest** mit Bootstouren, Bühnenprogramm und Entenrennen.
	3. Wochenende, Stade: **Altstadtfest**.
Juli:	Anfang Juli, Altes Land: **Kirschwochen** und **Altländer Kirschmarkt.**
August:	Mitte/Ende, Amelinghausen und Schneverdingen: **Heideblütenfeste**.
	Aug – Okt, **Altländer Apfeltage** mit Veranstaltungen auf den Obsthöfen.
September:	Anfang, Stade: **Hafenfest**.
Dezember:	Stade, Ahrensburg, Norderstedt: **Weihnachtsmärkte.**

IM & AUF DEM WASSER

NAH ANS WASSER GEBAUT

Hamburg ist eine Wasserstadt! Nicht nur die Elbe, der Hafen oder die Alster laden dazu ein, sich aufs Wasser zu begeben, sondern auch die vielen Kanäle, Flussarme und Fleete. Unzählige Stationen verleihen Kanus, SUP-Boards, Ruder- und Tretboote. Segelkurse sind ebenso im Angebot wie Hafenrundfahrten auf Barkassen und Schaufelraddampfern. Wer sich ins Wasser begeben möchte, hat im Sommer die Wahl zwischen vielen Frei-, Strand- und Naturbädern sowie mehreren Seen. Ganzjährig locken tolle Erlebnisbäder unter ihre Dächer.

Flossen hoch!
Die „Pinguine" in der Bäderland-Schwimmschule
© Bäderland Hamburg

UNSERE LIEBLINGSTIPPS FÜR ALLE „KINNERS"

Kleine Wasserratten bis **5 Jahre** freuen sich auf die Wasserspielplätze Bondiland im Freizeitbad Bondenwald, das Wikiland im MidSommerland, das Lillebille im Bille-Bad und das Taka Tuka KinderLand im Parkbad Volksdorf.

Kinder **ab 6 Jahre** lieben den Actionpool mit Kletterwand im Bondenwaldbad. Im Dinoland im Festland planschen alle **zwischen 3 und 12 Jahre** gern.

Kinder **ab 8 Jahre** freuen sich auch über eine SUP-Tour, eine Tretbootfahrt im Flamingo oder einen Segelkurs auf der Außenalster.

> Hamburg besitzt über 2300 Brücken – mehr als Venedig!

BADEN & PLANSCHEN

☀ Wenn ihr eure Karten im Onlineshop kauft, könnt ihr sicher sein, dass es zu der Zeit, wenn ihr ins Wasser möchtet, nicht schon zu voll ist.

Hallen- und Spaßbäder

Wellengang im Holthusenbad

Goernestraße 21, 20249 HH-Eppendorf. ✆ 040/188890, www.baederland.de. **HVV:** U1, 3, Bus 22, 25, 26 bis Kellinghusenstraße. **Zeiten:** 10 – 22 Uhr.
Preise: 3 Std 10 €, Sa; So 10,50 €; Kinder bis 12 Jahre 3 €, 12 – 15 Jahre 6,40 €, Sa, So 0,20 € Zuschlag.

▶ Im Holthusenbad könnt ihr sowohl in der Therme als auch im Wellenbad gegenüber viel Spaß haben. Alle halbe Stunde erwarten euch fünf Minuten stürmischer Wellengang. Meistens sind auch Matten zum Draufsitzen und Festhalten im Wasser. Besonders schön ist die Verbindung von Kleinkindbecken mit Wasserspuckern und Minirutsche mit dem Wellenbad. Für Frischluftliebhaber gibt es ein beheiztes Außenbecken.

Kaifu-Bad

Hohe Weide 15, 20259 HH-Eimsbüttel. ✆ 040/188890, www.baederland.de. **HVV:** U2 bis Christuskirche.

Zeiten: Mo – Do 9 – 22, Fr 9 – 23, Sa, So 10 – 23 Uhr, Freibad Mai – Sep. **Preise:** 6,80 €; Kinder bis 11 Jahre 1,60 €, 12 – 15 Jahre 3,20 €.

▶ Kaifu ist keine neue Kampfsportart, sondern die Abkürzung für das **Kaiser-Friedrich-Ufer.** Das Südufer des Isebekkanals trägt diesen Namen und an dem liegt das Kaifu-Bad. Um 1900 erbaut, versprüht es den Charme seiner Zeit und bietet doch modernen Komfort. Im **Freibad** erwarten euch neben dem 50-m-Schwimmbecken ein Planschbecken mit bunten Spielgeräten sowie eine Sprunganlage mit extra Becken. Bei Sprüngen aus 5 oder gar 10 m Höhe könnt ihr euren Mut unter Beweis stellen oder ihr übt erst einmal an den niedrigeren Sprungbrettern. Das **Hallenbad** besitzt ein Schwimmbecken von 21 m Länge und ein ganzjährig beheiztes Außenbecken (25 x 10 m).

Lillebille im Bille-Bad Bergedorf

Reetwerder 25, 21029 HH-Bergedorf. ℰ 040/18889-0, www.baederland.de. **HVV:** Bus 135 bis Bille-Bad, Haupteingang Schillerufer. **Zeiten:** 10 – 22 Uhr. **Preise:** 6,80 €; Kinder bis 11 Jahre 1,60 €, 12 – 15 Jahre 3,20 €.

▶ Wer hier im Außenbereich schwimmt, zieht direkt am idyllischen Flüsschen *Bille* vorbei. Zu erreichen ist der ganzjährig beheizte Außenpool direkt von der Halle. Dort locken neben dem Sportbecken (25 m) ein 32 Grad warmes Erlebnisbecken mit Wasserfall und der Wasserspielplatz Lillebille mit Floß und Baumhaus für Kinder bis 6 Jahre ins nasse Element.

In der Schwimmschule vom Bäderland werdet ihr schnell zu Wasserratten. Die Kurse finden z.B. im Bille-Bad oder im Bondenwald-Bad statt. Seepferdchenkurs 169 €, Freischwimmer (Bronze) 96 €.

Klein-Schweden in Hamburg: MidSommerland

Gotthelfweg 2, 21077 HH-Harburg. ℰ 040/188890, www.baederland.de. **Lage:** Am Harburger Stadtpark. **HVV:** Bus 146 bis Freizeitbad MidSommerland. **Zeiten:** 12 – 20 Uhr. **Preise:** 3 Std 10 €; Kinder bis 11 Jahre 3 €, 12 – 15 Jahre 6,40 €.

Für Wasserratten lohnt sich die Multi Card, eine Bäderland-Guthabenkarte, mit der ihr bis zu 18 % Ermäßigung auf euren Eintritt und die Teilnahme an Kursen bekommt.

▶ Klein-Schweden in Hamburg: Das ist das Mid-Sommerland. Eine Erlebnisrutsche mit mehreren Auffangbecken und wechselndem Wasserstrom (Anzeigentafel im Bad beachten), ein Wasserfall und ein großes Becken mit Gegenstromanlage garantieren Schwimm- und Wasserspaß. Außerdem: ein Wikingerschiff mit Wasserkanone und Rutsche und ein Kinderbecken mit einem Spielfloß im Freibad.

Licht und Luft in der Schwimmhalle Inselpark

Kurt-Emmerich-Platz 12, 21109 HH-Wilhelmsburg. ✆ 040/18889-0, www.baederland.de. **HVV:** S3, 31 bis Wilhelmsburg, Bus 13, 151, 152, 154, 156, 252 bis Dratelnstraße. **Auto:** Parkplatz Inselpark (bis 5 Std 5 €). **Zeiten:** Mo – Do 10 – 20 Uhr (Mitte Okt – März Mo nur 10 – 15 Uhr, ab 16 Uhr nur für weibliche Personen), Fr 8.30 – 20, Sa, So 10 – 18 Uhr. **Preise:** 6,80 €; Kinder bis 11 Jahre 1,60 €, 12 – 15 Jahre 3,20 €.

Macht doch gleich noch einen Abstecher in den ↗ Inselpark!

▶ Das alte Wilhelmsburger Schwimmbad hat 2013 einem modernen Bau Platz gemacht. Die Glasfassade in Richtung Süden lässt nicht nur viel Licht hinein, sondern sie kann im Sommer auch vollständig geöffnet werden. Einem Sonnenbad auf der Liegewiese steht dann nichts mehr im Weg. Neben einem Mehrzweckbecken mit einer Länge von 25 m und einer Sprunganlage gibt es ein Kursbecken und ein Kinderbecken. Im Sportbecken trainieren nicht nur Vereine, sondern auch die Hamburger Wasserballer.

Wasservergnügen mit Elbblick

Hallen- und Freibad Finkenwerder, Finksweg 82, 21129 HH-Finkenwerder. ✆ 040/18889-0, www.baederland.de. **HVV:** Fährlinie 62 ab Landungsbrücke 3, Bus 146, 150, 251 bis Steendiek. **Auto:** A7 Ausfahrt 30 HH-Waltershof, Finkenwerder Straße, Aue-Hauptdeich, Ostfrieslandstraße, Benittstraße, Focksweg. **Zeiten:** Hallenbad Di – Do 14 – 18, Fr 8.30 – 18, Sa 10 – 18 Uhr, Freibad Mai – Sep Mo – Do 10 – 20, Fr 8.30 – 20, Sa, So

10 – 18 Uhr. **Preise:** Freibad 3,70 €, Hallenbad 6,80 €; Kinder bis 11 Jahre 1 €, Hallenbad 1,60 €, 12 – 15 Jahre 1,70 €, Hallenbad 3,20 €.

▶ Auf der einen Seite die Elbe, auf der anderen Seite der Steendiekkanal und noch dazu mitten im Gorch-Fock-Park – so herrlich liegt das Schwimmbad in Finkenwerder. Mit Blick aufs Wasser und so manches vorüberfahrende Schiff lässt sich hier wunderbar planschen. Ein 50-m-Becken mit Nichtschwimmerbereich und Sprungkuhle (1- und 3-m-Brett) bietet viel Platz für sommerlichen Badespaß. Ein Wasserspielplatz, Tischtennisplatten, ein Beachvolleyballfeld und ein Basketballkorb sorgen für Abwechslung auf dem Trockenen.

In der kühleren Jahreszeit könnt ihr im 25-m-Mehrzweckbecken des Hallenbades abtauchen.

Kleine Pause: Laura gehört zur Spezies „Unermüdliche Wasserratte"
© Stefanie Wülfing

Planschen im Krokoka

Hallenbad Süderelbe, Neugrabener Markt 9, 21149 HH-Neugraben-Fischbek. ✆ 040/18889-0, www.baederland.de. **HVV:** S3 bis Neugraben; Bus 240, 250 bis Neugrabener Markt. **Auto:** Kostenlose Parkplätze. **Zeiten:** Di – Do 10 – 20, Fr 8.30 – 21, Sa, So 10 – 18 Uhr. **Preise:** 6,80 €; Kinder bis 11 Jahre 1,60 €, 12 – 15 Jahre 3,20 €.

▶ Krokoka heißt hier euer Ziel. Das ist nämlich der Wasserspielbereich für alle Kinder bis 12 Jahre. Hier gibt es Palmen und eine Krokodil-Minirutsche. Zum Hallenbad gehören außerdem ein 25-m-Mehrzweckbecken, Sprungbretter und ein Babybecken.

Rutschend oder kletternd ins Nass

Schwimmbad Billstedt, Archenholzstraße 50a, 22117 HH-Billstedt. ✆ 040/18889-0, www.baederland.de. **HVV:** U2 bis Billstedt; Bus 432 bis Liebezeitstraße. **Auto:** Kostenlose Parkplätze. **Zeiten:** Di – Do 15 – 20, Fr 8.30 – 20, Sa, So 10 – 18 Uhr, Freibad Mai – Sep. **Preise:** 6,80 €; Kinder bis 11 Jahre 1,60 €, Kinder 12 – 15 Jahre 3,20 €.

IM & AUF DEM WASSER

▶ Die Sonne lacht über Hamburg? Dann nichts wie hin ins Freibad von Billstedt. Dort erwartet euch mit der Waterclimbing-Wand ein besonderer Höhepunkt. Auf drei Routen könnt ihr 6 m weit in die Höhe klettern und euch anschließend ins Wasser fallen lassen. Außerdem gibt es hier ein 50-m-, ein Nichtschwimmer- und ein Planschbecken, außerdem ein Sprungbecken mit 1-m- und 3-m-Brettern sowie einem 5-m-Sprungturm.

Wenn im September das Wasser draußen abgelassen wird, geht der Badespaß im frisch renovierten Hallenbad mit neuem Edelstahlbecken weiter. Die 96 m lange Reifenrutsche dürft ihr ab 7 Jahre allein hinabsausen. Für die 40 m lange Turborutsche solltet ihr 13 Jahre alt sein.

Familienbad Rahlstedt

Rahlstedter Bahnhofstraße 52, 22143 HH-Rahlstedt. ✆ 040/18889-0, www.baederland.de. **HVV:** Bus 26 bis Liliencronpark. **Auto:** Kostenlose Parkplätze. **Zeiten:** Mo – Do 10 – 20, Fr 8.30 – 20, Sa, So 10 – 18 Uhr. **Preise:** 6,80 €; Kinder bis 11 Jahre 1,60 €, 12 – 15 Jahre 3,20 €.

Hallenbäder ohne Schnickschnack, meist mit einem 25-m-Becken und einem Nichtschwimmerbecken, findet ihr in Rahlstedt, Blankenese, an der Elbgaustraße und in Wandsbek.

▶ Das 2018 modernisierte Hallenbad und das an diesem Standort 2021 neu eröffnete Freibad wurden zu einem Familienbad zusammengelegt. Somit ist nun ganzjähriger Badespaß garantiert! Draußen gibt es neben einem beheizbaren 25-m-Becken auch einen bunten Wasserspielplatz. Drinnen locken neben dem Mehrzweckbecken mit einer Länge von ebenfalls 25 m auch eine Spunganlage, ein Baby- und ein Nichtschwimmerbecken mit zwei Rutschen.

Rutschpartie im Hallenbad Bramfeld

Fabriciusstraße 223, 22177 HH-Bramfeld. ✆ 040/18889-0, www.baederland.de. **HVV:** Bus 118. **Auto:** Kostenlose Parkplätze. **Zeiten:** Di – Do 10 – 20, Fr 8.30 – 21, Sa, So 10 – 18 Uhr. **Preise:** 6,80 €; Kinder bis 11 Jahre 1,60 €, 12 – 15 Jahre 3,20 €.

▶ Über eine Länge von 79 m genießt ihr hier die Rutschpartie, bei der die Zeitmessanlage und die Lichteffekte für weiteren Spaß sorgen.

Neben einem 25 m langen Mehrzweckbecken mit Sprungbereich gibt es ein Nichtschwimmerbecken mit den Ausmaßen 12 x 9 m. Hier ist euer Revier im 32 Grad warmen Wasser!

Taka Tuka KinderLand im Parkbad Volksdorf

Rockenhof, 22359 HH-Volksdorf. ✆ 040/18889-0, www.baederland.de. **Lage:** Direkt an der U-Bahnstation Volksdorf. **HVV:** U1 bis Volksdorf, Bus 24, 174, 375 bis U Volksdorf, dann geradeaus in die Straße Rockenhof. **Zeiten:** 12 – 20 Uhr. **Preise:** 3 Std 8,20 €; Kinder bis 11 Jahre 2,10 €, 12 – 15 Jahre 3,90 €.

▶ Auf einer Walrutsche ins Wasser sausen, über ein versunkenes Piratenwrack klettern oder durch einen Wasserfall in einen farbigen Vulkan tauchen: Im Taka Tuka KinderLand des Parkbads Volksdorf können Wasserratten bis etwa 10 Jahre viel Spaß haben. Das Becken besteht aus 2 Teilen: einem rund 80 cm tiefen Strömungskanal unter Palmen zum Schwimmen und Planschen für die Älteren und einem Kleinkindbereich mit Spritztieren für die Jüngeren.

Bondiland und Actionpool im Bondenwald-Bad

Friedrich-Ebert-Straße 71, 22459 HH-Niendorf. ✆ 040/18889-0, www.baederland.de. **HVV:** U2 bis Niendorf Markt, Bus 5, 191. **Auto:** Kostenlose Parkplätze beim Haupteingang und auf dem Parkplatz Bodenwald. **Zeiten:** Mo – Fr 7 – 22, Sa, So 8 – 22 Uhr, Freibad Mai – Sep bis 20 Uhr. **Preise:** 3 St 8,20 €; Kinder bis 11 Jahre 2,10 €, 12 – 15 Jahre 3,90 €.

▶ Mit Hallen- und Freibad lockt das 2017 sanierte Bondenwald-Bad das ganze Jahr über ins Wasser. Drinnen ist der **Wasserspielplatz Bondiland** Anziehungspunkt Nummer 1 für alle Kinder bis 6 Jahre.

♫ Für Kindergeburtstage kann im Parkbad ein Raum gleich neben dem Taka Tuka KinderLand gemietet werden. Ein Kühlschrank für mitgebrachte Speisen steht zur Verfügung. Bringt nur bitte kein Glas mit.

Ältere Kids freuen sich nachmittags auf das zum Actionpool verwandelte Mehrzweckbecken mit Kletterwand, Kletternetz und Sprungturm. Auch im Winter könnt ihr nach draußen schwimmen, wo euch Massagedüsen und Nackenduschen erwarten. Im Mai öffnet der große Außenbereich mit einem 50-m-Becken, zwei Rutschen, Sprungbereich und Spielplatz.

Bei den Dinos im Schwimmbad Festland

Holstenstraße 30, 22767 HH-Altona. ℗ 040/18889-0, www.baederland.de. **HVV:** Bus 115 bis Thadenstraße. **Zeiten:** Mo – Fr 9 – 22.30, Sa, So 10 – 20 Uhr. **Preise:** 3 Std 8,20 €, Sa, So 8,40 €; Kinder bis 11 Jahre 2,10 €, Kinder 12 – 15 Jahre 3,90 €, Sa, So 4 €.

?! *Wusstet ihr, dass es keine Fisch-Dinosaurier gab? Im Wasser schwammen zwar riesige Echsen, diese hatten aber keine Kiemen und mussten deshalb regelmäßig zum Atmen auftauchen.*

▶ Das Schwimmbad Festland steht unter dem Motto *Erdgeschichte:* Auf einer 20 m langen Rutsche rauscht ihr in ein Becken, an deren Rändern euch *Tyrannosaurus Rex* und Co in Originalgröße erwarten. Oder ihr flieht in eine Höhle, in der es ab und zu anfängt zu regnen, und lauft über eine Hängebrücke. Augen auf: Überall gibt es etwas zu entdecken! Außerdem gibt es zwei 25-m-Becken zum Schwimmen und Springen und einen Kleinkindbereich.

Frei- und Strandbäder

Beach Hamburg

Alter Teichweg 220, 22049 HH-Dulsberg. ℗ 040/6964613-0, www.beachhamburg.de. **HVV:** U1 bis Wandsbek-Gartenstadt; Bus 8 bis Tilsiter Straße. **Zeiten:** Mai – Aug 10 – 14 und 15 – 19 Uhr, Beach Mo – Fr 10 –

24, Sa, So 9 – 24 Uhr. **Preise:** Freibad 4 Std 4 €; Kinder 1 – 12 Jahre 2 €.

▶ Wasserratten aufgepasst! Hier gibt es nicht nur jede Menge Sand, sondern auch ein Freibad. Wer ein Beachvolleyballfeld bucht, kann ohne weitere Kosten ins Wasser eintauchen. Aber es lohnt sich auch, nur fürs Badevergnügen herzukommen. Denn neben dem 25-m-Schwimmbecken gibt es ein Becken mit Wasserspielplatz, eine 12 m lange Wellenbreitrutsche und einen Strand- und Sandspielplatz.

Familiär: Freibad Neugraben

Neuwiedenthaler Straße 1, 21147 HH-Neuwiedenthal. ✆ 040/18889-0, www.baederland.de. **HVV:** Bus 251. **Zeiten:** Mitte Mai – Mitte Sep 10 – 18 Uhr. **Preise:** 3,70 €; Kinder bis 11 Jahre 1 €, 12 – 15 Jahre 1,70 €.

▶ Klein, aber fein ist das Freibad Neugraben im Südwesten von Hamburg. Hier geht es familiär und gemütlich zu. Das Schwimmbecken besitzt eine Größe von 19 x 8 m. In den Nichtschwimmerbereich führt eine 6 m lange Rutsche. Außerdem vorhanden: Planschbecken, Spielplatz, Tischtennisplatte und ein Beachvolleyballfeld.

pmv Öko-Tipp!
Sommerfreibad Naturbad Stadtparksee

Süding 5b, 22303 HH-Winterhude. ✆ 040/18889-0, www.baederland.de. **Lage:** Gegenüber der großen Festwiese im Stadtpark. **HVV:** U3 oder Bus 171 – 173, 261 bis Saarlandstraße, dann ca. 10 Min Fußweg. **Zeiten:** Mai – Sep 12 – 20 Uhr. **Preise:** 3,70 €; Kinder bis 11 Jahre 1 €, 12 – 15 Jahre 1,70 €. **Infos:** Wenn es sehr kalt und regnerisch ist, bleibt das Sommerfreibad auch länger geschlossen. Bitte kontrolliert im Internet noch einmal, ob es bereits geöffnet hat.

▶ In dem Naturbad am östlichen Rand des Stadtparksees schwimmt ihr mit Blick auf das ✈ **Planetarium.** Für die Kleinen gibt es einen flach abfallenden Sandbereich zum Spielen und Planschen. Außer-

Feiert hier euren Geburtstag im Sand, ab 17 € pro Person.

Volleyball, aber auch Fußball könnt ihr im hier im Sand spielen. Es gibt acht Plätze in der Halle und sieben draußen. Kosten: Outdoor 26 € pro Std, Indoor 44 € pro Std, jeweils für bis zu 4 Spieler, weitere Spieler je 5 €.

Für den Erhalt des Bades setzt sich ein Förderverein ein. Er organisiert auch Mondscheinbaden mit Übernachtung oder das Saisonabschlussfest. www.freibad-neugraben.de.

Sierichs, Süding 5b, Winterhude. ✆ 040/65031000. www.sierichs.de. Mo – Sa ab 11, So ab 12 Uhr. Biergarten mit großer Außenterrasse und Blick auf das Planetarium.

dem findet ihr neben der Liegewiese einen kleinen Spielplatz mit Kletterwand und Rutsche.

Ganz im Norden: Freibad Duvenstedt

Puckaffer Weg 3, 22397 HH-Duvenstedt. ✆ 040/6070288, www.freibad-duvenstedt.de. **HVV:** U1 bis Ohlstedt, Bus 176, 276 bis Lohe. **Zeiten:** Juni – Aug 11 – 18 Uhr. **Preise:** 2,50 €; Kinder bis 13 Jahre 1 €.

▶ Das nördlichste Bad Hamburgs befindet sich in Duvenstedt. Das Naturbad ist in einen Schwimmer- und Nichtschwimmerbereich unterteilt. Auf zwei Rutschen könnt ihr ins Wasser sausen. Es gibt auch Startblöcke. Ein kleiner Strand lädt zum Buddeln ein, die große Liegewiese zum Sonnenbad. Außerdem gibt es einen Spielplatz, eine Tischtennisplatte und einen Kiosk.

Duvenstedter Eiscafé, Poppenbütteler Chaussee 8, Hamburg. ✆ 040/60761377. www.duvenstedter-eiscafe.de. Täglich 12 – 19 Uhr.

pmv Öko-Tipp!

Naturbad Kiwittsmoor: Das Kiwi

Hohe Liedt 9, 22417 HH-Langenhorn. ✆ 040/5370247, Handy 0151/10566882. www.htb62.de/kiwi. **HVV:** U1 bis Kiwittsmoor oder Bus 192 bis Hohe Liedt. **Zeiten:** Mai – Sep 11 – 19 Uhr. **Preise:** 4 €; Kinder 3 – 14 Jahre 2,50 €; Familie (2 Erw, 1 Kind) 8,50 €.

▶ Wer hier ins Wasser eintaucht, muss sich um rote Augen vom Chlor keine Sorgen machen. Im Naturbad Kiwittsmoor badet ihr nämlich in frischem Brunnenwasser. Es wird aus 507 m Tiefe hochgepumpt. Das Kiwi besitzt ein 50 x 50 m (!) großes Schwimmerbecken. Ein Holzsteg trennt von ihm das 30 x 50 m große Nichtschwimmerbecken. Ein Strand bietet nicht nur einen flachen Einstieg, sondern auch viel Material zum Baggern und Bauen. Ihr mögt es sportlich? Dann spielt doch Minigolf, Tischtennis oder Beachvolleyball! Auch eine Boccia-Bahn und einen Spielplatz gibt es. Knurrt der Magen, hilft der Kiosk mit Biergarten weiter.

?! Seit 1985 betreibt der Hamburger Turnerbund von 1862 das Naturbad Kiwittsmoor. Im Angebot des Sportvereins sind z.B. Basketball, Schwimmen und Wasserball: www.htb62.de.

Viel Platz im Poseidonbad

Olloweg 51, 22527 HH-Eidelstedt. ✆ 040/5705522, www.poseidon-hamburg.de. **HVV:** Bus 4, 115, 183, 392 bis Wördemanns Weg. **Zeiten:** Mai – Sep, für Nichtmitglieder zwei Zeitfenster Mo – Fr 10 – 13 und 14 – 20, Sa, So 9 – 13 und 14 – 19 Uhr. **Preise:** 1. Zeitfenster 5 €, 2. Zeitfenster 7 €; Kinder bis 15 Jahre 1. Zeitfenster 3,50 €, 2. Zeitfenster 4 €; Familie (2 Erw, 2 Kinder) 1. Zeitfenster 14 €, 2. Zeitfenster 16 €.

▶ Gleich zwei 50 m lange Becken stehen im Freibad des Schwimmvereins Poseidon zur Auswahl für alle, die schon schwimmen können. Nichtschwimmer vergnügen sich im eigenen Becken mit angeschlossenem Planschbecken. Wer es sportlich mag, spielt in den Badepausen Tischtennis oder Beachvolleyball. Ein Spielplatz mit Sandkiste, Schaukel und Wippe ist ebenfalls vorhanden.

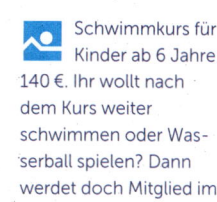
Schwimmkurs für Kinder ab 6 Jahre: 140 €. Ihr wollt nach dem Kurs weiter schwimmen oder Wasserball spielen? Dann werdet doch Mitglied im Verein, 19 € pro Monat.

Freibad Osdorfer Born

Am Osdorfer Born, 22549 HH-Osdorf. ✆ 040/18889-0, www.baederland.de. **HVV:** Bus 21, 37, X3 bis Achtern Born, 10 Min Fußweg. **Zeiten:** Mitte Mai – Mitte Sep 11 – 19 Uhr. **Preise:** 3,70 €; Kinder bis 11 Jahre 1 €, 12 – 15 Jahre 1,70 €.

▶ Sommerlichen Badespaß bietet im Hamburger Westen das Freibad Osdorfer Born. Umgeben von grünen Wiesen liegt das 50-m-Schwimmbecken, in das sich eine 41 m lange Rutsche schlängelt – und ihr natürlich mit! Zudem gibt es ein Planschbecken, einen Spielplatz und ein Beachvolleyballfeld.

Freibad Marienhöhe

Luzerneweg 1 – 3, 22589 HH-Sülldorf. ✆ 040/188890, www.baederland.de. **HVV:** S1, 11 bis Sülldorf, 10 Min Fußweg. **Zeiten:** Mai – Aug 10 – 18 Uhr. **Preise:** 3,70 €; Kinder bis 11 Jahre 1 €, 12 – 15 Jahre 1,70 €.

▶ Hier macht das Abtauchen im Sommer Spaß. Es gibt nicht nur ein 50 m langes Schwimmerbecken mit Rutsche und Sprunganlage (1- und 3-m-Bretter),

Das Freibad grenzt an den **Waldpark Marienhöhe.** Hier könnt ihr herrlich toben und spielen. Es gibt einen Skatepark, einen Bolz- und Streetballplatz sowie einen Spielplatz.

sondern auch ein Nichtschwimmerbecken mit einer weiteren Rutsche. Die Jüngsten haben in ihrem Planschbecken genug Platz, um das nasse Element zu erobern. An Land geht der Spaß weiter bei Tischtennis und Beachvolleyball. Auch ein Spielplatz und ein Kiosk sind vorhanden. Eure Eltern können sich auf der großen Liegewiese entspannen.

Badeseen & Elbstrandbäder

Allermöher See

Felix-Jud-Ring, 21035 HH-Allermöhe. www.hamburg.de/allermoeher-see-nord. **HVV:** S21 bis Netteln-burg, Bus 234 bis Hilda-Monte-Weg.

▶ Als man 1984 Kies für das Neubaugebiet Neu-allermöhe-Ost benötigte, entstand ein neuer Bade-see: der Allermöher See. Am Nord-Ost-Ufer darf in zwei Buchten gebadet werden, eine ist als Nicht-schwimmerbereich abgetrennt. Es gibt einen 10 m breiten Sandstrand und einen Spielplatz.

Von Juni – Aug ist an den Wochenenden und in den Sommerferien täglich ab 14 Uhr eine Badeaufsicht am Allermöher See.

Hohendeicher See (Oortkatensee)

Overwerder Hauptdeich, 21037 HH-Ochsenwerder. www.hamburg.de/hohendeicher-see-sued. **HVV:** Süd- und Nordufer Bus 422. **Auto:** Parkplätze am Oortkaten-ufer.

▶ Der Hohendeicher See liegt am südöstlichen Stadtrand von Hamburg in den *Marschlanden.* Direkt hinter dem Elbdeich wurde er künstlich ge-schaffen, als man nach der Sturmflut 1962 einen neuen Deich baute. Am nördlichen Westufer hat die Surfschule ihr Revier, am Ostufer befindet sich ein Campingplatz. Gebadet wird vor allem am Südufer. Hier gibt es auch einen Sandstrand.

Windsurfing Hamburg, Oort-katenufer 12, Hamburg. ✆ 040/7372043. www.windsurfing-hamburg.de. April – Okt täg-lich 12 – 19 Uhr, Nov – März 12 – 18 Uhr. Surf-kurse für Kinder ab 9 Jahre in den Sommerfe-rien, 12 Std 160 €, SUP-Anfängerkurs 90 Min 40 €, Kindergeburtstag ab 35 € pro Person.

Sommerbad Ostende

Tonndorfer Strand 37, 22045 HH-Tonndorf. ✆ 040/37025255, www.freibad-ostende.com. **HVV:** R10 bis

Tonndorf, Bus 9, 27. **Zeiten:** Mai – Sep 12 – 19 Uhr.
Preise: 3 €; Kinder 2 – 12 Jahre 1,50 €; Familie (2 Erw,
2 Kinder) 7,50 €.

▶ Ein abgetrennter Bereich des Ostender Teichs, der
1935 aus einer Tongrube entstand, wird als Sommer-
bad betrieben. Der vordere Bereich ist für Nichtschwimmer ausgewiesen. Am Sandstrand könnt ihr
Burgen bauen und auf der großen Liegewiese Feder-
ball oder Frisbee spielen. Es gibt ein Beachvolleyballfeld und ins Wasser kommt ihr auch hüpfend vom
1- und 3-m-Brett.

Öjendorfer See

Driftredder 1, 22117 HH-Billstedt. www.hamburg.de/
oejendorfer-see-sued. **HVV:** U2, 4 bis Steinfurther Allee,
30 Min Fußweg. **Auto:** Für Badestelle Süd Parkplatz Driftredder, für Badestelle Nord Barsbütteler Weg.

▶ Der Öjendorfer See besitzt an seinem Ostufer eine
Badestelle im Norden und eine im Süden. An Letz-
terer ist ein Nichtschwimmerbereich gekennzeich-
net und es gibt einen kleinen Sandstrand. Ein Mini-
golfplatz lädt dazu ein, den kleinen Ball ins Loch zu
befördern. Es gibt einen Spielplatz mit großer Kletterspinne, Seilbahn und Tischtennisplatte.
Auch an der Badestelle Nord gibt es einen tollen
Spielplatz mit Seilbahn und Leuchtturmrutsche. An
beiden Badestellen gibt es einen Kiosk, der euch mit
Getränken und Snacks versorgt.

pmv Öko-Tipp!
Strandbad Farmsen

Neusurenland 67, 22159 HH-Farmsen. © 040/6434410,
www.strandbad-farmsen.de. **HVV:** U1 bis Farmsen,
dann Bus 27, 168, 171, 368 bis Neusurenland. **Auto:**
Parkplatz vorhanden. **Zeiten:** Mai – Sep 11 – 19 Uhr.
Preise: 4 €; Kinder 2 €.

▶ Mit Wasser in Trinkwasserqualität punktet das
idyllische Strandbad in Farmsen. Die ehemalige
Tongrube wurde schon in den 1920er-Jahren zum

 **Minigolf Öjen-
dorfer Park,**
Driftredder, Hamburg.
© Handy 0177/7151494.
Mai – Okt Mo – Fr ab 13,
Sa, So, Ferien 11 – 20
Uhr.

@ Die Wasserqua-
lität der Hambur-
ger Badeseen wird re-
gelmäßig getestet. Die
Ergebnisse gibt es auf
www.hamburg.de.

Baden genutzt. Heute gibt es eine 50 m lange Wasserrutsche, einen 200 m langen Sandstrand, einen abgetrennten Nichtschwimmerbereich, Tischtennisplatten und einen Spielplatz mit Hüpfkissen.

Am Elbstrand Wittenbergen

Falkensteiner Ufer, 22587 HH-Blankenese. **Lage:** Am Naturschutzgebiet Wittenbergener Elbwiesen.
HVV: Bus 189 bis Tinsdaler Kirchenweg, dann geradeaus in den Wittenbergener Weg und die Straße Falkensteiner Ufer bis an den Elbstrand, Bus 388 bis Falkensteiner Ufer (ElbeCamp).

▶ Sonne, Strand und Wasser – das könnt ihr auch in Hamburg haben. Der Elbstrand Wittenbergen ist einer der schönsten Strände in der Hansestadt, an dem ihr nach Herzenslust im weißen Sand buddeln und bauen könnt. Grillen und picknicken, einen Spaziergang im schattigen Naturschutzgebiet gleich daneben machen oder einfach in einer Hängematte zwischen den Bäumen entspannen – das könnt ihr hier genauso gut. Nur vom Baden in der Elbe wird abgeraten, weil immer unvorhersehbare starke Strömungen auftreten können.

Fahrt am besten mit Bus oder Fahrrad zum Elbstrand! So kommt ihr nicht nur schneller, sondern auch entspannter ans Ziel.

Am Elbstrand in Oevelgönne

Oevelgönne, 22605 HH-Othmarschen. **HVV:** Bus 112, 215 bis Liebermannstraße oder Fähre 62 bis Anleger Neumühlen. **Auto:** Elbchaussee.

▶ Als einer der schönsten Strände Deutschlands wurde der Elbstrand in Oevelgönne schon bezeichnet. Und ein kleines Paradies ist er wirklich! Ihr könnt mit Blick auf die herrliche Hafenkulisse im Sand buddeln und euch sonnen. Die Strandperle bietet dafür sogar Liegestühle an. Vom Bad in der Elbe raten die Behörden allerdings ab. Die Wasserqualität ist zwar generell gut, doch die Strömung und der Sog der Schiffe sind nicht ungefährlich.

Strandperle, Oevelgönne 60, Othmarschen. ☏ 040/8801112. www.strandperle-hamburg.de. April – Okt 10 – 22 Uhr, Sa, So ab 9 Uhr, Nov – April nur Sa, So und bei gutem Wetter. Lieber Streuselkuchen oder Kinderpasta? Hier kriegt ihr beides.

Mit Segel und Ruder auf dem Wasser

Optimistisch: Segelschule Pieper

An der Alster/Atlanticsteg, 20099 HH-St. Georg. ✆ 040/247578, www.segelschule-pieper.de. **Lage:** Gegenüber vom Hotel Atlantic. **HVV:** S1 – 3, 11, 21, 31 und U2, 4 bis Hauptbahnhof. **Zeiten:** Mai – Okt. **Preise:** Optimisten-Segelkurs Anfänger oder Fortgeschrittene 190 €.

▶ Mitten in Hamburg segeln lernen, das könnt ihr auf der Außenalster mit der Segelschule Pieper. Zwischen Mai und Oktober werden die Kurse für Kinder zwischen 8 und 12 Jahre angeboten. An vier Terminen lernt ihr in insgesamt 10 Stunden, wie man den **Optimisten** auf Fahrt bringt oder wie man eine Halse macht. Den Fortgeschrittenenkurs schließt ihr mit dem Segelgrundschein Junior ab. In den Ferien finden die Kurse meist von Montag bis Donnerstag oder Montag bis Mittwoch statt, außerhalb der Ferien dann viermal samstags.

Die Segelschule Pieper betreibt Mai – Mitte Okt auch einen Bootsverleih, geöffnet täglich 10 – 21 Uhr. Tretboot 1 Std 22 €, Segelboot 1 Std 28 – 35 €.

Segeln lernen mit Käpt'n Prüsse

Segelschule Käpt'n Prüsse, An der Alster 47a, 20099 HH-St. Georg. ✆ 040/2803131, www.pruesse.de. **HVV:** S1 – 3, 11, 21, 31 und U2, 4 bis Hauptbahnhof, Bus 6, 17 bis Gurlittstraße. **Zeiten:** Sommer- und Herbstferien Mo – Fr. **Preise:** Anfängerkurs, Fortgeschrittene, Jüngstenschein je 150 €, alle Kurse 10 Stunden, Opti-Club 30 €, Prüfungsgebühr 13 €.

Opti: Optimisten sind kleine Segelboote für Kinder
© Kirsten Wagner

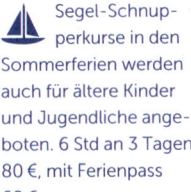

Segel-Schnupperkurse in den Sommerferien werden auch für ältere Kinder und Jugendliche angeboten. 6 Std an 3 Tagen 80 €, mit Ferienpass 60 €.

Luicella's Ice Cream, Eppendorfer Landstraße 10, Eppendorf. ℃ 040/605906725. www.luicellas.de. Täglich 12 – 21 Uhr. Bei Luicella gibt es nicht nur legendär leckeres Eis aus natürlichen Zutaten, sondern auch immer eine Minikugel zusätzlich zum Probieren. Filialen gibt es in der Langen Reihe, im Grindelhof, in der Osterstraße und in der Schanzenstraße.

▶ Auf der *Gurlitt-Insel* am Ostufer der Außenalster ist Kapitän Prüsses Segelschule beheimatet. In den kleinen **Optimisten** dürft ihr segeln lernen, wenn ihr zwischen 7 und 12 Jahre alt seid. Im Anfängerkurs lernt ihr in fünf Doppelstunden, wie ihr mit Pinne und Schot umgeht. Natürlich gehören auch Seemannsknoten zum Kursinhalt. Im Fortgeschrittenenkurs vertieft ihr euer Wissen. Nach dem nächsten Kurs absolviert ihr euren Jüngsten-Segelschein. An mehreren Samstagen findet zudem der Opti-Club statt. Dann könnt ihr euer frisch erworbenes Wissen trainieren.

SUP Club Hamburg am Stüffelsteg

Isekai 1, 20249 HH-Eppendorf. ℃ 0151/65102749. www.supclubhamburg.de. **HVV:** U1, 3 bis Kellinghusenstraße. **Zeiten:** April – Sep täglich 10 – 20, Okt 10 – 18 Uhr. **Preise:** 1 Std 14 €; Kids Sommer Camp 2 Tage 165 €, Familienkurs 90 Min 40 € pro Pers, Kindergeburtstag 90 Min ab 190 € für 6 Kinder, 120 Min ab 220 €.
▶ SUP-Boards kann man inzwischen an vielen Orten in Hamburg ausleihen – im SUP Club in Eppendorf hat man aber euch im Blick! So gibt es spezielle Kinderboards, die kürzer und leicht steuerbar sind. Im Angebot für euch sind auch zweitägige Kinderkurse, die Kids Sommer Camps. Wer gleich als Familie loslegen will, bucht den Family-Basic-Kurs. Wer schon 13 Jahre alt ist, kann auch am Erwachsenenkurs teilnehmen. Oder doch gleich den Kindergeburtstag hier feiern? Dafür stehen sogar mehrere Programme zur Auswahl.

Steh-auf-dem-Brett-Paddeln

SUPPER Club, Isekai 13, 20249 HH-Eppendorf. ℃ 040/473461, www.supperclub.de. **HVV:** U1, 3 bis Kellinghusenstraße. **Zeiten:** April – Sep ab 10 Uhr, SUP Kurse Do 17.30, Sa, So 9.30 Uhr (90 Min). **Preise:** je Stunde SUP 14 € Tretboot (4 Pers) 20 €, (5 Pers) 25 €, Kajak (2 Pers) 18 €, Kanu 12 – 18 €, Ruderboot (3 Pers) 16 €, nach einer Stunde werden jede angebrochenen 15 Min abgerechnet, SUP Kurs 38 €.

▶ An der Mündung des *Isebekkanals* in die Alster liegt der *Supper Club*. Neben Tretbooten könnt ihr hier auch Kanus, Kajaks und ein Ruderboot sowie **SUP-Boards** ausleihen. Ihr könnt auch einen Kurs buchen, um zu lernen, wie ihr euch auf dem SUP-Board fortbewegt. Ab etwa 8 – 10 Jahre können sicher schwimmende Kinder aufs Board, entweder mit einem Erwachsenen zusammen oder dann auch allein. Essen und Trinken gibt es hier ebenfalls oder ihr geht nach nebenan zum Speisekai in ein renoviertes Bootshaus.

?! *SUP* ist die Abkürzung für stand-up-paddling oder einfach: Stehpaddeln. Stehend bewegt ihr euch auf einer Art Surfbrett mit einem Paddel vorwärts.

Speisekai, Isekai 12, Eppendorf. ✆ 040/ 46090396. www.speisekai.de. Mo – Sa 17.30 – 23 Uhr. Burger und Pannfisch.

Vom Bootshaus Bergedorf über die Bille
Schillerufer 41, 21029 HH-Bergedorf. ✆ 040/41922906, www.bootshaus-bergedorf.com. HVV: Bus 135 bis Bil-

CHECKLISTE BOOTSTOUR

Eine Bootstour ist sicher lustig – und damit sie das auch bis zum Schluss bleibt, hier eine kleine Checkliste für euch:

- ❑ Handtuch dabei?
- ❑ Sonnencreme und -hut griffbereit?
- ❑ Mückenabwehr eingepackt oder etwas Längeres zum Anziehen ?
- ❑ Ersatzhose und -schuhe – in Plastiktüten – eingepackt?
- ❑ Eine Plastiktüte, um Nassgewordenes aufzubewahren?
- ❑ Karte der zu befahrenen Kanäle dabei? Bekommt man oft auch beim Bootsverleih gratis dazu.
- ❑ Falls ihr ein Picknick plant: Essen und Trinken in gut verschlossenen Behältern einpacken, falls es mal mehr schaukelt. Die können gerne nach unten in den Rucksack. Und einen kleinen Müllsack einpacken, um eure Reste später wegzuschmeißen.
- ❑ Kamera oder Handy für Fotos dabei? Am besten griffbereit nach oben packen, allerdings auch hier zum Schutz noch einmal eine Plastiktüte drumrum.

le-Bad. **Zeiten:** April – Sep Mo – Sa 13 – 19, So 11 – 19 Uhr. **Preise:** je Stunde 1er Kajak 10 €, 2er Kajak/Kanu 11 €, 3er Kanu 12 €, 4er Kanu 14 €, Tretboot 15 €, SUP 10 €, Tag 45 – 70 €.

▶ Vom Bootshaus Bergedorf aus schippert ihr auf der *Bille* – im Kajak, Kanu oder Tretboot. Ihr könnt auch auf einem SUP-Board paddeln. Unter der Eisenbahnbrücke schlängelt sich der Fluss in Richtung Schleswig-Holstein, wo ihr nach 2 km die **Brauereiteiche** erreicht, nach 3 km die **Bergedorfer Wasserwerke**, nach 6 km den Mühlenteich in Reinbek. Vom Anleger aus in die andere Richtung geht es nur 400 m weit bis zum **Bergedorfer Schloss**, wo der Staudamm an der Alten Holstenstraße eine Umkehr erfordert.

Auf dem SUP über die Gose-Elbe

Paddel-Meier, Heinrich-Osterath-Straße 256, 21037 HH-Kirchwerder. ✆ 040/7372270, www.paddel-meier.de. **HVV:** Bus 122, 222 bis Wulffsbrücke. **Zeiten:** Mai – Sep 10 – 18 Uhr. **Preise:** je Stunde SUP 10 €, 1er Kajak 10 €, 2er Kajak 12 €, Kanadier ab 12 €.

Paddeltour am Kindergeburtstag: ab 8,50 € pro Person.

▶ Die *Gose-Elbe* in Hamburgs Südosten erkundet ihr am besten mit den Booten von Paddel-Meier. Kajaks, Kanus und Ruderboote sind im Verleih, außerdem könnt ihr dem Wassersport-Trend folgen und im Stehen paddeln: auf dem **SUP-Board.** Für Geburtstagsfeiern gibt es 4er-, 7er- und 11er-Kanadier. Durch die Vierlande gleitet ihr dann mit euren Booten dahin, vorbei an Pferden und Kühen. Da der Seitenarm der Elbe fast ohne Strömung ist, könnt ihr auf einer Tagestour locker bis zur **Dove-Elbe** und dem Bergedorfer *Schleusengraben* paddeln.

Die Gose-Elbe fließt in die Dove-Elbe und die wiederum dann in die Elbe!

Über die Kanäle in Wilhelmsburg

Bootsverleih Zum Anleger, Vogelhüttendeich 123, 21107 HH-Wilhelmsburg. ✆ 040/86687781, www.zumanleger.de. **HVV:** S3, 31 bis Veddel, dann Bus 13 bis Vogelhüttendeich. **Zeiten:** März – Okt Mo – Sa ab 11.30

Uhr, So ab 10 Uhr.
Preise: Kanu, Tretboot
pro Pers 1 Std 7,50 €,
3 Std 15 € (Spartarif), Tag
40 €, SUP 12 € pro Std.
▶ Grüne Idylle in Wil-
helmsburg? Ja, die gibt
es. Schippert mit dem
Kanu, auf dem SUP-Bo-
ard oder im Tretboot
über die Kanäle, dann
werdet ihr sie finden.
Der Bootsverleih Zum

Anleger befindet sich am *Ernst-August-Kanal*,
der 1852 ausgehoben und nach dem 7-
jährigen Kronprinzen von Hannover Ernst
August (1845 – 1923) benannt wurde. Von hier
aus könnt ihr schippernd die Umgebung erkunden.
Die Nachbarkanäle stehen ebenfalls offen, z.B. der
Jaffe-Davids-Kanal oder der Aßmannkanal. Folgt ihr
diesem in Richtung Süden, kommt ihr zum Inselpark, wo ihr in Willis Villa am Kuckucksteich eine
Pause einlegen könnt. Oder ihr stärkt euch nach
dem Sport im Biergarten des Bootsverleihs!

Bootsverleih Stute am Café Hansasteg

Schöne Aussicht 20a, 22085 HH-Uhlenhorst.
☎ 040/22698657, www.cafehansasteg.de. **HVV:** U3 bis
Mundsburg, Bus 6 bis Averhoffstraße oder Alsterdamp-
fer ab Jungfernstieg bis Uhlenhorster Fährhaus. **Zeiten:**
Di – Sa 13 – 20, So 11 – 20 Uhr. **Preise:** 1 Std 14 €.
▶ Von ihrem Ostufer aus lässt sich die Außenalster
besonders schön per Boot erkunden. Mit Blick auf
das Panorama am gegenüberliegenden Ufer des
Stadtteils *Rotherbaum* paddelt ihr vom Hansasteg los.
Neben Kanus gibt es auch Tret- und Ruderboote.
Nach der Arm- oder Beinarbeit schmeckt ein Eis im
Café Hansasteg, wo ihr bei gutem Wetter draußen
sitzen könnt.

Willis Villa,
Hauland 81, Wil-
helmsburg. ☎ 040/
86687781. www.willivil-
la.de. Mo – Sa 12 – 20,
So ab 10 Uhr. Wahlweise
könnt ihr auch hier Boo-
te ausleihen und zum
Anleger am Kanal pad-
deln. Ihr findet hier auch
eine Karte mit einer
Rundkurs-Empfehlung.

Café Hansasteg,
Schöne Aussicht
20a, Uhlenhorst. ☎ 040/
2200030. www.cafe-
hansasteg.de. Mai – Sep
ab 11 Uhr, Okt – April Sa,
So ab 11 Uhr. Kinderge-
richte (Nudeln, Kartoffelpuffer, Chicken Nuggets,
Fischstäbchen) 7,50 €.

IM & AUF DEM WASSER

Spanische Treppe, Armgartstraße 7, Hohenfelde. ✆ 040/18100757. www.spanische-treppe.com. April – Okt täglich 10 – 20 Uhr. Hier sitzt ihr vor den dicken ehemaligen Festungsmauern von 1870 direkt am Wasser und könnt Tapas essen.

Achtung: Mindestmietzeit Sa, So 2 Std, danach halbstündige Abrechnung.

?! *Auf der Alster gilt das Rechtsfahrgebot! Überholt wird links.*

AlsterSurfer

Armgartstraße 7, 22087 HH-Hohenfelde. ✆ 0174/9344566. www.alster-surfer.com. **HVV:** Bus 6, 17 bis Mundsburger Brücke. **Zeiten:** Täglich 10 – 22 Uhr, Einsteigerkurse Mo – Fr 18.30, Sa, So 11, 15, 18 Uhr. **Preise:** 1 Std 13 €, danach je 30 Min 6,50 €, Einsteigerkurs 90 Min 35 €.

▶ Die Alstersurfer findet ihr am Mundsburger Kanal. Wenn ihr hier mit dem SUP-Board startet, erwartet euch Richtung Außenalster ein tolles Panorama mit dem Hamburger Fernsehturm. In die andere Richtung paddelt ihr zum Kuhmühlenteich und weiter zur Eilbek. Ihr könnt auch einen Einsteigerkurs buchen, um zu lernen, wie man das Paddel schlagen kann und wie man sicher dreht und stoppt.

Unterwegs auf der Alster

Anleger Hamburg, Jan Bietler, Deelbögenkamp 2-3, 22297 HH-Eppendorf. ✆ 040/517701, www.anleger-hamburg.de. **HVV:** Bus 114, 214, 281 bis Orchideensteig. **Zeiten:** April – Okt 10 – 19 Uhr. **Preise:** 1 Std Kanu, Kajak 15 € (2 Pers), SUP 15 €, 6 Std 59 €, Tag 74 €, Tretboot 1 Std 29 € (max. 5 Pers). Wasserwanderkarten erhältlich.

▶ Entscheidet euch für eine Route und einen Bootstyp, dann geht es los: per Tretboot, Kanu, Kajak oder SUP-Board. Nach Norden geht die Tour durch den *Inselkanal*, den *Skagerrakkanal* und den *Brabandkanal*. Nach Süden könnt ihr bis zum *Alstersee* paddeln oder treten. Beides dauert etwa zwei Stunden.

Die **Südtour** kann auch als drei- bis vierstündige Rundtour geplant werden. Dann biegt ihr nach Unterquerung der Hudtwalckerstraße links in den Leinpfadkanal ab. Sobald es wieder links geht, folgt ihr dem Lauf bis zum Rondeelteich. Noch einmal links erkundet ihr den Goldbekkanal und fahrt über den Barmbeker Stichkanal in den Osterbekkanal hinein, der euch über den Langen Zug in die Außenalster bringt. Nach Norden geht es dann wieder zur Bootsvermietung zurück.

Über die Außenalster

Bootsverleih Bobby Reich, Fernsicht 2, 22301 HH-Winterhude. ✆ 040/487824, www.bobbyreich.de. **HVV:** U1 bis Klosterstern, Bus 19 bis Harvestehuder Weg. **Zeiten:** April – Sep 10 – 20 Uhr. **Preise:** Ruderboot oder Kanu 1 Std 2 Pers 16 €, 4 Pers 18 €, Segelboot 1 Std 2 Pers 23 €, 4 Pers 27 €.

▶ Hier ist die Adresse Programm: Fernsicht. Dort, wo die Außenalster im Norden in den Alsterkanal mündet, könnt ihr bei Bobby Reich weit über die Alster gucken. Erkennt ihr die Hochhäuser und Kirchtürme am gegenüberliegenden Ufer? Näher ran geht es per Boot: Ruderboote und Kanus sind genauso im Verleih wie Segelboote.

✕ Bobby Reich, Fernsicht 2, Winterhude. ✆ 040/487824. www.bobby-reich.de. Restaurant 10 – 24 Uhr, warme Speisen 12 – 15 und 18 – 22 Uhr. Matjes mit Bratkartoffeln für die Großen, Nudeln oder Schnitzel für die Kinder.

Im Flamingo über den Osterbekkanal

Bootsvermietung Dornheim, Kaemmererufer 25, 22303 HH-Winterhude. ✆ 040/2794184, www.boots-vermietung-dornheim.de. **HVV:** Bus 172, 173 bis Großheidestraße. **Zeiten:** Mai – Okt 10 – 20 Uhr. **Preise:** 1 Std 1er Kajak 10 €, 2er Kajak, Kanu, Ruderboot 13,50 €, großes Kanu (4 – 6 Pers) 17 – 19,50 €, Tretboot 13,50 – 18 €, Gondelfahrt ab 140 €.

▶ An ihrem nordöstlichen Ufer öffnet sich die Außenalster zum *Langen Zug,* der wiederum in den *Osterbekkanal* mündet. An diesem liegt die Bootsvermietung Dornheim mit seinem Restaurant **Zur Gondel.** Mit einer echten venezianischen Gondel kann der Kanal ab hier befahren werden. Günstiger und alltagstauglicher ist die Ausleihe von Kajak, Kanu oder Ruderboot. Tretboote gibt es auch in Sonnen-, Schwanen- und Flamingoform.

✕ Zur Gondel, Kaemmererufer 25, Winterhude. ✆ 040/28058466. www.zur-gondel.de. 10 – 22.30 Uhr, Mo – Fr Mittagstisch. Pizza, Pasta, Fleisch, Fisch. Spaghetti und Geflügel-Dipper für Kinder. Mit Terrasse, im Winter beheizt.

Von der Liebesinsel über den Stadtparksee

Bootsvermietung Stadtparksee, Südring 5a, 22303 HH-Winterhude. ✆ 040/273416, www.stadtparksee.de. **Lage:** ⬈ Stadtpark. **HVV:** U Borgweg oder Saarlandstraße. **Zeiten:** Mai – Okt täglich 9.30 – 20 Uhr. **Preise:** Mit

 Berni's SUP Verleih, Südring 46, Hamburg. ✆ 0173/6075731. www.bernis-sup.de. Mai – Okt täglich 9 – 21 Uhr. 1 Std 9 €.

dem Ferienpass erhalten Schulkinder Mo – Fr 20 % Ermäßigung. **Infos:** Schwimmwesten für Kinder (10 – 40 kg) können für 1 € ausgeliehen werden.

▶ Auf der Liebesinsel im Stadtparksee könnt ihr Tret- und Ruderboote sowie Kanus ausleihen. Damit schippert ihr dann entweder auf dem See herum oder ihr wählt die Tour über den Goldbekkanal, der euch zum Rondeelteich führt. Von dort könnt ihr weiter zur Außenalster fahren. Auf der Webseite findet ihr mehrere Tourenvorschläge.

KAPITÄN, AHOI!

Hafen- & Schiffstouren

▶ Ganz neue Ein- und Ausblicke in und auf Hamburg bieten Schiffstouren aller Art. Eine **Hafenrundfahrt** gehört für HH-Touristen sowieso zum Programm, doch auch wer in der Hansestadt lebt, sollte sich diese Art von Stadtrundfahrt nicht entgehen lassen. Besonders authentisch ist die **Barkassenfahrt**, die die Schiffsführer an den St. Pauli-Landungsbrücken überall lauthals anpreisen. Weil Barkassen nicht so groß sind, wenig Tiefgang und eine geringe Höhe haben, können sie auch die Kanäle der Speicherstadt befahren. Die Sitzplätze sind nah am Wasser und so kann es auch schon mal ein wenig hoch spritzen. Lieber mehr Komfort? Dann steigt doch in eines der großen Fahrgastschiffe. Da sitzt ihr auch bei Regen warm und habt einen guten Überblick von oben. Sogar Schaufelraddampfer stehen bereit. Aber es gibt ja nicht nur die Elbe in Hamburg, sondern auch die Alster. Auf ihr lässt sich ebenfalls schippern. Statt riesiger Pötte und Stapel von Containern erwartet euch dabei eine grüne Idylle mitten in der Großstadt.

Hamburg Information am Hafen

St. Pauli-Landungsbrücken, Brücke 4, 20459 HH-St. Pauli. ✆ 040/300511701, www.hamburg-tourism.de.

HVV: S1 – 3, U3 und Bus 111, 112, 608 bis Landungsbrücken, Fähre 62 bis Landungsbrücken. **Zeiten:** Mo –
Fr 11 – 16, Sa 11 – 17, So 10 – 16 Uhr.

▶ Direkt an den Landungsbrücken befindet sich die
zweite Touristinformation Hamburgs. Die Mitarbeiter stehen euch mit Rat und Tat zur Seite. Außerdem
bekommt ihr hier auch kurzfristig Karten für ein
Musical oder eine Hafenrundfahrt.

Auf dem Schaufelraddampfer durch den Hamburger Hafen

Hamburg Citytours, Hammerbrookstraße 94, 20097
Hamburg. ✆ 040/181300410, www.hamburg-city-
tours.de. **Anleger:** St. Pauli Landungsbrücken,
Brücke 4, Barkassen Brücke 1, Hop-on-Hop-off-Hafen-
rundfahrt Brücke 10. **HVV:** S1 – 3, U3 bis Landungsbrücken. **Zeiten:** 10 – 18 Uhr alle 20 Min, Nov – März
11 – 16 Uhr, Hop on Hop off 10.55, 12.55 und 14.55 Uhr.
Preise: 22 €, Hop on hop off 20 €; Kinder 4 – 14 Jahre
11 €, Hop on Hop off 5 – 15 Jahre 9 €; Onlinetickets Erw
16 €, Kinder 5 – 14 Jahre 10 €.

▶ Neben Barkassen und Fahrgastschiffen steht bei
den Hamburger Citytours ein Schaufelraddampfer
bereit für die Hafenrundfahrt. Ihr findet ihn an Brücke 4. Wer die Fahrt an einer Sehenswürdigkeit
wie der ↗ **BallinStadt** oder dem ↗ **Maritimen
Museum** unterbrechen möchte, wählt die
Hop-on-Hop-off-Variante ab Brücke 10.

> 🚌 Wusstet ihr, dass
> mit einer HVV-
> Tageskarte auch die
> HVV-Fähren genutzt
> werden können? Nehmt
> z.B. einfach die Fähre 62
> und schippert auf dem
> Panoramadeck bis nach
> Finkenwerder.

Fast wie auf dem
Mississippi: Schaufelrad-
dampfer auf der Elbe
© Kirsten Wagner

IM & AUF DEM WASSER

Mit Käpt'n Prüsse im Hafen

20324 HH-St. Pauli. ℃ 040/313130, www.kapitaen-pruesse.de. **Anleger:** St. Pauli Landungsbrücken, Brücke 3. **HVV:** S1 – 3, U3 bis Landungsbrücken. **Zeiten:** 11 – 18 Uhr stündlich. **Preise:** 19 €; Kinder bis 12 Jahre 9,50 €.

▶ An Brücke 3 der St. Pauli-Landungsbrücken starten die Barkassen von Kapitän Prüsse. Bei Flut geht es während der 1,5-stündigen Tour auch in die *Speicherstadt*, ansonsten stehen die HafenCity, das Containerterminal Altenwerder und der Waltershofer Hafen, wo riesige Containerschiffe be- und entladen werden, auf dem Programm. Zurück auf der Elbe kommt ihr auf dem Rückweg an Oevelgönne vorbei. Während der Tour erhaltet ihr natürlich viele spannende Infos rund um den Hamburger Hafen.

Bei der Fahrt durch den Waltershofer Hafen seht ihr rechts den Burchardkai und links das Eurogate-Terminal. Hier werden die größten Containerschiffe im Hamburger Hafen abgefertigt.

Schiffstour auf der Alster

ATG Alster-Touristik GmbH, Jungfernstieg, 20354 Hamburg. ℃ 040/357424-0, www.alstertouristik.de. **Anleger:** Jungfernstieg. **HVV:** S1 – 3, U1, 2, 4 bis Jungfernstieg. **Zeiten:** Rundfahrt April – Okt 10.30 – 17 Uhr halbstündlich, Nov, Dez täglich 11, 12.30, 14.30, 16 Uhr, Dez auch 15 und 16.30 Uhr, Jan – März täglich 11, 12.30, 14.30 und 16 Uhr; Kanalfahrten April – Okt täglich 9.45, 12.45, 15.45 Uhr, Hauptsaison stündlich 10.30 – 15.30 und 16.15 Uhr; Alsterkreuzfahrt April – Sep 10.15 – 17.15 Uhr stündlich ab Jungfernstieg, 10.10 – 18.10 Uhr ab Winterhuder Fährhaus. **Preise:** Rundfahrt 18 €, Kanalfahrt 23,50 €, Kreuzfahrt 2 Anleger 5 €, ab 3. Anleger 11 €, Tageskarte 18 €; Kinder bis 16 Jahre Rundfahrt 9 €, Kanalfahrt 11,50 €, Kreuzfahrt 2 Anleger 2,50 €, ab 3. Anleger 5 €, Tageskarte 8 €; Familie (2 Erw, bis zu 4 Kinder) Rundfahrt 45 €, Kanalfahrt 58,50 €, Kreuzfahrt 44 €.

▶ Gemütlich geht es zu bei der einstündigen **Alsterrundfahrt.** Die Alsterschiffe, gerne noch immer Alsterdampfer genannt, drehen ihre Runden um die *Außenalster*. Auch in den *Langen Zug* geht es hinein. An diesem Verbindungsstück zum *Osterbekkanal* stehen besonders schicke Häuser. Während ihr das Pa-

Alex, Jungfernstieg 54, HH. ℃ 040/3501870. www.dein-alex.de. Mo – Do 8 – 1, Fr, Sa 8 – 2, So 9 – 1 Uhr. Im schönen Alsterpavillon residiert das Alex. Es ist immer voll, aber die Lage ist einfach herrlich.

norama der Stadt genießt oder Wasservögel beobachtet, könnt ihr euch Torte und Eis schmecken lassen. Im Winter ist eine Tasse heißer Kakao lecker. Wer viel Zeit hat, bucht die zweistündige **Kanalfahrt.** Neben der Runde auf der *Alster* geht es dann auf zwei Routen auch in die Kanäle hinein. Wie durch eine grüne Oase schippert es sich hier mitten durch die Großstadt.

Lieber zwischendurch mal aussteigen und spazieren gehen? Dann ist die **Alsterkreuzfahrt** perfekt. Vom Jungfernstieg bis zum Winterhuder Fährhaus gibt es neun Anleger. Mit einer Tageskarte könnt ihr an jeder Station aus- und wieder einsteigen. Schöne Aussichten bietet z.B. der Anleger am Uhlenhorster Fährhaus.

*Die **Alster** ist ein Nebenfluss der Elbe. In Hamburg fließt sie in die Alstersee, der sich in die Außen- und Binnenalster unterteilt.*

Segeln ohne Segelschein auf der Außenalster

Hamburg City Sailing, Alsterufer 2, 20354 Hamburg. ℗ 040/76500066, www.hamburg-city-sailing.de. **HVV:** S11, 21, 31 bis Dammtor. **Zeiten:** April – Okt täglich 10 – 19 Uhr, Termine buchbar über Webseite. **Preise:** 1 – 2 Pers 128 €, 3 – 4 Pers 168 €, 5 – 6 Pers 198 €; Familien (1 – 2 Erw und bis zu 3 Kinder) 158 €.

▶ Ihr habt die vorbeiziehenden Segelboote auf der Außenalster beobachtet und würdet am liebsten auch mal mitfahren? Kein Problem, auch ohne Segelschein! Hamburg City Sailing bietet nämlich Mitfahrten auf dem Segelboot an. 90 Minuten seid ihr mit eurem Skipper an Bord. Der erklärt gerne alles, was ihr über das Segeln wissen wollt, und auch, was ihr so rund um die Alster seht. Die Stadtführung ist also auch noch inklusive.

Unter Hamburger Flagge: Gemütlicher Alstertörn
© Kirsten Wagner

IM & AUF DEM WASSER

Maritime Circle Line

20359 Hamburg. ✆ 040/28493963, www.maritime-circle-line.de. **Anleger:** St. Pauli Landungsbrücken, Brücke 10. **HVV:** S1 – 3, U3 bis Landungsbrücken. **Zeiten:** täglich 10.55, 12.55 und 14.55 Uhr, Nov – März nur Sa, So. **Preise:** 22 €; Kinder 5 – 15 Jahre 8 €. **Infos:** Es sind Kombitickets erhältlich für die Tour plus Ballinstadt, Cap San Diego oder Maritimes Museum.

Das ↗ Hafenmuseum hat dienstags und im Winter geschlossen!

▶ Die Maritime Circle Line steuert mit ihren Barkassen mehrere Attraktionen Hamburgs an. So lässt sich eine Schiffsfahrt wunderbar mit einem Besuch der ↗ **BallinStadt**, des ↗ **Hafenmuseums**, des ↗ **Maritimen Museums**, der ↗ **HafenCity**, der ↗ **Speicherstadt** oder der ↗ **Cap San Diego** verbinden. Der Start zur Rundtour kann von allen Anlegern erfolgen.

Hafenrundfahrt mit der Barkassen-Centrale Ehlers

Am Sandtorkai 39, 20457 HH-HafenCity. ✆ 040/3199-16170, www.barkassen-centrale.de. **Anleger:** Vorsetzen-Anleger am roten Feuerschiff. **HVV:** U3 Baumwall, Ausgang Vorsetzen. **Zeiten:** Große Hafenrundfahrt (1 Std) April – Okt 10 – 18 Uhr halbstündlich, Nov – März Mo, Fr 12 und 14, Sa, So 10.30 – 16 Uhr halbstündlich; Super-Hafenrundfahrt (2 Std) April – Okt 10.30, 13 und 15 Uhr. **Preise:** 1 Std 20 €, 2 Std 27 €; Kinder 4 – 18 Jahre 1 Std 10 €, 2 Std 13,50 €; billiger bei Online-Buchung.

*Die Elbe teilt sich in Hamburg in die Norder- und Süderelbe, dazwischen liegt die Elbinsel Wilhelmsburg. **Köhlbrand** ist die Bezeichnung eines Seitenarms der Süderelbe. Über den Köhlbrand führt seit 1974 die 3,6 km lange **Köhlbrandbrücke**.*

▶ Abseits vom Landungsbrücken-Rummel starten die Ehlers-Barkassen am Vorsetzen-Anleger, wenn ihr vom Hafen aus in Richtung Speicherstadt geht. Ihr erfahrt hautnah, wie man früher im Hafen lebte und arbeitete und wie das heute ist. Es geht zu den Lagerhäusern der Speicherstadt, zur Containerverladung und zu den großen Werften. Ihr kommt sogar an einem „tollen Ort" vorbei. An diesem Containerterminal mündet der **Köhlbrand** in die Norderelbe. Der Name leitet sich vermutlich von „Zoll" ab, denn hier befand sich bis 1768 die Grenze zu Dänemark. Wer die zweistündige Super-Hafenrundfahrt bucht, fährt noch bis zur *Köhlbrandbrücke* und dem Altenwerder Hafen.

Bergedorfer Schifffahrtslinie

Alte Holstenstraße 64, 21029 HH-Bergedorf. ℗ 040/73675690, www.bergedorfer-schifffahrtslinie.de. **Anleger Bergedorf:** Serrahnstraße 1. **Anleger Hafen:** Sandtorhöft am Sandtorkai. **HVV:** S2, 21 bis Bergedorf. **Zeiten:** Termine nach Programm. **Preise:** Vierlande 29 €, Hamburger Hafen oder Bille-Tour einfach 37 €, Hin- und Rückfahrt 65 €; Kinder 6 – 11 Jahre die Hälfte, unter 6 Jahre z.B. Vierlande 5 €, Hafen 10 €.

▶ Eine Vielzahl an Touren auf dem Wasser hat die Bergedorfer Schifffahrtslinie im Programm. Vom *Serrahn*, dem Bergedorfer Stadthafen, geht es z.B. in die Vierlande, durch die Marschlande zum Hamburger Hafen oder auf der *Bille* nach Hammerbrook.

Wie wäre ein Ausflug nach Bergedorf? Vom Anleger Sandtorhöft in der Speicherstadt geht es direkt bis in den Serrahn. 37 €, Kinder bis 5 Jahre 10 €, 6 – 11 Jahre 18,50 €.

Mit dem Bus in die Elbe

HafenCity Riverbus, Brooktorkai 16, Block V, 20457 HH-HafenCity. ℗ 040/76757500, www.hafencityriverbus.de. **HVV:** U1 Meßberg, Bus 6 bis Bei St. Annen. **Zeiten:** täglich mehrere Abfahrten je nach Gezeiten. **Preise:** 32,50 €; Kinder 5 – 14 Jahre 21 €, kein Zugang für Kinder unter 5 Jahre.

▶ An Land kann ja jeder Bus fahren, aber welcher Bus fährt schon ins Wasser? Der HafenCity RiverBus! Bei dem handelt es sich nämlich um ein Amphibienfahrzeug, das auf der Straße und im Wasser fahren kann. Bei dieser 70-minütigen Stadtkreuzfahrt düst ihr zunächst an Land durch die Speicherstadt und die HafenCity, um dann in Entenwerder in die Elbe zu gleiten. Durch das Sturmflutsperrwerk Billwerder Bucht hindurch geht es in den Tiefstack, zum Holzhafen und zu einem der letzten Süßwasserwattgebiete Hamburgs. So stehen Ziele auf der Route, die man sonst nicht unbedingt zu Gesicht bekommt. Zurück an Land fahrt ihr noch Richtung Großmarkt und Oberhafen.

IM & AUF DEM WASSER

NATURTOUREN

AB NACH DRAUSSEN

Hamburg ist eine grüne Stadt! Es gibt riesige Wälder, Heideflächen und Moore, ja sogar Dünen. 9 % seiner Fläche hat Hamburg unter Naturschutz gestellt. Insgesamt gibt es 36 Naturschutzgebiete. Wunderbar lässt sich Hamburgs Natur beim Wandern und Radeln erkunden! Ihr erfahrt in diesem Kapitel aber auch, wo ihr Hirsche bei ihrer Brunft belauschen oder Tierspuren lesen könnt. Ihr findet hier außerdem Tierparks, Zoos und Erlebnisbauernhöfe, wo ihr Tieren ganz nahe kommt. Auch einen Blick in die Sterne könnt ihr in diesem Kapitel werfen!

Viel Dreck, viel Ehr': Fleetenkieker bei der Arbeit, dem Säubern der Kanäle

© De Fleetenkieker

NATUR ERKUNDEN

Erkundungen in Parks & Gärten

Planten un Blomen: Rauf auf die Bullerberge!

20355 Hamburg. ✆ 040/428232150, www.planten-unblomen.hamburg.de. **Lage:** Westlich ab der Binnenalster bis fast runter an den Hafen. **HVV:** S11, 21, 31 bis Bhf Dammtor, U1 bis Stephansplatz, Bus X 35 bis Messe (Eingang Mitte). **Zeiten:** Wasserlichtkonzerte: Mai – Aug 22 Uhr, Sep 21 Uhr, Wasserspiele ohne Licht täglich 14, 16, 18 Uhr, So, Fei 14 Uhr mit Musik.

▶ Planten un Blomen ist ein lang gestreckter Park am westlichen Rand der Innenstadt, der allein durch seine Vielseitigkeit schon eine Attraktion ist. Neben den Wiesen zum Picknicken und Spielen gibt es einen **Apothekergarten**, einen **Rosengarten** und einen **Japanischen Garten** mit einem Teehaus. Dazu kommen mehrere Freilichtbühnen, zwei Tropengewächshäuser, eine Rollschuhbahn, eine Minigolfanlage und an der Ecke Petersburger und Marseiller

Straße ein großer Spielplatz mit zwei riesigen Bullerbergen, Wasserpumpe und Trampolin. Nicht genug? Ein zweiter Spielplatz befindet sich in den Großen Wallanlagen. Von Mai bis September veranstaltet die Stadt außerdem viele Konzerte, Lesungen und Theaterstücke im Park. Der Eintritt ist meist frei. Besonders schön sind die kostenlosen Wasserspiele und Wasserlichtkonzerte auf dem Parksee.

Hammer Park

Hammer Hof, 20535 HH-Hamm. **HVV:** U3 bis Hammer Kirche, dann Bus 116 bis Beim Hammer Marktplatz oder Am Elisabethgehölz.

▶ Eine der eher unbekannten Grünanlagen der Stadt ist der Hammer Park – zu Unrecht! Auch wenn ihr nicht in der Nähe wohnt, wagt doch einmal einen Ausflug hierher. Haltet Ausschau nach einem der Zweispänner. Davon gibt es hier nämlich auffallend viele. Das sind Bäume mit zwei Stämmen. Anfang des 19. Jahrhunderts wurden sie hier abgeholzt und bildeten dann zwei oder noch mehr Triebe. Neben Eichen, Buchen oder Ahornbäumen findet ihr auch ein paar Exoten wie Magnolien. Es gibt auch einen Teich und einen Heckengarten. Zeit zum Spielen und Toben? Dann besucht doch den Spielplatz mit Kletterspinne und Matschecke, fahrt Rollschuh, planscht im gemauerten Becken oder spielt Riesenschach, Tischtennis oder Fußball. Außerdem gibt es eine ganz besondere **Minigolfanlage** im Hammer Park. Es soll nicht nur die derzeit älteste Minigolfanlage Deutschlands sein, die hier 1959 eröffnet wurde, sondern bietet mit den 18 bunten, gesprayten Bahnen auch eine ganz besondere Herausforderung.

ρmv Öko-Tipp!
Harburger Stadtpark

Hohe Straße, 21077 HH-Wilstorf. **Lage:** Im Süden Hamburgs. **HVV:** S3, 31 bis Harburg Rathaus, dann Bus 146 bis MidSommerland (für Osten des Parks) oder Bus 245

Planten un Blomen? Das ist Plattdeutsch und bedeutet Pflanzen und Blumen. Und davon findet ihr hier reichlich.

Crazy Minigolf, Caspar-Voght-Straße 35c, Hamm. ✆ 0178/6735890. www.crazy-minigolf.de. April – Okt Di – Fr 14 – 20, Sa, So 12 – 20 Uhr. 4,50 €, Kinder 3,50 €.

bis Marmstorfer Weg (Nord) für Nordwesten. **Auto:** Parkplatz Gotthelfweg.

▶ Rund um den hübschen Außenmühlenteich erstreckt sich der Harburger Stadtpark. Wenn ihr die 3,2 km um den See wandert, bekommt ihr ganz unterschiedliche Landschaften zu sehen. So könnt ihr zum Beispiel im Süden, wo sich mehrere kleine Teiche anschließen, Wasservögel wie Zwergtaucher oder Gänsesäger beobachten. Im Westen findet ihr eine Feuchtwiese, über die ein Steg führt. Hier wächst das Breitblättrige Knabenkraut, eine seltene Orchideenart. Im Nordwesten liegt der Schulgarten, zu dem ein Apothekergarten, ein Blindengarten, ein Rosengarten und ein Heckengarten gehören. Gleich drei tolle Spielplätze könnt ihr zwischendurch erkunden. Am Schulgarten könnt ihr rutschen und schaukeln, am Wasserspielplatz am Zündschnurweg ordentlich mit dem nassen Element werkeln und am **Bootshaus** erwartet euch ein ganzes Piratenschiff. Hier gibt es Kuchen und Eis, Fischbrötchen, Flammkuchen und natürlich Pommes.

Bootshaus Außenmühle, Gotthelfweg 2a, Hamburg. ✆ 040/7642485. www.bootshaus-harburg.de. Mo – Sa ab 11.30, So ab 9.30 Uhr.

pmv Öko-Tipp!
Spaß und Tiere erleben im Niendorfer Gehege

Lokstedter Holt 46, 22453 HH-Niendorf. ✆ 040/5305560, **HVV:** U2 bis Niendorfer Markt, Bus 5, 23 bis Vogt-Cordes-Damm, Bus 181 bis Niendorfer Gehege. **Auto:** E45 im Westen Hamburgs oder 447 im Osten. **Zeiten:** frei zugänglich.

▶ Rund 150 Hektar Wald und das Bächlein *Kollau* laden zum Entdecken ein. Wer richtig toben möchte, findet auf den zwei **Waldspielplätzen** im Norden (Nähe Bondenwald-Straße) und im Süden (Nähe Voght-Kölln-Straße) viele Möglichkeiten zum Klettern, Rutschen und Balancieren. Und um wieder zu Kräften zu kommen, macht ein Picknick: Im Süden des Parks gibt es einen **Grillplatz.** Wer möchte, ergänzt sein Menü durch Obst von den frei stehenden Obstbäumen. Auch die Hirsche, die in einem Gehege im Zentrum des Parks leben, sehen euch am liebsten gestärkt. Noch nicht genug? Dann schaut noch einmal auf dem **Ponyhof** vorbei. Mit einem Helm und einer Begleitperson könnt ihr eine Tour durch den Wald machen.

Größter Park Hamburgs: Altonaer Volkspark

August-Kirch-Straße, 22525 HH-Bahrenfeld. **HVV:** Bus 2, 3 bis Stadionstraße für Eingang Luruper Chaussee. **Auto:** Zentraler Parkplatz an der Nansenstraße beim Bauernhaus, weitere Parkplätze rund um den Park.

▶ Unter der Aufsicht des Gartenbaudirektors *Ferdinand Tutenberg* (1874 – 1956) entstand ab 1914 der Volkspark, damals noch in der eigenständigen Stadt Altona, die erst 1938 nach Hamburg eingemeindet wurde. Der mit 205 Hektar größte Park Hamburgs mutet oft eher wie ein Wald an, aber es gibt hier auch Wiesen und Gärten. An der Luruper Chaussee liegt z.B. der **Dahliengarten.** Mehr als 14.000 Dahlien in 444 Sorten wachsen hier. Im Süden des Parks ist der geometrisch angelegte **Schulgarten** zu finden. Euer Lieblingsziel wird wahrscheinlich eher der große **Waldspielplatz** mit Kletterspinne, Seilbahn und Drehscheibe sein. Nicht weit von hier liegt die große Spielwiese. Auch hier gibt es einen Spielplatz. Durst wird dort bei **Klempau's Biergarten** an der Milchhalle gelöscht. Neben dem Restaurant **Das Bauernhaus** könnt ihr **Minigolf** oder Pit-Pat spielen, eine Mischung aus Minigolf und Billard, das mit Queues gespielt wird (Mo – Fr 14 – 20, Sa, So 10 – 20, Ferien 11 – 20 Uhr, 3,50 €, Kinder 1,80 €, www.minigolf-brandt.de). Ein Waldweg führt auf den **Tutenberg.** Ihr könnt ihn direkt von vier Seiten aus über Treppen besteigen, ihn aber auch auf einem der vier Terrassenwege umrunden, zum Beispiel auf dem mit der Lindenallee. Jetzt müsst ihr nur noch überlegen, in welcher Reihenfolge ihr all das macht!

Ponyhof, Niendorfer Gehege 50, Hamburg. ✆ 040/582341. www.ponyhof-waldschaenke.de. Di – Fr 14 – 17, Sa, So, Ferien Di – Fr 10.30 – 16 Uhr. In den Wintermonaten wetterabhängig. Ponyrunde 10 €, große Runde 17 € (nur Di – Fr).

Das Bauernhaus, Nansenstraße 82, Hamburg. ✆ 040/52014334. www.das-bauernhaus.de. April – Okt Mi – Fr So 12 – 18, Sa, So 11 – 19 Uhr, Nov – März Fr – So 11 – 18, So 11 – 14 Uhr Brunch. Kuchen, Burger, Pasta.

Grünes Klassenzimmer: Weltreise durch Lokis Garten während der Schulstunde
© Botanischer Garten Hamburg

Schmidtchen Palme, Ohnhorststraße, Hamburg. ℂ 040/239699271. www.schmidt-und-schmidtchen.de. Mo – So 10 – 18 Uhr.

pmv Öko-Tipp!

Einmal um die Welt im Loki-Schmidt-Garten

Ohnhorststraße, 22609 HH-Klein Flottbek. ℂ 040/42816476, www.bghamburg.de. **HVV:** S1, 11 und Bus 21, X21, 112, 115 bis Klein Flottbek. **Zeiten:** ab 9 Uhr bis ca. 1,5 Std vor Einbruch der Dunkelheit. **Preise:** Eintritt frei.

▶ Wart ihr schon mal in einem Japanischen Garten, habt *Lebende Steine* aus Afrika gesehen oder wisst, welche Geräusche das Wasser in einem Uferwald in Südamerika macht? Auf den 24 Hektar des **Botanischen Gartens** in Klein Flottbek, dem *Loki-Schmidt-Garten*, könnt ihr einmal um die Welt reisen. Für den kleinen Hunger zwischendurch stehen euch viele Bänke und Sitzgelegenheiten für eine Pause zur Verfügung. Außerdem gibt es Infotafeln zu Pflanzen und Insekten, thematische Gärten wie ein Apotheker- oder Duft- und Tastgarten und ein Gelände zu heimischen Giftpflanzen. Für Kindergärten und Grundschulklassen wird ein eigenes Programm angeboten.

Auf den Spuren des Baron Voght: Der Jenischpark

Baron-Voght-Straße/Elbchaussee, 22609 HH-Othmarschen. **HVV:** S1, 11 bis Klein Flottbek, dann Bus X21 bis Teufelsbrück oder Hafenfähre 64. **Auto:** Parkplatz Hochrad.

▶ Mit Blick auf die nahe *Elbe* wandelt ihr auf dem ehemaligen Landgut des Barons *Caspar Voght* (1752 – 1839). Der interessierte sich mehr für Landwirtschaft als für Handel und kaufte ab 1785 mehr und mehr Grundstücke in *Klein Flottbek* auf. Auf ihnen errichtete er dann einen Park, der zugleich landwirtschaftlich genutzt werden sollte – eine Idee, die aus England kam. 1828 kaufte dann ein Freund des Barons, der Hamburger Senator *Martin Johann Jenisch* (1793 – 1857), den Besitz und ließ ein klassizistisches Landhaus erbauen, heute als **Jenisch Haus** bekannt. Es beherbergt mit dem Museum für Kunst und Kultur eine Außenstelle des Altonaer Museums. Ihr könnt hier sehen, wie die Hamburger einst lebten, z.B. im **Weißen Saal** oder dem **Unteren Elbsalon** (Mi – Mo 11 – 18 Uhr, 7 €, Kinder bis 17 Jahre frei, www.shmh.de). Regelmäßig an den Wochenenden spielt hier von November bis März außerdem das **Marionettentheater Thomas Zürn** (www.marionetten-spieler.de, 15 €, Kinder 10 €).

Nun aber hinaus in den Park! Die *Flottbek* fließt mitten hindurch und steht mit ihren Feuchtwiesen unter Naturschutz, weil sich hier seltene Tier- und Pflanzenarten angesiedelt haben. Austoben könnt ihr euch auf den weitläufigen Wiesen und dem Spielplatz. Hausgebackenen Kuchen gibt es vom **Café Schmidt und Schmidtchen** direkt im Museum im ehemaligen Billardzimmer des Senators oder im **Schmidtchen Kiosk**, beide auch mit Außenplätzen.

?! *Caspar Voght war nicht nur ein Kaufmann, der kreuz und quer durch Europa reiste, sondern er engagierte sich auch für die Armen. So sorgte er 1788 für die Einrichtung einer „Armenanstalt" und für die Verbesserung der Bedingungen in den Gefängnissen.*

Schmidtchen Jenisch Haus und Kiosk im Jenischpark, Baron-Voght-Straße 50, Hamburg. ✆ 040/ 76799655. www.schmidt-und-schmidtchen.de. Café wie Museum, Kiosk 9.30 – 17.30, Sa, So ab 11 Uhr. Probiert doch mal ein Ida Wölkchen.

Die Natur erforschen

pmv Öko-Tipp!

Augen auf für die Natur in der Stadt

Haus der BUNDten Natur, Katrin Mehrer, Loehrsweg 13, 20249 HH-Eppendorf. ✆ 040/4603432, www.bund-hamburg.de. **HVV:** U1, 3 und Bus 22, 25, 26 bis Kellinghusenstraße, 3 Min Fußweg durch den Kellinghusenpark. **Zeiten:** Mo – Do 10.30 – 16, für die Wochengruppen auch bis 18 Uhr. **Preise:** 10 € freiwillige

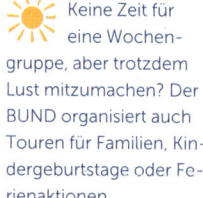
Keine Zeit für eine Wochengruppe, aber trotzdem Lust mitzumachen? Der BUND organisiert auch Touren für Familien, Kindergeburtstage oder Ferienaktionen.

Spende im Monat. **Infos:** Der BUND organisiert auch Kindergruppen in anderen Stadtteilen.

▶ Wisst ihr eigentlich, welche Tiere in Hamburg leben? Könnt ihr ihre Spuren lesen? Welche Pflanzen wachsen in der Stadt? Und aus welchen kann man Farben machen? In den Kinder- und Jugendgruppen im Haus der BUNDten Natur geht es um genau das: Augen und Ohren auf für die Natur in der Stadt. Die Gruppen treffen sich in der Regel alle zwei Wochen nachmittags zum Beobachten, Experimentieren, Klettern, Spielen und Diskutieren … Sie sind offen für alle Kinder ab 6 Jahre. Meldet euch frühzeitig an.

pmv Öko-Tipp!
Hamburg räumt auf
Stadtreinigung Hamburg, Bullerdeich 19, 20357 Hamburg. ℂ 040/25760, www.hamburg-raeumt-auf.de.
Zeiten: Ende März, 1 Woche lang, Anmeldungen sind ab Mitte Jan online möglich.

▶ Plastiktüten am Wegrand, leere Dosen und Müll im Wald sind nicht schön und schaden Pflanzen und Tieren. Zeit für den jährlichen Frühjahrsputz! Lust mitzumachen? Dann bildet zusammen mit Familie, Freunden oder eurer Klasse ein Aufräumteam, überlegt euch, wo ihr sammeln wollt und meldet euch dann telefonisch oder online an. Handschuhe, Müllsäcke und Zangen werden gestellt, abgeholt wird am Ende auch alles. Fertig!? Nicht ganz, denn ihr könnt – ganz nebenbei – auch noch tolle Preise gewinnen, von Gratispizzen für eine ganze Klasse bis hin zu Theaterbesuchen.

Ein Naturgeburtstag mitten in der Stadt – na klar geht das! Ihr sucht Tierspuren oder erkundet das Leben in einer Pfütze! 3 Std mit 10 Kindern kosten 120 €.

pmv Öko-Tipp!
Naturschutzjugend Hamburg
NAJU Hamburg, Franziska Kötter, Klaus-Groth-Straße 21, 20535 Hamburg. ℂ 040/69708920, www.naju-hamburg.de. **Zeiten:** je nach Gruppe Mo – Do nachmittags bis 18 Uhr. **Preise:** NABU Familienmitgliedschaft 55 €/Jahr; Gruppe 90 €/Jahr (inklusive der NABU Mit-

gliedschaft), Kinder 6 – 13 Jahre NABU Mitglied-schaft 18 €/Jahr, Jugendliche 14 – 27 Jahre NABU Mitgliedschaft 24 €/Jahr. **Infos:** Eine Familienmitgliedschaft im NABU hat keine Personenbegrenzung. So können auch Oma und Opa mit ihren Enkeln mitmachen.

▶ Zusammen erreicht man mehr – und hat auch mehr Spaß! Das gilt auch für den Naturschutz. In den Kindergruppen der NAJU trefft ihr euch mit anderen Kindern zwischen 6 und 12 Jahre, um Nistkästen zu bauen, Fahrradtouren zu machen, Naturkosmetik herzustellen, Apfelsaft zu pressen – oder einfach, um eine Rallye durch den Park zu machen und miteinander zu spielen. Die Gruppen treffen sich in der Regel alle 14 Tage. Lust bekommen, mitzumachen? Dann ruf doch gleich mal an.

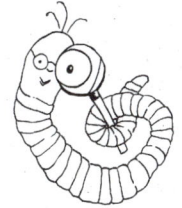

pmv Öko-Tipp!

Wo der Fischotter lebt: Flusserkundung mit dem Kanu

Projektbüro Lebendige Alster, Klaus-Groth-Straße 21, 20535 Hamburg. ✆ 01578/5925260. www.leben-digealster.de. **HVV:** U1 bis Ohlstedt, dann Bus 276 bis Wohldorf für Wohldorfer Schleuse. **Zeiten:** mehrere Termine im Sommer. **Preise:** Kanutour 20 €; Kinder bis 12 Jahre 9 €.

▶ Gemeinsam haben es sich der NABU, der BUND und die Aktion Fischotterschutz auf die Fahnen geschrieben, den ökologischen Zustand der Alster zu verbessern. Im Projekt **Lebendige Alster** werden dafür zahlreiche Führungen und Aktionen angeboten. Für Eltern und Kinder sind die Familienkanutouren ein besonderes Erlebnis. Ihr erkundet per Boot die Alster zwischen Wohldorfer und Mellingburger Schleuse. Wer lebt eigentlich im und am Wasser? Mit einer Rallye findet ihr es heraus! Am Ende guckt ihr euch bei einer Gewässeruntersuchung genau an, was da so im nassen Element schwimmt.

pmv Öko-Tipp!
Die Wasserkunst auf der Elbinsel Kaltehofe

Kaltehofe Hauptdeich 6 – 7, 20539 Rothenburgsort. ✆ 040/788849990, www.wasserkunst-hamburg.de. **Barrierefrei:** nein. **HVV:** Bus 530. **Rad:** ↗ Radtour Rad fahren auf dem Grünen Ring. **Zeiten:** April – Okt Mi – So 10 – 18 Uhr, Nov – März Mi – So 10 – 17 Uhr, Altes Labor Sa, So 10.30 – 13 und 15 – 17.30 Uhr, Führung Sa 13 Uhr (30 Min), So 13 Uhr (1 Std). **Preise:** Eintritt frei, Führung Sa 5 €, So 10 €; Kinder Sa 2,50 €, So 5 €.

▶ Die Wasserkunst Kaltehofe war ein echtes Pionierprojekt, um die Hamburger Bevölkerung von der **Cholera** zu befreien. Zuvor tranken die Hamburger nämlich ungefiltertes Elbwasser, was viele Menschen krank machte. Auf der Elbinsel Kaltehofe ging ein Jahr nach der großen Choleraepidemie ein modernes Filterwerk in Betrieb. Über mehrere Filterbecken wurde das Wasser nun gereinigt. Heute übernehmen mehrere Wasserwerke diese Aufgabe und Kaltehofe ging 1990 außer Betrieb.

Heute ist das große Gelände als **Industriedenkmal und Naturpark** erhalten. Ihr könnt auf einem Naturlehrpfad wandern, auf den Wiesen picknicken, Vögel beobachten und mit Sand spielen. In der historischen Villa gibt es ein **Café** und eine Ausstellung

✗ Café Wasserkunst, Kaltehofe Hauptdeich 6 – 7, Rothenburgsort. ✆ 040/788849992. www.wasserkunst-kaltehofe.de. Sa, So und Fei 10 – 18 Uhr. Café in der Villa Kaltehofe, mit Außenterrasse. So 10 – 14 Uhr Brunch 20 €, Kinder 1 € je Lebensalter, Reservierung erbeten.

Vogelperspektive: In den Wasserbecken des ehemaligen Filtrierwerks rasten und brüten heute viele Vögel
© Stiftung Wasserkunst Elbinsel Kaltehofe

DIE CHOLERA IN HAMBURG

▶ „Meine Herren, ich vergesse, dass ich in Europa bin!", ruft der Arzt *Robert Koch* aus, als er 1892 in Hamburg die Armenviertel besichtigt. So erzählt man es. In den Gassen stehen im 19. Jahrhundert die Häuser so eng, dass kaum Licht auf die Straßen fällt. Da es kein fließend Wasser zum Waschen oder Kochen gibt, holen sich die Menschen das Wasser aus den Kanälen – und schütten alle ihre Abwässer auch dort wieder hinein. Sie trinken dieses Wasser, denn sauberes Trinkwasser vom Wasserwagen muss man teuer bezahlen. Vor zehn Tagen hat ein Hafenarbeiter starken Brechdurchfall bekommen. Jetzt sind über 30 Menschen tot. Eine städtische Wasserversorgung war seit Jahren Thema in der Stadt, aber man kann sich nicht einigen über die Finanzierung, das Konzept … Mit einem Schlag ist sie jetzt lebensnotwendig geworden. Denn die Cholera ist in Hamburg ausgebrochen. Es wird Tag und Nacht gebaut, um die erste europäische Wasserfilteranlage fertigzustellen. Sie soll eine ganze Stadt versorgen. Diese „Wasserkunst", wie man sie auch nennt, könnt ihr jetzt auf der Elbinsel **Kaltehofe** besichtigen.

im „Alten Labor". Dort könnt ihr auch Disc-Golf-Scheiben leihen und ein Wasserkunst-Quiz machen!

pmv Öko-Tipp!

Energie im Bunker

Energiebunker, Neuhöfer Straße 7, 21107 HH-Wilhelmsburg. www.hamburgenergie.de. **HVV:** Bus 13, 151, 152, 252 bis Veringstraße (Mitte). **Auto:** über Georg-Wilhelm-Straße, kleiner Parkplatz am Energiebunker. **Zeiten:** Sa 14 – 18, So 11 – 18 Uhr, Führung Sa, So 14, 15, 16 Uhr. **Preise:** Führung 3 €; Kinder unter 18 Jahre frei.

▶ Von den vielen Bunkern, die es immer noch in Hamburg gibt, sind zwei besonders auffällig: die beiden Flaktürme. Von ihnen wurden im Zweiten Weltkrieg Flugabwehrkanonen (Flak) gezündet. Innen waren sie als Schutzräume für die Bevölkerung gedacht. Der eine steht in St. Pauli, der andere in Wilhelmsburg. Riesig und grau sind sie immer noch, aber der eine wurde inzwischen oben begrünt, der andere zum Energiebunker umgebaut. Der Wilhelmsburger Flakturm wurde 1943 erbaut, 1947 sprengten die Briten das Innere. Die Außenhülle mit ihren bis zu 3 m dicken Mauern blieb stehen. 2013 wurde das Gebäude dann umgebaut, um es ganz neu zu nutzen: als Energiebunker. Drinnen erzeugt nun ein Blockheizkraftwerk Strom, über dem Gebäude wandelt eine Solarthermieanlage Sonnenenergie in Wärme um und an der Südseite wird Strom durch Sonnenenergie gewonnen. Ein riesiger Stahltank im Zentrum des Gebäudes speichert die Wärme. Mehrere tausend Haushalte in Wilhelmsburg werden über den Energiebunker mit Wärme und Strom versorgt. Und das Tolle ist: Ihr dürft hinein und sogar oben auf den Bunker! Dort befindet sich nämlich ein Café, das aus 30 m Höhe tolle Ausblicke gewährt. Im Inneren informiert eine Ausstellung über die Geschichte des Bunkers und seine Nutzung. Bei einer Führung erfahrt ihr alles noch genauer. Eine Anmeldung ist nicht erforderlich.

Hinter dem Bunker und auch auf der anderen Straßenseite könnt ihr an den vielen Spielmöglichkeiten Energie loswerden! Es gibt Fußballplätze, eine Skateanlage mit Halfpipe, Basketballkörbe, Schaukeln, Rutschen und Kletteranlagen.

Café vju, Neuhöfer Straße 7, Wilhelmsburg. ✆ 0157/58553706. www.vju-hamburg.de. Sa 14 – 18, So 11 – 18 Uhr. Sandwiches, Tartes und Fips-Eis aus Othmarschen.

pmv Öko-Tipp!
NaturErlebnisGarten im Inselpark: Gutes tun mit dem Kanu

BUND Hamburg, Hauland 96, 21109 HH-Wilhelmsburg. ✆ 040/600387-00, Handy 0176/46133200. www.bund-hamburg.de. **HVV:** S3, S31 bis Harburg Rathaus, dann Bus 154 bis Kornweide, 8 Min Fußweg.
Zeiten: Offener Garten Di 9 – 17 Uhr, Veranstaltungen nach Programm, Kanuausleihe nach Anmeldung Frühling – Herbst. **Preise:** je nach Veranstaltung, Kanu kostenlos, Pfand 15 € vorab zu überweisen.

▶ Der Wilhelmsburger ↗ **Inselpark** lädt nicht nur zu Sport und Spiel ein, sondern ist auch eine tolle Oase der Natur. Im NaturErlebnisGarten des BUND dürft ihr schnuppern und lauschen, fühlen und staunen. Auf 5000 qm findet ihr Wiesen, Hochbeete, Apfelbäume und viel Platz zum Beobachten und Entdecken. Dazu kommen tolle Veranstaltungen, an denen ihr Theater gucken, basteln oder an Familienführungen teilnehmen könnt, etwa zum Thema Bienen. Das Beste aber kommt noch: Ihr dürft euch kostenlos ein Kanu ausleihen, durch die Wilhelmsburger Kanäle schippern und dabei noch Gutes tun, nämlich den Müll aus dem Wasser sammeln. Da lassen sich auch große Geschwister begeistern. Unter dem Hashtag #canoe4nature könnt ihr euren Fund anschließend posten.

pmv Öko-Tipp!
Science Center Wald im Wälderhaus

Schutzgemeinschaft Deutscher Wald, Landesverband Hamburg, Am Inselpark 19, 21109 HH-Wilhelmsburg. ✆ 040/302156-0, 302156-542. www.waelderhaus.de.
Lage: ↗ Am Inselpark. **Barrierefrei:** vollständig barrierefrei. **HVV:** S3, 31 bis Wilhelmsburg, Bus M13, 34, 151 bis Inselpark. **Auto:** Parkplatz Am Inselpark, 3 Std 3 €.
Zeiten: Do – So 9 – 17 Uhr. **Preise:** Eintritt frei.

▶ Dass es hier um das Thema Holz und Wald geht, seht ihr schon am Gebäude selbst: Das Wälderhaus

@ Leiht euch das kostenlose iPad aus, mit dem ihr an zehn Stationen durch die Ausstellung geführt werdet.

Wilhelms im Wälderhaus, Am Inselpark 19, Wilhelmsburg. ✆ 040/302156-600. www.waelderhaus.de. Mo – Fr 6 – 23, Sa 7 – 23, So 7 – 18 Uhr. Mit Außenbereich.

wurde ganz aus Holz erbaut. In der Fassade befinden sich zudem Nester, die von Vögeln und Insekten bezogen werden können. Das begrünte Dach bietet weiteren Lebensraum für Tiere. Toll, oder? Drinnen erwartet euch im Science Center Wald eine Ausstellung mit 80 Stationen zum Erkunden und Mikroskopieren. Tretet ein in den Wald und erkundet die Bäume, die hier stehen! In der Wunderkammer bringt ihr Bärlauch, Gewölle vom Uhu oder das Ei eines Sperbers in Bewegung. Verfolgt auch den Nährstoffkreislauf, schaut euch die vielen verschiedenen Pilze an oder sucht nach den Tieren im Schaukasten. Und wie sieht wohl ein Regenwurm unterm Mikroskop aus?

pmv Öko-Tipp!
Ausflug in den Apfelgarten

Neuenfelder Fährdeich 18, 21129 HH-Neuenfelde. ✆ 0176/51006010. www.apfelgarten-altes-land.de. **HVV:** Fähre von Blankenese nach Sperrwerk Neuenfelde (April – Anfang Okt), 1,7 km zu Fuß; Bus 150 bis Neuenfelder Damm; Bus 350 bis Neuenfelder Fährdeich, 400 m zu Fuß. **Auto:** A7 Ausfahrt 30 HH-Waltershof, An der Alten Süderelbe, Am Rosengarten, Neuenfelder Hauptdeich, Neuenfelder Damm. **Rad:** Elberadweg. **Zeiten:** Hofladen täglich 9.30 – 18 Uhr, Apfelernte Mitte/Ende Aug – Ende Nov.

▶ Habt ihr schon einmal selbst Äpfel geerntet? Wie kommt man überhaupt an so einen Apfel, der hoch am Baum hängt? Das findet ihr im Apfelgarten heraus. Dort bekommt ihr nämlich alle notwendigen Utensilien, um so einen Apfel vom Baum zu pflücken. Etwa Mitte August startet die Ernte. Den genauen Termin erfahrt ihr auf der Webseite der Familie Meyer. Los geht es mit den frühen Sorten wie Gravensteiner. Ab Ende September könnt ihr die späteren Sorten ernten, z.B. den Finkenwerder Herbstprinz. Das ist eine alte, hier heimische Apfelsorte, die hier zum Glück wieder angebaut wird.

Im Apfelgarten könnt ihr auch eine Baumpatenschaft übernehmen. Dann dürft ihr alle Äpfel von eurem Baum ernten und ihn natürlich jederzeit besuchen.

Einmal Fleetenkieker sein

De Fleetenkieker e.V., Großheidestraße 2/Kämmerer-
ufer, 22303 HH-Winterhude. ☎ 0162/5934542.
www.defleetenkieker.de. **Lage:** Am Osterbekkanal.
Altersempfehlung: ab 5 Jahre. **HVV:** S1 oder U3 bis
Barmbek, Bus 172, 173 bis Großheidestraße. **Zeiten:**
März – Okt, genaue Termine für die Bootsfahrten vor-
her stets telefonisch erfragen. **Preise:** auf freiwilliger
Spendenbasis, damit der Verein sich finanzieren kann.

▶ Plastikmüll und alte Flaschen gehören nicht in
die Kanäle – und landen leider doch immer wieder
dort. Mit den *Fleetenkiekern* macht ihr euch auf die
Suche nach „Alstergold", dem Müll und Unrat, der
die Kanäle verstopft und zu einer Gefahr für Tiere,
Umwelt und andere Schiffe werden kann. Nach
einer kurzen Einweisung geht es mit den beiden Mo-
torbooten *Zitronenjette* und *Aalweber* raus zum Entdecken, Gucken, Staunen – und natürlich Aufräu-
men! Kescher, Handschuhe, Zangen und Schwimmwesten werden euch gestellt, wasserfeste Kleidung
oder zumindest eine Garnitur Wechselwäsche solltet
ihr selbst mitbringen.

?! *Im 16. Jahrhundert war es völlig nor- mal, seinen Müll einfach in die Kanäle oder „Flee- te" zu schütten: Aus den Augen, aus dem Sinn! Damit dennoch Schiffe fahren konnten, mussten deshalb schon damals amtlich angestellte **Flee- tenkieker** die Wasserstra- ßen regelmäßig wieder leer räumen.*

Hirsche und mehr im Duvenstedter Brook

Duvenstedter BrookHus, Duvenstedter Triftweg 140,
22397 HH-Wohldorf-Ohlstedt. ☎ 040/6072466,
www.hamburg.nabu.de. **HVV:** U1 bis Ohlstedt, Bus 276
bis Duvenstedter Triftweg, 30 Min Fußweg durch den
Wohldorfer Wald, Mo – Fr auch Bus 478 direkt zum
BrookHus. **Auto:** Kleiner Parkplatz gegenüber dem Infohaus. **Zeiten:** April – Okt Di – Fr 13.30 – 17, Sa, So 11 –
17 Uhr, Nov, Feb, März Sa, So 11 – 17 Uhr. **Preise:** Eintritt
frei, Naturscout-Ausleihe: 4 € und Personalausweis als
Pfand.

▶ Hirschbrunft in Hamburg? Das gibt es tatsächlich,
nämlich im Duvenstedter Brook. In dem Natur-

?! ***Brook*** *bedeutet Bruchwald: ein Sumpfgebiet, in dem aber auch Bäume wachsen.*

schutzgebiet im nördlichsten Zipfel von Hamburg lebt Rot- und Damwild. Wenn die Hirsche röhren, um die Weibchen zu beeindrucken, lässt sich das Schauspiel von bestimmten Aussichtspunkten aus gut beobachten. Doch nicht nur im Herbst lohnt ein Besuch. Das Informationshaus des Naturschutzbundes NABU zeigt in seiner Ausstellung, welche Tiere und Pflanzen im Duvenstedter Brook leben, darunter viele vom Aussterben bedrohte Arten. Eine Vielfalt von Landschaften wie Wald, Sumpf, Wiesen und Heiden bieten verschiedensten Säugetieren, Vögeln oder Insekten Lebensraum. Hier brüten Kraniche und Graureiher, Orchideen blühen, Heuschrecken sirren und bunte Schmetterlinge flattern umher. Ein ausgeschilderter Rundweg beginnt am Infohaus. Ihr könnt euch auch mit dem Naturscout auf den Weg machen, einem kleinen Taschencomputer, der euch durch den Brook führt und GPS-gesteuert an interessanten Stellen Bilder, Texte und Videos preisgibt.

Mit der SDW in den Wald

WaldSchule der Schutzgemeinschaft Deutscher Wald, Bondenwald 109, 22453 HH-Niendorf. ✆ 040/302156-530 (Zentrale), 55403685 (Waldschule). www.sdw-hamburg.de. **HVV:** U2 bis Niendorf Markt, Bus 5, 23, 391, 604 bis Vogt-Cordes-Damm. **Auto:** Vogt-Kölln-Straße bis Parkplatz oder Parkplatz Bondenwald. **Preise:** Ferienprogramm 82 € pro Woche, Waldspaziergang Familie 7,50 €.

▶ Waldspaziergänge, Familienerlebnistage im Wald, Nachtwanderungen und Ferienprogramme für Kinder gehören zum Angebot der SDW. Der Naturschutzverband, der sich besonders für den Wald einsetzt, betreibt im ↗ **Niendorfer Gehege** eine **WaldSchule.** Dort starten die Aktionen das ganze Jahr. Ihr könnt aber auch auf die Waldtheaterbühne treten, das Leben im Tümpel beobachten oder die Kaninchen streicheln.

♫ Schon mal im Wald Geburtstag gefeiert? Die 2-stündige Waldrallye mit Schatzsuche kostet 110 € für bis zu 10 Kinder ab 6 Jahre.

pmv Öko-Tipp!

Naturerlebnispfad Alraune

Fabriciusstraße 225, 22177 HH-Steilshoop. ℄ 040/
20905009, ℄ 01578/8055574. www.naturerlebnispfad-
alraune.de. **HVV:** Bus 118 bis Hallenbad Bramfeld.
Zeiten: nur nach Voranmeldung. **Preise:** Eintritt frei.

▶ Wie fühlen sich eigentlich Tannenzapfen unter
den Füßen an? Sind die Steine eher warm oder kalt?
Wie läuft es sich auf Rindenmulch? Das könnt ihr
hautnah auf dem Naturerlebnispfad Alraune erfahren. Schuhe und Socken aus und los geht es! Auf
dem Gelände an der Seebek gibt es aber noch viel
mehr zu entdecken. Was wächst da in der Kräuter-
schnecke? Welche Tiere leben im Teich? Könnt ihr
Schmetterlinge nicht nur sehen, sondern auch hören? Wer lebt im Insektenhotel? Gruppen können
auch einen Besuch buchen und z.B. im Imkeranzug
zu den Bienen gehen.

*Alraunen kennst
du vielleicht aus
den Harry-Potter-Bü-
chern. Sie gelten tatsächlich als Zauberpflanzen,
allerdings schreien ihre
Wurzeln in der Muggel-
welt zum Glück nicht.*

Blick in die Sterne

Sternwarte Hamburg

Gojenbergsweg 112, 21029 HH-Bergedorf. ℄ 040/
428388512, www1.physik.uni-hamburg.de. **Altersempfehlung:** ab 6 Jahre. **HVV:** S2, 21 bis Bergedorf, Bus 332
bis Sternwarte. **Zeiten:** Außengelände täglich 7 – 22
Uhr, Führung Sternwarte So 14 Uhr, Okt – April 1. Mi im
Monat Rundgang mit Sternbeobachtung 19 Uhr, Treffpunkt Sonnenbau. **Preise:** 10 €; Kinder ab 6 Jahre 7,50 €.

▶ Mitten in einem wunderschönen Park recken sich
mehrere Kuppeln gen Himmel – das ist die **Sternwarte** Hamburg. 1912 wurde sie eröffnet und ist mit
ihren Bauten heute denkmalgeschützt. Bei einer
Führung erfahrt ihr einiges zur Entstehung der
Sternwarte und seht die Teleskope, mit denen man
hier zu den Sternen guckt. Im Hauptgebäude befindet sich ein Modell des Hamburger Zeitballs: Seeleute stellten ihre Uhren nach ihm.

Schulklassen
können sich zur
Astrowerkstatt anmel-
den! Infos unter
www.schul-astrono-
mie.de.

**Café Raum &
Zeit,** August-Be-
bel-Straße 196 (im Ge-
bäude 1-M-Spiegel),
Hamburg. ℄ 0172/
6393130. www.cafe-
raum-und-zeit.de.
Ausgewählte Termine
So 13 – 17 Uhr.

Im Astronomiepark könnt ihr den **Planetenpfad** auf eigene Faust erkunden. Tafeln erklären die verschiedenen Gebäude.

Große Pfeffermühle:
Das Planetarium im Stadtpark Winterhude
© Kirsten Wagner

Eine Reise zu den Sternen

Planetarium Hamburg, Linnering 1 (Stadtpark), 22299 Hamburg. ☎ 040/428865210, www.planetarium-hamburg.de. **Barrierefrei:** ja (bitte voranmelden). **HVV:** U3 bis Borgweg und ca. 10 Min Fußweg, Bus 179 bis Planetarium, Bus 20, 26 bis Ohlsdorfer Straße, dann ca. 5 Min Fußweg durch den Stadtpark. **Zeiten:** Kassen und Aussichtsplattform: Di 10 – 19.30, Mi, Do 10 – 21, Fr 10 – 22, Sa 12 – 22, So 10 – 19.30 Uhr. **Preise:** 12 €; Kinder bis 17 Jahre 7,50 €, 3D-Vorstellungen Zuschlag 1,50 €.

▶ 1930 zog das Planetarium in den früheren Wasserturm im Hamburger Stadtpark ein und ist damit eines der ältesten der Welt. Heute könnt ihr aus einem bunten Programm aus Vorträgen und Shows wählen – alles dargeboten mit der neuesten Technik. Das ist echtes Sternen-Theater. Im Erdgeschoss gibt es ein Café mit Herzhaftem und Süßem.

☀ Wer nur den Blick vom Wasserturm genießen möchte, nimmt den Fahrstuhl zur Aussichtsplattform! 2 €, ermäßigt 1 €. Mit dem Ticket zu einer Vorstellung ist der Besuch der Aussichtsplattform kostenfrei.

SUSI & DIE WILDEN TIERE

Zoos & Tierparks

Wandern mit Eseln

Die Eselei, Brookdeich 288, 21029 HH-Bergedorf. ☎ 040/72977051, www.dieeselei.de. **HVV:** S2, 21 bis Bergedorf, dann Bus 228 oder 8890 bis Holtenklinke, 450 m zu Fuß. **Auto:** A25, Ausfahrt 6 HH-Curslack. **Zeiten:** Termine laut Online-Kalender mit direkter Buchungsmöglichkeit und nach Vereinbarung. **Preise:**

Schnuppertermin 10 € pro Person und Stunde, 4-Stunden-Wanderung 75 € pro Esel für 2 Personen.

▶ Mögt ihr Esel auch so gern? Esel sind gutmütig, gesellig und auch ein bisschen stur. Einfach sympathisch! Die Gelegenheit, Esel näher kennen zu lernen, bekommt ihr bei der Eselei. Für die Halbtagswanderung solltet ihr schon mindestens 7 Jahre alt sein, der Schnuppertermin eignet sich schon für Kinder ab 6 Jahre. Dann werden Paula, Maja, Pinu'u und Moritz gestriegelt und gefüttert. Bei einem zweistündigen Termin kann auch das Führen des Esels geübt werden.

Tierhaus Steilshoop

Fritz-Flinte-Ring 41 c/d, 22309 HH-Steilshoop. ☎ 0157/58391846. www.alraune-hamburg.de. **HVV:** S1 bis Rübenkamp, Bus 118 bis Fritz-Flinte-Ring, 650 m zu Fuß. **Zeiten:** Di – So 10 – 16 Uhr, Fei geschlossen. **Preise:** Eintritt frei.

▶ Wo leben Graupapageien und Nymphensittiche, Rennmäuse und Kaninchen, Krallenfrösche, ein Streifenhörnchen, eine Bartagame und eine Dreikielschildkröte? Im Tierhaus Steilshoop! Familien sind herzlich eingeladen, diese Tiere kennen zu lernen. Ihr könnt die Tiere einfach beobachten, manche dürft ihr auch füttern oder bei ihrer Pflege mithelfen. Ihr könnt auch Patenschaften für ein Tier übernehmen. In jedem Fall lernt ihr die so unterschiedlichen Tiere und ihre Bedürfnisse kennen.

Hagenbecks Tierpark

Lokstedter Grenzstraße 2, 22527 HH-Stellingen. ☎ 040/5300330, www.hagenbeck.de. **Barrierefrei:** ja. **HVV:** U2, Bus 22, X22,181, 281, 391, 392 bis Hagenbecks Tierpark. **Auto:** Parkplätze an der Straße oder im Parkhaus gegenüber dem Haupteingang, dort kostenpflichtig. **Zeiten:** 9 – 18 Uhr, Kassenschluss eine Stunde vor Parkschluss. **Preise:** 26 €; Kinder bis 4 Jahre frei, Kinder bis 16 Jahre 19 €; Familienkarte 1 (2 Erw, 2 Kinder) 75 €,

🎵 Feiert euren Geburtstag in der Eselei! Ihr striegelt und versorgt die Tiere, übt das Führen und könnt den Eselführerschein ablegen. 4 Std, bis zu 12 Kinder, 8 Kinder 250 €, jedes weitere Kind 10 €.

🎵 Feiert einen tierisch spannenden Geburtstag und macht mit der Zooschule eine Entdeckungstour zu den Bewohnern des Zoos. Dabei erfahrt ihr noch mehr über Leben und Gewohnheiten der Tiere. 60 – 90 Min, 50 € pro Gruppe mit max. 15 Kindern zzgl. Eintritt.

Freunde fürs Leben:
Die großen Sibirischen Tiger
bei Hagenbecks
© Lutz Schnier

2 (2 Erw, 3 Kinder) 85 €,
Gruppen ab 10 Pers Erw
24 €, Kinder 17 €.

▶ Elefanten, Löwen, Eisbären, Affen, Riesenschildkröten und viele mehr! Der über 100 Jahre alte Tierpark hat alles zu bieten, was Kinder sich von einem Tierparkbesuch wünschen können. Die Gehege sind den natürlichen Lebensbedingungen der Tiere nachempfunden, einige Tiere sind sogar frei unterwegs, können gefüttert und gestreichelt werden – wenn sie es möchten. Das Gelände ist groß und vielseitig mit einem abwechslungsreichen Spielplatz, um sich auszutoben. Im Internet könnt ihr Muster für Rallyes im Zoo herunterladen, so gestaltet ihr euren Besuch noch spannender.

Hier wird es exotisch

Tropen-Aquarium Hagenbeck, Lokstedter Grenzstraße 2, 22527 HH-Stellingen. ℃ 040/5300330, www.hagenbeck.de. **Barrierefrei:** ja. **HVV:** U2, Bus 22, X22,181, 281, 391, 392 bis Hagenbecks Tierpark. **Zeiten:** 9 – 18 Uhr, Kassenschluss eine Stunde vor Schließung. **Preise:** 20 €; Kinder bis 4 Jahre frei, Kinder 4 – 16 Jahre 15 €; Familienkarte 1 (2 Erw, 2 Kinder) 55 €, Familienkarte 2 (2 Erw, 3 Kinder) 65 €.

▶ Über 300 exotische Tierarten hüpfen, krabbeln, schlängeln, schwimmen und fliegen durch das Tropen-Aquarium direkt neben dem Tierpark. Die Ausstellung ist in vier große Bereiche aufgeteilt: Die **Unterwasserwelt** mit großen Panorama-Aquarien, die **Tropenwelt** mit einem Krokodil-See, die **Höhlenwelt** und das **Giftschlangendorf.** Spektakulär sind nicht nur die Tiere, sondern auch ihre Präsentation:

☀ Kombikarten für den Tierpark und das Tropen-Aquarium sind ebenfalls erhältlich: Erw 40 €, Kinder 30 €, Familien 105 bis 115 €.

Da laufen Küchenschaben von beeindruckender Größe über eine alte Küchenzeile oder verstecken sich Spinnen in einem scheinbar vergessenen Toilettenhäuschen.

pmv Öko-Tipp!
Wildgehege im Klövensteen

Sandmoorweg, 22559 HH-Rissen. **HVV:** S1 bis Rissen.
Auto: Hinter S-Bahnhof Rissen rechts in Sandmoorweg.
Zeiten: frei zugänglich.

▶ Neben Rot-, Sika- und Damwild leben im Wildgehege Klövensteen auch Fasane, Uhus und Wildschweine. Als Ausflugsziel ist der Forst im Bezirk Altona schon seit mehr als 100 Jahren beliebt. Seit der Eröffnung des Wildgeheges 1972 kommen Kinder besonders gern hierher. Am Eingang findet ihr gleich einen Spielplatz mit Breitwellenrutsche. Um das Wild gut beobachten zu können, ist ein Aussichtsstand vorhanden. In der **Kleinen Waldschänke** könnt ihr zum Futtern einkehren.

 Kleine Waldschänke, Sandmoorweg 149, Hamburg. ✆ 040/814792. www.kleine-wald-schaenke-hamburg.de. Mi – So 11.30 – 21 Uhr. Saisonale Spezialitäten im Blockhaus.

Damwild und Rentiere im Hirschpark

Elbchaussee, 22587 HH-Nienstedten. **HVV:** Bus 1, 22, 36 bis Mühlenberg oder Bus 49 bis Gätgensstraße.
Auto: Parkplätze am Mühlenberg.

▶ Damwild und Rentiere machen dem Hirschpark alle Ehre. Doch auch Pfauen und Wasservögel lassen sich in dem hübschen Park beobachten. Der Kaufmann *Johan Caesar IV. Godeffroy* (1742 – 1818) erwarb das ehemalige Landgut 1786 bei einer Auktion, ließ sich ein Landhaus erbauen und legte den Park als Landschaftsgarten an. Im Barockgarten könnt ihr die Blumenpracht bewundern. Tolle Aussicht auf die Elbe verspricht der Geesthang hoch über dem Fluss. Um 1800 entstand das *Kavaliershaus,* in dem die Gäste der Familie Godeffroy übernachteten und das heute das **Café Witthüs** beherbergt. Ihr könnt natürlich auch den **Spielplatz** beim Landhaus erobern oder die schöne Lindenallee entlangspazieren.

 Café Witthüs, Elbchaussee 499a, Hamburg. ✆ 040/860173. www.witt-hues.de. Café täglich 14 – 17.30 Uhr, Restaurant täglich ab 18 Uhr und Sa, So 12 – 15 Uhr. Zufahrt über Mühlenberg.

NATURTOUREN

Kindernbauernhöfe & Ponyreiten

pmv Öko-Tipp!

Auf dem Bio-Bauernhof: Hof Eggers in der Ohe

Kirchwerder Mühlendamm 5, 21037 HH-Kirchwerder. ☎ 040/72377385, www.hof-eggers.de. **HVV:** Bus 225, 424 bis Kirchwerder Mühlendamm. **Zeiten:** Kindertag Do 14 – 18 Uhr bei gutem Wetter, Biofleisch-Verkaufstag 2. Sa im Monat und Backtag 2. So im Monat.

▶ Schafe, Schweine, Hühner und Gänse sind auf dem Bio-Bauernhof in den Vier- und Marschlanden zu Hause und freuen sich genauso über Besuch wie die Familie Beeken. Im Café gibt es leckeren Kuchen. Toben dürft ihr auf dem Naturspielplatz. Donnerstags lädt der Hof zum **Kindertag** ein (14 – 18 Uhr bei gutem Wetter). Mit einer Stempelkarte für 7,50 € dürft ihr euch drei Aktivitäten aussuchen, z.B. eine Treckerfahrt, Tiere füttern oder eine Bastelaktion. Die angebotenen Aktionen wechseln wöchentlich. An jedem zweiten Sonntag im Monat finden Backtage statt. Ein Rundwanderweg lädt zu einem Spaziergang ein, der auch an der ↗ **Riepenburger Mühle** vorbeiführt. Führungen für Kindergruppen und Schulklassen, Kindergeburtstags- und Familienfeiern werden ebenfalls angeboten.

Hofladencafé, Kirchwerder Mühlendamm 5, Hamburg. ☎ 0162/2377604. www.hof-eggers.de. Mai – Okt Do, Fr 14 – 18, Sa, So, Fei 9 – 18 Uhr. Selbst gebackener Kuchen, aber auch Wurst- und Käsebrote oder Quiche.

pmv Öko-Tipp!

Ein Bauernhof für Kinder

Kinderbauernhof Kirchdorf e.V., Stübenhofer Weg 19, 21109 HH-Wilhelmsburg. ☎ 040/7508484, www.kiba-ho.com. **HVV:** Bus 152 bis Stübenhofer Weg. **Auto:** A1 bis zur Abfahrt Stillhorn, Richtung Wilhelmsburg/ Kirchdorf. Kostenlose Parkplätze vor dem Kinderbauernhof. **Zeiten:** in der Regel 12 – 18 Uhr. **Preise:** Eintritt frei.

▶ Der Kinderbauernhof Kirchdorf liegt mitten in Wilhelmsburg: eine bunte Idylle hinter blauen Holzplanken. Vor rund 25 Jahren wurde er von einer El-

Kiosk des Kinderbauernhofs, ☎ 040/7508484. www.kibaho.com. Der Kiosk bietet für den kleinen Hunger Süßes, Eis oder heiße Würstchen mit Brot. Sa, So auch Kuchen.

terninitiative gegründet, um Kindern in der Stadt die Möglichkeit zu geben, heimische (Nutz-)Tiere kennen zu lernen. Mittlerweile könnt ihr nicht nur die Schweine *Ratz* und *Rübe* oder Schaf *Söhnke* kennen lernen, sondern auch Pferde und Ponys striegeln und reiten (bitte Helm mitbringen) und etwa 260 weitere Tiere streicheln und füttern. Ansprechpartner und Helfer findet ihr überall auf dem Gelände. Zum Toben gibt es Schaukeln, Wippen und andere Spielgeräte.

pmv Öko-Tipp!
Umweltzentrum Gut Karlshöhe

Karlshöhe 60d, 22175 HH-Farmsen. ✆ 040/63702490, www.gut-karlshoehe.de. **HVV:** Metrobus 17, 27 bis Gut Karlshöhe, Bus 171 bis Thomas-Mann-Straße, Bus 173 bis Am Stühm Süd. **Auto:** 434 bis Farmsener Weg, dann Karlshöhe, Parkplätze vorhanden. **Zeiten:** Rundweg frei zugänglich täglich ab 9 Uhr, Erlebnisausstellung Mi – So 11 – 18 Uhr. **Preise:** 6 €; Kinder bis 3 Jahre Ausstellung frei, Kinder 4 – 15 Jahre 3,50 €; Familien (1 Erw mit Kindern) 9,50 €, Rundweg kostenfrei.

▶ Mit und in der Natur leben: Auf dem Gut Karlshöhe seht ihr, wie das geht. Ein **EntdeckerRundweg** führt euch über das weitläufige Gutsgelände. Außerdem: Schafe und Ziegen, Streuobstwiesen, ein Bienenlehrstand, an dem ihr echten Bienen bei der Arbeit zuschauen könnt, und noch mehr. In der **Erlebnisausstellung** erfahrt ihr an 50 Stationen die Zusammenhänge zwischen Natur, Energie und Klimaschutz.

 Kleinhuis' Gartenbistro, Karlshöhe 60d, Hamburg. ✆ 040/60009245. www.kleinhuis-gartenbistro.de. Mi – Sa 11 – 18, So 10 – 18 Uhr. Helles Restaurant mit Lebensmitteln aus der Region. Viele exklusive Gerichte, aber auch Pommes und Nudeln mit Tomatensoße.

Kuschelig: Auf Mutter Schaf liegt es sich so schön weich und warm
© Hamburger Klimaschutzstiftung

Ponyreiten in Meyers Park

Kinder- und Jugendreitverein – Ponyhof Meyers Park, Stader Straße 203b, 21075 HH-Heimfeld. ☎ 040/38681877, www.ponyhof-meyerspark.de. **HVV:** S3 bis Heimfeld, Bus 141, 146, 241 bis Krankenhaus Mariahilf. **Zeiten:** Ponyreiten Di, Mi, Fr 15 – 17, Sa 13 – 17 Uhr, jeden 1. So 13 – 17 Uhr, Achtung: aktuelle Zeiten über die Homepage. **Preise:** Ponyreiten Zaunrunde 3 €, Reit- oder Longenunterricht Monat 50 €, Schnupper-Reitstunde 14 €.

🎵 Hier Kindergeburtstag feiern mit viel Spaß und Ponys: 10 € pro Kind.

▶ *Heinrich Christian Meyer* stand Pate für den Waldpark. Der Sohn eines erfolgreichen Stockfabrikanten verlegte das Unternehmen nach Harburg und kaufte das Gelände des heutigen Parks. Er errichtete 1869 eine Villa, die heute als Empfangsgebäude des Krankenhauses Mariahilf dient, sein Sohn erbaute 1906 das „Waldhaus". Nach dem Zweiten Weltkrieg ging der Park dann auf die Stadt Hamburg über.

Heute ist vor allem der **Ponyhof** ein Anziehungspunkt. Die Ponys können das ganze Jahr über ausgeführt werden. Eine Ponyrunde geht einmal um den Hof herum. Ein Erwachsener muss das Pony führen. Hilfreich ist auch, wenn ihr einen Fahrradhelm mitbringt. Bei Schnee werden die Ponys vor Schlitten gespannt.

Jennis Ponys

An der Drosselbek 1, 22397 HH-Wohldorf-Ohlstedt. ☎ 0157/77831807. www.jennisponys.de. **HVV:** U1 bis Ohlstedt, 1 km zu Fuß. **Auto:** über Bredenbekstraße. **Preise:** Probestunde 25 €, Reitunterricht Kinder 65 € monatlich, Zwergenreiten 60 €.

▶ Auf dem Hof von Jennifer Bachmann leben vor allem Tinker. Diese Pferde gehören der Rasse Irish Cob an. Ursprünglich waren es die Arbeitstiere von Kesselflickern in Irland. So sind sie kräftig und muskulös, aber auch ruhig und ausgeglichen – ideal, um auf ihnen reiten zu lernen. Schon die Zwerge ab 3 Jahre fühlen sich auf ihrem Rücken wohl. Wer später bereit ist für Ausritte, kann vom Hof direkt in den Duvenstedter Forst reiten.

Ponyreiten im Forst Klövensteen

Ponyhof Waldschänke, Babenwischenweg 28, 22559 HH-Rissen. ℗ 040/811454, www.ponyhof-wald-schaenke.de. **HVV:** S1 bis Rissen, 3 km Fußweg über Klövensteenweg. **Zeiten:** Di – Fr 14 – 17, Sa, So 10 – 17 Uhr, Fei, Ferien täglich außer Mo 11 – 17 Uhr. **Preise:** Ponyrunde ca. 30 Min 11,50 €, 10er-Karte 105 €.

▶ Auf dem ausgeschilderten Pony-Rundweg des Ponyhofs Waldschänke dürft ihr euch von Mama oder Papa führen lassen. Bringt auf jeden Fall einen eigenen Fahrrad- oder Reithelm mit! Im Restaurant nebenan, der **Pony-Waldschänke,** könnt ihr euch stärken und der **Spielplatz** lädt zum Toben ein. Vielleicht läuft euch auch Pfau Fridolin über den Weg. Ein zweiter Spielplatz befindet sich nicht weit entfernt im Wald am Klövensteenweg. Im Klövensteen gibt es übrigens auch ein ⬈**Wildgehege.** Oder ihr plant gleich eine ⬈**Radtour!**

Pony-Wald-schänke, Babenwischenweg 28, Rissen. ℗ 0160/1573817. www.jorrit-hanke.de. Geöffnet täglich 10 – 22 Uhr, Küche 12 – 21 Uhr. Es gibt eine Kinderkarte.

Wandern mit mehr Spaß

pmv Öko-Tipp!

Entlang der Hamburger Düne

Boberger Dünenhaus, Boberger Furt 50, 21033 HH-Lohbrügge. ℗ 040/73931266, www.loki-schmidt-stif-tung.de. **Start:** Parkplatz Boberger Düne. **Länge** 3,6 km. **Altersempfehlung:** ab 5 Jahre. **HVV:** S21 bis Mittlerer Landweg, dann Bus 221 bis Boberger Furtweg. **Rad:** Über Billwerder Billdeich. **Zeiten:** Dünenhaus: Di – Fr 9 – 13, So 11 – 17 Uhr. **Preise:** Eintritt frei.

▶ Wo gibt es denn in Hamburg eine Düne? In der Boberger Niederung! Die befindet sich im Südosten der Stadt und beherbergt eine Vielzahl von seltenen Tier- und Pflanzenarten. Dazu gehören Sandbienen, Plattbauchlibellen und Silbergras. Neben Dünen

DURCHS GRÜNE WANDERN & RADELN

Ihr lauft zum Teil direkt durch den dicken Dünensand, daher sind dichte Schuhe ratsam!

Hofcafé Neun Linden, Billwerder Billdeich 480, Lohbrügge. ✆ 040/ 73928199. www.hof-neun-linden.de. Di – Do 8 – 12 und 14 – 18, Fr, Sa 8 – 18, Sa, So 13 – 18 Uhr. Selbst gebackener Kuchen, Kaffee aus der Speicherstadt-Rösterei, Bioladen.

gibt es in dem Naturschutzgebiet, das am Übergang von Marsch und Geest liegt, auch Heide- und Moorflächen.

Am **Boberger Dünenhaus,** das ihr vom Parkplatz aus nach wenigen Metern erreicht, beginnt der Dünenweg, ein Rundweg mit der Ausschilderung des orangen Schmetterlings. Bevor ihr euch auf den Weg macht, könnt ihr im Dünenhaus noch erfahren, wieso es in Hamburg überhaupt eine Düne gibt und was das Besondere an ihr ist. Es gibt tolle Dioramen, also Schaubilder, von der Düne und der Bille, Hörstationen und spannende Spiele. Sogar eine echte Zauneidechse wohnt hier.

Nun aber auf in den Sand! Ihr startet an dem Weg neben dem Haus und biegt bald rechts zur Düne ab. Ihr folgt hier dem südlichen Rand der Düne und könnt nach einiger Zeit auf der anderen Seite toll über die Marsch blicken. Ihr seht hübsche Heideflächen und kommt am **Haarteich** vorbei, an dem die seltene Kreuzkröte wieder erfolgreich angesiedelt wurde. Vielleicht trefft ihr auch auf den Schäfer und seine Herde oder ihr könnt ein paar Segelflieger vom nahen Flugplatz beobachten. Biegt am Teich dann rechts ab. Der Rundweg führt euch erneut nach rechts und am nördlichen Dünenrand zurück. Es gibt auch Bänke am Weg, auf denen ihr picknicken könnt.

Ihr könnt aber auch noch einen Abstecher zum **Boberger See** machen. Dort gibt es nämlich eine Badestelle mit kleinem Sandstrand. Badesachen nicht vergessen! Nicht weit vom Dünenhaus findet ihr außerdem das ⌇ Hofcafé Neun Linden.

Blaue Frösche in der Reit

Reitdeich, 21037 HH-Reitbrook. **Länge:** 4 km. **Start:** Parkplatz an der Reitschleuse. **Altersempfehlung:** ab 4 Jahre. **HVV:** S21 bis Mittlerer Landweg, Bus 321 bis Allermöher Kirche, Fußweg 1,5 km. **Auto:** Über Tatenberger Deich, Ochsenwerder Norderdeich bis Reitdeich.

▶ Dort, wo Dove- und Gose-Elbe im Südosten Hamburgs zusammenfließen, liegt die Reit. Dieses Naturschutzgebiet ist ein Paradies für Wasservögel sowie Frösche und Kröten. Wer diese quakend und hüpfend erleben will, sollte im Frühling herkommen. Die männlichen *Moorfrösche* färben sich übrigens zur Paarungszeit blau, was ebenfalls einen tollen Anblick bietet. Ein Besuch lohnt sich aber das ganze Jahr. Ein Spazierweg führt euch zu Schilfröhricht, Weiden und Birkenbruchwald, zu Weihern und Tümpeln. Ihr startet vom Parkplatz und lauft an der Gose-Elbe entlang, dann rechts weiter am Ufer der Dove-Elbe. Ihr umrundet hier die Teiche der **Hohe**, wie dieses Gebiet heißt. Eine Windpumpe sorgt hier dafür, dass immer genügend Wasser da ist, wodurch sich die Lebensbedingungen

Der ist ja winzig! Laura lässt den jungen Frosch gleich wieder laufen, denn sie weiß: alle Frösche stehen unter Naturschutz
© Stefanie Wülfing

für den seltenen Kammmolch stark verbessert haben. Am **Aussichtsturm** könnt ihr alles einmal von oben überblicken. Ihr könnt von hier auf dem Reitdeich zum Ausgangspunkt zurückkehren oder ihr biegt am Reitdeich links ab in den Wald und lauft nun mitten durch das Naturschutzgebiet. Am Reitbrooker Westerdeich betreibt der **NABU** eine Forschungs- und Vogelberingungsstation. Tafeln informieren euch über das Naturschutzgebiet. Über den Reitdeich wandert ihr dann zurück und könnt sicher noch ein paar Schafe beobachten.

 Öko-Tipp!

Auf dem Horizontweg

Energieberg Georgswerder, Fiskalische Straße 2, 21109 HH-Georgswerder. ☏ 040/2576-1080, www.stadtreinigung.hamburg. **Start:** Infozentrum. **Länge:** Aufstieg 300 – 900 m, Horizontweg 900 m. **Altersempfehlung:** ab 10 Jahre. **Kinderwagen geeignet:** ja. **Barrierefrei:** ja.

Achtung! Die Multivisionsshow ist toll gemacht, es gibt jedoch an einer Stelle Bilder von dioxingeschädigten Kindern, die für jüngere Kinder verstörend sein könnten.

[?!] *Dioxin entsteht, wenn chemische Stoffe verbrannt werden.*

[ ] Feste Schuhe und lange Ärmel und Hosenbeine sind empfehlenswert, denn hier ist der Boden auch im Sommer oft feucht und es wächst auch die ein oder andere Brennnessel am Wegesrand.

HVV: Bus 154 bis Fiskalische Straße. **Auto:** Ausschilderung folgen, durch das Tor bis zum Parkplatz. **Zeiten:** April – Okt Di – So 10 – 18 Uhr, öffentliche Führungen: Fr 15.30, Sa, So 13.30 und 15.30 sowie 1. Sa im Monat 10 Uhr. **Preise:** kostenlos.

▶ Seinen Namen trägt dieser Pfad zu Recht: Auf dem Horizontweg könnt ihr in alle Richtungen bis zu der Linie gucken, die Himmel und Erde trennt. Zu finden ist der Stelzenpfad auf dem Energieberg. Und der hat eine ganz besondere Geschichte. Im Infozentrum könnt ihr euch dazu in einer spannenden **Multivisionsshow** informieren. Wo heute mithilfe von Wind und Sonne Strom gewonnen wird und seltene Tiere und Pflanzen sich heimisch fühlen, wurde nämlich viele Jahre lang Müll abgeladen: zuerst Trümmerschutt nach dem Krieg, dann Hausmüll und Bauschutt, schließlich auch chemischer Sondermüll. Darin befand sich hochgiftiges **Dioxin**, das auch nach Stilllegung der Deponie in den Boden sickerte. Als man das erkannte, wurde der ganze Berg gesichert und komplett versiegelt und schließlich 2013 umgestaltet. Vom Infozentrum führt eine Treppe direkt auf den Berg, ebenso ein barrierefreier Zickzackweg. Oben könnt ihr dann freie Sicht auf Hamburg genießen! An mehreren Stellen weisen Infotafeln darauf hin, was ihr da seht, etwa den Michel, die Tanzenden Türme oder die Köhlbrandbrücke. Ihr könnt euch auch mithilfe des „Bergführers" informieren, den ihr kostenlos im Infozentrum erhaltet.

Abenteuerweg im Heuckenlock

Moorwerder Hauptdeich 33, 21109 HH-Wilhelmsburg. **Start:** Tideauenzentrum. **Länge:** 4,5 km. **Altersempfehlung:** ab 5 Jahre. **HVV:** Bus 351 bis Freiluftschule Moorwerder. **Auto:** Parkplatz am Tideauenzentrum.

▶ Wie die Wanderung zur ↗ **Bunthäuser Spitze** beginnt auch diese am Elbe-Tideauenzentrum. Sie führt euch ins **Naturschutzgebiet Heuckenlock**.

Das ist so besonders, weil es sich um einen Tideauenwald handelt. Die Tide sorgt dafür, dass der Wald bei Flut überschwemmt wird. Bei Ebbe geht das Wasser zurück. So entsteht ein Auwald. Seine Bäume und Pflanzen müssen damit zurechtkommen, dass ihre Füße immer wieder im Wasser stehen. Im Heuckenlock kommt noch dazu, dass es sich um Süßwasser handelt, denn so weit von der Nordsee entfernt führt die Elbe kein Salzwasser mehr. Die Gezeiten aber machen sich bis hierher bemerkbar. Als ein solcher Süßwasserauenwald ist das Heuckenlock einmalig in Europa.

Geheimnisvoller Dschungel-Weg: Im Heuckenlock
© Kirsten Wagner

Vom **Tideauenzentrum** startet ihr Richtung Moorwerder Hauptdeich und geht dann links vom Deich, alternativ könnt ihr auch auf dem Deich gehen. Nach etwa 1 km seht ihr links einen schmalen Pfad in den Wald hineinführen. Den nehmt ihr und schon seid ihr mittendrin im Abenteuer! Der Pfad ist nämlich wirklich sehr schmal und zumindest im Sommer wachsen die Blumen und Gräser rechts und links gern mal meterhoch. Wie im Dschungel fühlt sich das an. Rosa blüht das Indische Springkraut, gelb das Fuchssche Greiskraut und am Boden macht sich Hexenkraut breit. Dazwischen ragen mächtige Bäume in den Himmel. Vielleicht seht ihr auch eine Libelle oder hört einen Vogel piepsen? Vielleicht kreist über euch auch ein Seeadler, denn seit einigen Jahren brütet hier ein Paar der Greifvögel mit den weißen Schwanzfedern. Irgendwann erreicht ihr einen metallenen Steg, der euch über hohes Schilf und den eigentlichen Heuckenlock hinweg bringt. So

?! *Das Indische Springkraut ist eigentlich gar nicht heimisch hier. Es verdrängt andere Pflanzen, was ein Problem ist. Hübsch sieht es aber trotzdem aus!*

?! *Lock bedeutet Loch und Heucken ist der Name einer Familie, die bis heute hier ansässig ist.*

NATURTOUREN

heißt nämlich der größte Priel, der sich hier ins Land eingegraben hat und das Elbwasser herbringt. Und schon seid ihr wieder am Deich, an oder auf dem ihr zurückkehrt.

Zum Leuchtturm an der Spitze

Elbe-Tideauenzentrum, Moorwerder Hauptdeich 33, 21109 HH-Wilhelmsburg. ℂ 040/75062831, www.goep.hamburg. **Start:** Tideauenzentrum. **Länge:** 1,6 km. **Altersempfehlung:** ab 4 Jahre. **HVV:** Bus 351 bis Freiluftschule Moorwerder. **Zeiten:** Infohaus: April – Okt Sa, So 11 – 18 Uhr, Nov – März So 11 – 17 Uhr, Dez geschlossen. **Preise:** Eintritt frei. **Infos:** Mit Café, Ausstellung, Garten, Ausgangspunkt für zwei Wanderungen.

Norder- und Süderelbe umschließen die Elbinsel Wilhelmsburg.

▶ Hier ist Hamburgs Spitze! Denn da, wo sich die Elbe teilt in **Norderelbe** und **Süderelbe**, bildet das Land tatsächlich eine Spitze. Auf einer Landkarte könnt ihr das gut sehen. Genannt wird sie die Bunthäuser Spitze, wahrscheinlich weil hier einmal ein irgendwie farbig gehaltenes und somit buntes Haus stand, das schon im Mittelalter die Schifffahrt an dieser Stelle kontrollierte. Genau an der Spitze steht seit 1914 ein kleiner Leuchtturm, das *Leuchtfeuer Bunthaus.* Der hölzerne Leuchtturm ist zwar nur 7 m hoch, bietet aber einen hübschen Ausblick über die Spitze. Bis 1977 warnte er die Schiffe vor der Elbteilung, danach übernahmen schwimmende Tonnen in Rot und Grün seine Funktion und das Leuchtfeuer war überflüssig. Aber nicht als Ausflugsziel! Los geht euer Weg am **Elbe-Tideauenzentrum.** Am Wochenende ist es geöffnet und ihr könnt euch die Ausstellung drinnen und die Erlebnisfläche draußen mit einem Modell zum Deichbau, mit Obstbäumen und Insektenhotels ansehen. Außerdem bekommt ihr hier Getränke und Kuchen für eine Pause im schönen Vorgarten. Ihr könnt aber auch ein Picknick mit zum Leuchtturm nehmen, denn an seinem

Rund gibt es Bänke zum Sitzen. Der Weg ist ausgeschildert und führt euch um das Tideauenzentrum herum, am Wohnmobilstellplatz vorbei auf einem von Bäumen bestandenen Deich direkt zur Bunthäuser Spitze.

In der Fischbeker Heide

Fischbeker Heidehaus, Fischbeker Heideweg 43a, 21149 HH-Neugraben-Fischbek. ℗ 040/73677230, www.stiftung-naturschutz-hh.de. **Start:** Fischbeker Heidehaus. **Länge:** 8 km. Ausschilderung: W6, blauer Kreis in gelbem Pfeil. **Altersempfehlung:** ab 6 Jahre. **HVV:** S3 bis Neugraben, dann Bus 250 bis Fischbeker Heideweg. **Zeiten:** Infohaus Di – Fr 9 – 13, So 11 – 17 Uhr. **Preise:** Eintritt frei.

▶ Die Fischbeker Heide liegt im Südwesten von Hamburg. In einem ehemaligen Schafstall informieren die Stiftung Naturschutz und die Loki-Schmidt-Stiftung über das Naturschutzgebiet und seine tierischen und pflanzlichen Bewohner. Nebenan gibt es einen weiteren, noch genutzten Schafstall. Die Heidschnucken sollen die Heide von Bäumen befreien und sie kurz halten. Vielleicht begegnet ihr der Herde und der Schäferin mit ihren Hütehunden. Besonders schön ist die Heide, wenn sie im August blüht! Der Wanderweg W6 verläuft nah am Fischbeker Heidehaus. Ihr findet ihn, wenn ihr am Fischbeker Heideweg vor dem Fußballplatz hineinlauft. Er führt euch dann durch das Fischbeker Tal zu Heide, Wald und Wiesen und auch zum Segelflugplatz Fischbek.

Der 2 km lange **Archäologische Wanderpfad** führt zu den Bodendenkmälern der Fischbeker Heide. An elf Stationen erklären Tafeln, was ihr seht, z.B. ein Hügelgrab aus der Bronzezeit. Zugang vom Parkplatz an der Wendeschleife am Ende vom Falkenbergsweg oder vom Schafstall.

pmv Öko-Tipp!
Gletscher und Gallowayrinder im Höltigbaum

Haus der Wilden Weiden, Eichberg 63, 22143 HH-Rahlstedt. ℗ 040/1804486010, www.hoeltigbaum.de. **Start:** Haus der Wilden Weiden. **Länge:** 3,3 km. **Altersempfehlung:** ab 5 Jahre. **HVV:** Bus 462 bis Naturschutzgebiet

Höltigbaum, 5 Min Fußweg (in Fahrtrichtung weiter, dann rechts, hinter der Schranke links). **Auto:** über Sieker Landstraße, Neuer Höltigbaum, am Ende rechts, Parkplatz vor der Schranke, zu Fuß weiter hinter der Schranke links. **Zeiten:** Infohaus April – Okt Do, Fr 14 – 18, Sa, So 11 – 18 Uhr, Nov – März Sa, So 11 – 16 Uhr. **Infos:** Eine Broschüre mit dem Wegverlauf und Erklärungen zu den Stationen erhaltet ihr im Haus der Wilden Weiden oder auf der Homepage unter Service – Downloads.

▶ Früher fuhren hier Panzer, heute weiden Rinder und Schafe im Höltigbaum. Aber was ist eigentlich der Höltigbaum? Der Name leitet sich ab von **Haltebaum,** was gleichbedeutend ist mit Schlagbaum. Ein solcher wurde 1786 errichtet, als hier an einer Landstraße zwischen Hamburg und Lübeck eine Zollstelle eingerichtet wurde. Der Zollpächter *Carsten Kratzmann* begünstigte damit seinen Bruder Claus, der hier ein Gut besaß, indem er ihn zum Zolleinnehmer machte. Der Hof wurde bald als **Gut Höltigbaum** bezeichnet. Später enteigneten die Nationalsozialisten die damaligen Besitzer, um hier einen Übungsplatz für die Wehrmacht einzurichten. Aus diesem wurde nach dem Krieg ein **Truppenübungsplatz** der Bundeswehr. Die Landschaft blieb ungedüngt und von Menschenhand unberührt bis auf die Tätigkeiten der Soldaten. Dadurch entstand hier eine ganz besondere Natur, die seit 1998 unter Schutz steht.

Ihr folgt beim Rundweg **Gletscher-Spur** dem Zeichen mit der Schneeflocke auf blauem Grund. Er führt euch durch ein Teilgebiet des Höltigbaums, nämlich das Stellmoorer Tunneltal. Geformt wurde die Landschaft nämlich einst von Gletschern. Ihr begegnet auf eurem Weg natürlich den Gallowayrindern, die hier grasen (sofern sie sich nicht weit weg auf der Koppel verstecken), aber auch Kopfweiden, Knicks und Krattbäumen. Was das ist, erklärt euch die Broschüre, die ihr im Haus der Wilden Weiden

?! *Augen auf und Ohren gespitzt! Welche Tiere seht und hört ihr auf eurer Tour?*

?! *Galloways sind eine robuste Rinderrasse aus Schottland. Zusammen mit Heidschnucken beweiden sie den Höltigbaum, um das Gebiet licht zu halten. Galloways sind gut an ihrem lockigen Fell zu erkennen.*

bekommt. Grob folgt der Weg dem Herdenpfad, Hagenweg und Fattsbarg.

Alternativ startet am Haus der Wilden Weiden auch der Entdeckerpfad. Für ihn gibt es keine Broschüre, ihr müsst ihn selbst entdecken!

In der Ausstellung im Infohaus könnt ihr außerdem auf Zeitreise gehen.

Kein Eis zu sehen? Und doch wandert ihr auf einer Gletscher-Spur durch den Höltigbaum
© Kirsten Wagner

Unterwegs im Rodenbeker Quellental

22395 HH-Bergstedt. **Start:** Gasthaus Quellenhof. **Länge:** 2,6 km. **Altersempfehlung:** ab 5 Jahre. **HVV:** Bus 474, 574 bis Sarenweg an der Straße Trillup. **Auto:** Parkplätze an der Rodenbeker Straße.

▶ Mehrere Bäche, ein schöner Buchenwald und ein Naturschutzgebiet locken euch nicht hinterm Ofen hervor? Dann aber bestimmt die Aussicht auf einen Spielplatz auf halber Strecke und ein leckeres Stück Kuchen zum Abschluss! All das gibt es im Rodenbeker Quellental. Start und Ziel ist das **Gasthaus Quellenhof.** Ihr folgt dem Weg nach Norden am Lokal vorbei und biegt dann an der ersten Möglichkeit links ab. So kommt ihr auf den Alsterwanderweg, dem ihr weiter nach Norden folgt, bis ihr hinter dem Campingplatz am Spielplatz am Haselknick angelangt seid. Austoben! Es gibt eine Seilbahn, eine Drehscheibe, eine Rutsche, Schaukeln und Klettermöglichkeiten. Weiter geht es dann ein Stück zurück und nach links. Der Weg wird zu einer Straße, der ihr nach rechts folgt, dann an der ersten Möglichkeit wieder rechts. Mitten durch das Naturschutzgebiet lauft ihr nun zurück zum Quellenhof. Einmal müsst

Quellenhof, Rodenbeker Straße 126, Hamburg. ✆ 040/6049228. www.quellenhof.hamburg. Mi – Fr 12 – 22, Sa, So 11 – 22 Uhr. Kinderkarte, hausgebackener Kuchen, große Terrasse, Spielplatz und Kaninchen, im Sommer auch Imbissbude.

NATURTOUREN

ihr sogar die Fischteiche über ein paar Steine überqueren – abenteuerlich!

Im Raakmoor

22417 HH-Hummelsbüttel. **Start:** Parkplatz Raakmoorgrund. **Länge:** 6 km, Verlängerung auf 10 km möglich. **Altersempfehlung:** ab 6 Jahre. **HVV:** U1 bis Langenhorn Nord, dann zu Fuß über Immenhöven geradeaus ins Moor. **Auto:** Navi: Wildes Moor 1.

▶ **Moore** sind einzigartige und auch ein wenig geheimnisvolle Landschaften. Das gilt auch für das Raakmoor. Es handelt sich um ein ehemaliges Hochmoor. Durch den Abbau von Torf und durch Entwässerungsgräben wurde es zerstört, entwickelt sich inzwischen aber wieder zu einem solchen Hochoder Regenmoor. Ein 6 km langer Rundweg führt euch durch dieses Feuchtgebiet. Ihr solltet die Wanderung allerdings nicht unternehmen, wenn es schon tagelang geregnet hat.

Ihr startet also im besten Fall bei Sonnenschein vom Parkplatz neben dem **Reiterhof** aus und lauft bis zur kleinen Straße Raakmoorgrund. Am Raakmoorgraben biegt ihr rechts ab und folgt dessen Verlauf. Dieser Graben wurde ein Stück weiter renaturiert, also in seinen natürlichen Zustand zurückversetzt. Das Wasser fließt nicht mehr gerade, sondern in Schlingen hin und her. Noch ein Stück weiter wurde es zu einem See aufgestaut. Wenn ihr mit der U-Bahn gekommen seid, beginnt ihr hier eure Tour. Nicht weit vom See entfernt befindet sich eine **Aussichtsplattform**, von der ihr einen tollen Blick über das Moor habt. Bevor ihr auf die Straße Hattsmoor stoßt, müsst ihr rechts in einen kleinen Waldweg abbiegen. An der Ecke Dweermoor/Wildes Moor könnt ihr einen Abstecher zum ⚲ **Müllberg Hummelsbüttel** machen (über Dweermoor, Hüsermoor und Rehagen). Ansonsten lauft ihr wieder in den Wald hinein und folgt nun dem **Hummelsbütteler Graben.** Ihr kommt an einer Abtorfkante vorbei und lauft an-

@ Holt euch die App „Natürlich Hamburg!" Darin findet ihr tolle Routen inklusive Karten und Infos zum Lauschen.

schließend durch das Zentrum des Naturschutzgebietes, wo sich das Raakmoor wieder erholt. Biegt dann einmal links und einmal rechts ab, dann kommt ihr wieder auf die Straße Wildes Moor und geht nun am **Ziegeleiteich** vorbei. Bis 1960 hat man hier Erde entnommen, um in der benachbarten Ziegelei Backsteine zu brennen.

Auf zum Monte Müll

22417 HH-Hummelsbüttel. **Länge:** Rundweg um den See 1 km, Gipfeltour ca. 1 km. **Altersempfehlung:** ab 4 Jahre. **HVV:** Bus 178 bis Heimgarten, zu Fuß über Kupferteichweg und Rehagen. **Auto:** Parkplatz neben dem Hummelsee, Zufahrt an der Glashütter Landstraße (nicht ausgeschildert).

▶ Hamburgs höchste nicht-natürliche Erhebung ist der **Müllberg in Hummelsbüttel.** 79 m misst er. Das ist nicht so hoch? Dennoch habt ihr von oben einen tollen Ausblick auf Hamburg! Ihr könnt den Monte Müll, wie er auch gern genannt wird, während der Tour im ⚲ **Raakmoor** erklimmen, aber auch einen eigenen Ausflug hierher unternehmen. Ursprünglich gab es hier eine Sandgrube. Davon zeugt noch der Hummelsee am Fuße des Bergs. Zwei weitere Gruben wurden dann mit Müll verfüllt und so entstand der Müllberg, der später begrünt wurde. Ihr könnt direkt zum **Gipfel** starten, den mehrere Findlinge markieren. Der direkte Aufstieg ist 400 m lang. Schaut euch Hamburgs Skyline an! Dann lauft ihr hinab zum See, entweder direkt, das ist aber sehr steil, oder einfach zurück zum Parkplatz und von dort an den See, den ihr anschließend noch umrunden könnt. Auf den Wiesen lässt sich wunderbar picknicken! Auch ein Grillplatz ist vorhanden.

Von Teufelsbrück bis Oevelgönne

22609 HH-Othmarschen. **Start:** Teufelsbrück. **Länge:** 3 km. **Altersempfehlung:** ab 6 Jahre. **HVV:** Bus X21 bis Teufelsbrück, Fähre 62 und 64. **Auto:** Elbchaussee.

Hans Leip (1893 – 1983) war ein Hamburger Schriftsteller. Bekannt ist er vor allem für sein Gedicht „Lili Marleen", das später als Lied vertont wurde.

▶ Dieser Spaziergang entlang der *Elbe* macht euch bestimmt Spaß. Los geht es in **Teufelsbrück**. Hier fließt die *Flottbek* in die Elbe. An der Furt sollen einst immer wieder Fuhrwerke verunglückt sein. Ein Zimmermann wurde mit dem Bau einer Brücke beauftragt. Der ließ sich den Erzählungen nach vom Teufel helfen und versprach ihm dafür die Seele des ersten Lebewesens, das die Brücke überqueren würde. Als der Pfarrer die Brücke einweihte und gerade hinübergehen wollte, scheuchte das Volk einen Hasen auf, der daraufhin über die Brücke lief. Die Seele des Pfarrers bekam der Teufel darum nicht. An diese Legende erinnert das steinerne Denkmal – seht ihr es? Heute heißen die Brücke, der Anleger und der Hafen Teufelsbrück. Am Hafen geht ihr vorbei und folgt dann dem Uferweg, dem **Hans-Leip-Ufer**. Ihr könnt die Schiffe auf der Elbe beobachten und Ausschau halten nach dem *Alten Schweden*. Das ist sozusagen der älteste Einwanderer Hamburgs. Wie das? Es handelt sich um einen Findling mit einem Gewicht von 217 Tonnen! Man fand ihn 1999 beim Ausbaggern der Fahrrinne. Vor ungefähr 350.000 Jahren transportierten die Gletscher ihn aus Skandinavien hierher. Nun ist es gar nicht mehr weit bis zur ⤢ **Strandperle** (⤢ **Elbstrand in Oevelgönne**) oder zum **Café Elbterrassen** am ⤢ **Museumshafen**.

Schöne Radtouren mit Kindern

Auf der Veloroute 5 zum Bramfelder See

20095 Hamburg. www.hamburg.de. **Start:** Ballindamm. **Länge:** 20 km. **Altersempfehlung:** ab 10 Jahre.

▶ 14 Velorouten gibt es derzeit in Hamburg. Von diesen Fahrradstrecken durch die Stadt verbinden 12 sternförmig den Rathausmarkt mit den äußeren Stadtteilen, zwei verlaufen ringförmig als innerer und äußerer Ring. Die Routen verlaufen so, dass ihr überwiegend gut ausgebaute Radwege vorfindet. Sie werden noch bis 2025 ausgebaut und beschildert. Eine davon haben wir für euch ausprobiert.

Die **Veloroute 5** verläuft vom Rathaus bzw. dem nahen Ballindamm bis nach Poppenbüttel und weiter nach Duvenstedt. Den genauen Verlauf könnt ihr euch unter hamburg.de herunterladen. Grob folgt ihr zunächst der Außenalster, dann dem Mundsburger Damm, der Oberaltenallee und der Hamburger Straße. Über Barmbeker Markt, Bramfelder Straße und Fuhlsbüttler Straße kommt ihr beim Bahnhof Barmbek am ⚲ **Museum der Arbeit** vorbei. Hier lohnt der Besuch sowie die Einkehr bei **T.R.U.D.E.** Radelt dann weiter auf der Fuhlsbüttler Straße, bis ihr rechts in Langenfort abbiegt. Über die Rümkerstraße und Steilshooper Straße kommt ihr auf die Steilshooper Allee, der ihr nach rechts folgt. Bald darauf links in den Gustav-Seitz-Weg abbiegen und über Gründgensstraße, Leeschenblick und Fabriciusstraße weiter zum **Bramfelder See** radeln. Am fahrbaren Kiosk könnt ihr euch ein Eis gönnen! An der Bramfelder Chaussee findet ihr den östlichen Eingang zum **Friedhof Ohlsdorf**. Das ist nicht einfach ein Friedhof, sondern auch ein Park – der größte Parkfriedhof der Welt. Berühmte Hamburger wie Heinz Erhardt, Inge Meysel oder Jan Fedder haben hier ihre letzte Ruhestätte gefunden. Über den Pfeilshofer Weg, Horstweg, Weißdornweg, Meinertstraße und Hennebergstraße erreicht ihr den S-Bahnhof Poppenbüttel, von wo ihr wieder mit der Bahn zurückfahren könnt.

Am Hafen entlang nach Entenwerder

20095 HH-Altstadt. **Start:** U-Bahnhof Meßberg. **Länge:** einfache Tour 4 km. **Altersempfehlung:** ab 7 Jahre. **HVV:** U1 Meßberg.

▶ Superbreite Wege und (fast) keine Autos sind schon mal das erste große Plus dieser Radtour. Ein Spielplatz, leckerer Kuchen und ein goldener Pavil-

?! *Trude ist der Name des Schneiderads des Elbtunnelbohrers der vierten Röhre, die zwischen 1997 und 2000 entstand. Der Name ist eine Abkürzung für: Tief Runter Unter Die Elbe. Das riesige Rad steht am Museum der Arbeit.*

✕ **T.R.U.D.E.,** Maurienstraße 13 – 15, Barmbek. ✆ 040/ 20006931. www.trude-hh.de. Mo – So 12 – 23 Uhr. Flammkuchen, Pommes, Burger in rustikalem Industrieambiente.

lon als Ziel locken euch aber bestimmt auch, oder? Die Fahrt geht nämlich nach Entenwerder, wo es all das gibt.

An der **U-Bahnstation Meßberg** geht es los. Wenn ihr rechts von euch den Wandrahmsteg seht, seid ihr richtig und habt das Schild Richtung „Rothenburgsort 3,6 km" vor euch. Folgt dem Schild leicht nach rechts, überquert die Oberbaumbrücke und fahrt auf die Hochwasserschutzanlage, immer am Oberhafen entlang. Links liegen die Deichtorhallen. Nur an der Oberhafenbrücke müsst ihr noch einmal kurz auf die Straße, ab da fahrt ihr autofrei! Wer hier schon Durst hat, fährt über die Brücke zur legendären **Oberhafen-Kantine**, die sich schief und krumm halb unter die Brücke kauert (Do, Fr ab 12, Sa, So ab 13 Uhr). Früher wurden in dieser Kaffeeklappe die Hafenarbeiter mit Essen versorgt, heute bekommt ihr hier hausgemachte Limo, Kuchen und typisch hamburgische Speisen. Nun aber zurück und weiter. Ihr befindet euch übrigens auf einem Teilstück des **Elberadwegs**. Ihr fahrt an der Hammerbrookschleuse von 1847 vorbei und dann am Großmarkt mit seinen geschwungenen Dächern – beide sind denkmalgeschützt. Ab der Brandshofer Schleuse radelt ihr nun am Billhafen entlang, über die mehrere Eisenbahnbrücken führen. Weiter geht es an einem alten Kran vorbei, dann unterquert ihr die Billhorner Brückenstraße. Das Hotel Holiday Inn liegt nun links von euch. Biegt dann bald scharf rechts ab auf die Fußgängerbrücke nach Entenwerder. Geradeaus kommt ihr dann am Rondell vorbei, das von Pyramidenpappeln umgeben ist. Und dann ist auch schon der **Spielplatz** in Sicht. Auf dem weitläufigen Gelände gibt es einen Rutschenturm, eine Drehscheibe, Reifenschaukeln und ein Volleyballnetz. Wenn ihr nach dem Austoben weiterfahrt, seht ihr bald rechts eine Brücke und dahinter ein großes Bauwerk aufragen. Das ist der goldene Pavillon. Diese begehbare Skulptur steht auf einem Ponton, auf

Entenwerder1, Entenwerder 1, Hamburg. ℂ 040/ 70293588. www.entenwerder.com. Täglich 10 – 18 Uhr.

dem sich auch **Enten-werder1** befindet, ein schwimmendes Café auf der Norderelbe. Der Pavillon besteht aus gelochtem, goldfarbigem Messing, ist 16 m hoch und hat drei Stockwerke. In der Mitte gibt es Durchblick! Und dann versorgt euch mit den Leckereien, die es in den rosafarbenen Schiffscontainern zu kaufen gibt.

Wer über diese Brücke geht, findet einen goldenen Pavillon
© Kirsten Wagner

Radtour um die Außenalster

20148 Hamburg. **Länge:** 7,5 km, Start z.B. an Bodos Bootssteg, Ecke Alte Rabenstraße/Harvestehuder Weg. **Altersempfehlung:** ab 7 Jahre.

▶ Hamburgs Facetten lassen sich bei einer Radtour um die **Außenalster** mit zugleich wunderbarem Blick entdecken. Im **Alsterpark** selbst darf man nicht fahren, aber der Radweg verläuft nur wenige Meter vom Ufer entfernt. Überwiegend darf man in beide Richtungen fahren. Nur am Ostufer müsst ihr ein Stück auf die Straße mit dem Namen **Schöne Aussicht**, allerdings ist diese verkehrsberuhigt und nicht stark befahren. Trotzdem gilt: Aufpassen! Natürlich lässt sich die Strecke auch spazierend oder joggend zurücklegen.

In jedem Fall habt ihr einen schönen Blick nicht nur aufs Wasser, wo im Sommer ordentlich was los ist, sondern auch auf hochherrschaftliche Villen und die Skyline von Alt- und Neustadt. Vorbei kommt ihr auch am **Hotel Atlantic** und dem gut gesicherten **US-Konsulat**.

Ihr findet zahlreiche Einkehrmöglichkeiten, am Ostufer z.B. auf dem **Ponton** von **a.mora** (An der Alster 72, 10 – 23 Uhr), am Westufer das **AlsterCliff**

Fahrradstation Dammtor, Schlüterstraße 11, Hamburg. ✆ 040/41468277. www.fahrradstation-hh.de. Mo – Fr 10 – 13 und 14 – 18 Uhr. Nur 1 km von der Außenalster entfernt, Fahrrad Tag 12 €.

DIE ALSTERSCHWÄNE

▶ Hamburg und seine Schwäne – das ist seit mehreren Jahrhunderten eine ganz besondere Verbindung. Es gibt sogar ein Amt, das extra für die schönen Wasservögel zuständig ist. Schon seit mehr als 25 Jahren ist *Olaf Nieß* Hamburgs Schwanenvater, zuvor hatte sein Vater das Amt inne. Er kümmert sich um die 120 Alster-

schwäne, versorgt kranke und verletzte Tiere und bringt die Vögel im November in ihr Winterquartier. Dann dürfen die Schwäne Boot fahren! Das bringt sie zum Eppendorfer Mühlenteich. Der wird nämlich eisfrei gehalten, weshalb die Schwäne dort gut überwintern können. Im Frühling geht es dann zurück auf die Alster.

(Fährdamm 13, ab 10 Uhr) oder **Bodos Bootssteg** (Harvestehuder Weg 1b, mit Bootsverleih, 11 – 20 Uhr, Fähranleger Rabenstraße). Wer müde Beine bekommt, kann mit einem der Alsterschiffe, ⚓ **Schiffstour auf der Alster**, zurückfahren.

Rad fahren auf dem Grünen Ring

21033 Hamburg. **Start:** S-Bahn Mittlerer Landweg. **Ende:** S-Bahn Veddel. **Länge** 14 km. **Altersempfehlung:** ab 8 Jahre. **HVV:** S2, 21 bis Mittlerer Landweg.
▶ Die Tour 5 des Rad- und Wanderwegs **Grüner Ring 2** führt euch an der ⚓ **Wasserkunst Elbinsel Kaltehofe** vorbei, der ersten städtischen Wasserversorgungsanlage Europas. Frisches, sauberes Wasser für alle! Umsonst! Sie stammt aus dem späten 19. Jahrhundert und war damals eine Sensation. Heute ist sie nicht mehr in Betrieb, aber in dem Park mit den historischen Filterbecken und einem Naturerlebnispfad könnt ihr sehr schön spazieren gehen.

Und die Ausstellung in der Wasserkunst ist sehr spannend. Interesse geweckt? Dann los!

Ihr beginnt die Fahrradtour an der **S-Bahnstation Mittlerer Landweg.** Gleich vor der Bahnstation, auf der gegenüberliegenden Straßenseite, findet ihr einen Wegweiser. Unter den Wegmarkierungen ist ein viereckiger Aufkleber mit einer weißen 11 auf grünem Untergrund. Unter der 11 steht in weißer Schrift: „Grüner Ring 2". Diesen Markierungen müsst ihr folgen. Das ist ein wenig wie eine Schnitzeljagd. Der Weg führt euch kurz durch ein Wohngebiet und über eine Autobahnbrücke Richtung Dove-Elbe und **Eichbaumsee.** Darin kann man leider nicht baden, aber auf den Wiesen zwischen See und Elbe gibt es jede Menge schöne Plätze für eine Pause. Folgt dem Feldweg am Flusslauf der Dove-Elbe Richtung Norderelbe, vorbei am kleinen Jachthafen **Moorfleet** und weiter. Nach einer Weile führt euch der Weg an eine Landstraße und wieder kurz an ein paar Häusern vorbei. Folgt der Beschilderung. Sie führt euch auf den Moorfleeter Hauptdeich und so geradeaus immer weiter zur ↗ **Wasserkunst auf der Elbinsel Kaltehofe.** Zeit für eine Pause! Wenn das Café geöffnet ist, könnt ihr euch dort mit Snacks, Suppen oder Kuchen versorgen. Sonst macht ein Picknick im Park. Folgt anschließend dem Hauptdeich weiter Richtung Rothenburgsort. Nach ein paar hundert Metern kommt ihr an das **Sperrwerk Billwerder Bucht** mit einem schönen Panoramablick über die Elbe. Findet ihr die Elbphilharmonie am Horizont? Folgt dem Weg weiter durch den Elbpark ↗ **Entenwerder** Richtung **S-Bahn Veddel.**

Auf dem **Grünen Ring 2** könnt ihr einmal ganz Hamburg umrunden. Schaut selbst unter www.hamburg.de und gebt in der Suchmaske den Begriff „Grüner Ring" ein. Unser Tipp: Packt euch genügend Essen und Regenkleidung ein. Manchmal seid ihr lange im Grünen unterwegs.

Große Tour in Wilhelmsburg

21109 HH-Wilhelmsburg. **Start:** S-Bahnhof Wilhelmsburg. **Länge:** 30 km. **Altersempfehlung:** ab 10 Jahre. **HVV:** S3, 31 bis Wilhelmsburg. **Auto:** Parkplatz Inselpark.

▶ Mit etwas Ausdauer und genügend Zeit schafft ihr diese Radtour locker. Ihr lernt Wilhelmsburg dabei

Zur Bunthäuser Spitze und im Heuckenlock könnt ihr auch ↗ wandern!

Wer nicht so weit radeln will, nimmt sich den Loop vor: Der 7 km lange Rundweg führt euch durch den ↗ Inselpark zu all den vielen tollen Stationen. Folgt den Markierungen der blauen Quadrate am Wegesrand. Start am ↗ Wälderhaus.

von seiner schönsten Seite kennen. Eine Rast am Elbsand gehört auch dazu. Über die Neuenfelder Straße und Am Inselpark gelangt ihr auf die Straße Hauland. Parallel zur Bundesstraße fahrt ihr immer weiter nach Süden, unterquert die Bahngleise und die Kornweide, folgt weiter Hauland, bis ihr auf den **König-Georg-Deich** stoßt, dem ihr nach links folgt. Erneut geht es unter den Gleisen hindurch, dann zweigt rechts der König-Georg-Weg ab. Er bringt euch direkt zur **Badestelle Finkenriek** mit kleinem Sandstrand. Nach Buddel- und Badepause (Vorsicht vor der Strömung!) radelt ihr auf dem **Finkenrieder Hauptdeich** weiter. Ihr unterquert die Autobahn und seid nun auf dem **Stillhorner Hauptdeich**, der wiederum zum **Moorwerder Hauptdeich** wird. Rechts von euch liegt hinter dem Deich das ↗ **Naturschutzgebiet Heuckenlock**. Ihr fahrt weiter und macht dort, wo die Straße eine Kehre macht, einen Abstecher zur ↗ **Bunthäuser Spitze**. Hier teilt sich die Elbe in Norder- und Süderelbe.

Zurück auf dem **Moorwerder Hauptdeich** wendet ihr euch nun nach rechts und radelt jetzt an der Norderelbe entlang. Über Einlagedeich und Siedenfelder Weg geht es diesmal über die A1 hinweg. An Feldern vorbei geht es zurück in besiedeltes Gebiet, dann links in die Krieterstraße und zurück zum Ausgangspunkt.

pmv Öko-Tipp!
An der Alster entlang

22337 HH-Winterhude. **Start:** U-Bahn Hudtwalckerstraße **Länge** 7,5 km. **Altersempfehlung:** ab 6 Jahre.
HVV: U1, Bus 20, 25, 26 bis Hudtwalckerstraße.

▶ Lust auf einen Abenteuerspielplatz, superschön direkt an der *Alster?* Auf dem weitläufigen Gelände erwarten euch viele Spielgeräte, eine Seilbahn und vor allem viel Platz zum Fußball- oder Frisbeespielen. Ein echter Hingucker ist das Kletterhäuschen mit Hängebrücke, das um einen großen Baum gebaut wurde. Ein perfektes Ziel für eine kleine Radtour am Alsterlauf, finden wir!

An der **U-Bahnstation Hudtwalckerstraße** geht es los: Radelt die Bebalallee Richtung Norden, U-Bahnstation Lattenkamp, entlang. Nehmt den Radweg im Park direkt neben der U-Bahnstation. Vor der **U-Bahnstation Lattenkamp** biegt links in die Meenkwiese ein und fahrt weiter bis an die Alster. Dort angekommen biegt rechts ab, um am Fluss entlangzufahren.

Ihr radelt jetzt auf dem **Alsterwanderweg**. An schönen Tagen sind hier viele Spaziergänger unterwegs, manchmal auch mit Hunden. Bitte nehmt Rücksicht und passt eure Fahrweise an. Am Ende des Radwanderwegs, an der Kreuzung Rathenaustraße/Im Grünen Grunde, müsst ihr kurz auf die Straße wechseln. Biegt links auf die Straße Im Grünen Grunde ab. Vor euch liegt das ✈ **Schwimmbad Ohlsdorf** und gegenüber die gleichnamige U-Bahnstation. Biegt dahinter links in die Straße Am Hasenberge ein. Dann gleich rechts in den Justus-Strandes-Weg. Nach rund 150 m führt links ein Feldweg ins Grüne. Radelt dort weiter unter der Unterführung durch. Der Weg führt euch zurück an den **Alsterlauf**. Fahrt den geschwungenen Flusslauf entlang an verschiedenen Teichen vorbei Richtung Norden. So kommt ihr in den **Teetzpark**. Haltet euch an der Weggabelung rechts, nach rund 300 m kommt ihr am **Abenteuerspielplatz** an. Für den kleinen Hunger bietet euch das **Café Alsterwiesen** direkt neben dem Spielplatz Snacks, Waffeln, Kuchen oder Eis an.

 Habt ihr Lust, auf dem Rückweg dem **Friedhof Ohlsdorf** einen Besuch abzustatten? Der Friedhof liegt gleich nebenan und ist der größte Parkfriedhof der Welt, mit kleinen Seen, vielen Wiesen und bewaldeten Gebieten.

✕ **Café Alsterwiesen,** Wellingsbütteler Landstraße 75, Hamburg. ✆ 0172/ 4371577. www.cafe-alsterwiesen-hh.de. Mo – So 11 – 17 Uhr.

Zurück ins Mittelalter: Mit dem Rad zur Burg Henneberg

22399 HH-Klein Borstel. **Start:** U-Bahn Klein Borstel. **Länge** 7 km. **Altersempfehlung:** ab 6 Jahre. **HVV:** U1 bis Klein Borstel.

▶ Natürlich hat Hamburg auch eine Burg. Das kann bei diesem Stadtnamen doch auch nicht anders sein.

M **Burg Henneberg,** Marienhof 8, Hamburg. ℂ 0170/ 9995432. www.burg-henneberg.de. Private Führung auf dem Gelände und in der Burg auf Anfrage. Anmeldung zu Veranstaltungen unter ℂ 040/5366679.

Allerdings könnt ihr die „Hammaburg" leider nicht mehr besuchen, denn die war aus Holz und ist vor langer Zeit abgebrannt. Aber die **Burg Henneberg** an der Poppenbütteler Schleuse lädt euch zu einer Zeitreise ins Mittelalter ein! Um sich ein Familienarchiv zu errichten, schütteten die Gutsbesitzer *Henneberg aus Poppenbüttel* 1870 einen Hügel an der Alster auf und bauten dort eine Burg ihrer Namensvettern aus Thüringen nach, allerdings nur im Maßstab 1:4 – eine Mini-Burg sozusagen. Zur kleinsten Burg Europas gelangt ihr über den Alsterwanderweg, der euch nicht nur am Wasser entlang, sondern zeitweise auch durch hellen Buchenwald führt. Leider ist die Burg nicht frei zugänglich, sie ist in Privatbesitz. Aber auf Nachfrage per eMail könnt ihr vielleicht an einer privaten Führung teilnehmen. Ansonsten bietet die malerische Kulisse der Burg am Alsterlauf aber auch ein perfektes Ziel für ein Picknick!

Los geht es an der **U-Bahnstation Klein Borstel.** Biegt am Ausgang der U-Bahnstation gleich links ab und folgt etwas der Straße. Wer es nicht eilig hat, der schiebt sein Fahrrad, denn hinter dem **Spielplatz Alsterwiesen** biegt ihr nach rund 200 m schon links in die Parkanlagen ein. Nehmt nicht den Weg neben der Straße, sondern fahrt die Senke hinunter Richtung Wasser und folgt dann dem geschwungenen Alsterlauf. Fahrt bei der Weggabelung rechts über die große Brücke, um auf dem **Alsterwanderweg** zu bleiben. Schaut nach den blauen Schildern mit weißer Schrift, auf denen ein Fahrradfahrer fährt, oder Richtung Poppenbüttel nach Holzschildern mit der Beschriftung „Alsterwanderweg" und einem gelben Dreieck auf den Bäumen. Auf Höhe des Hinweisschildes „Herrenhaus Wellingsbüttel" gabelt sich der Weg. Bleibt unten, in der Nähe des Flusses, und folgt dem Weg weiter bis zur **Poppenbütteler Schleuse.** Fahrt links über eine kleine Brücke, die euch aus dem Wald in die Parkanlagen führt. Fahrt weiter, bis ihr an eine breite Fußgängerbrücke kommt. Auf dem Hügel auf der anderen Seite seht ihr die **Burg Henneberg.**

Radtour im Klövensteen

22559 HH-Rissen. **Start:** S-Bhf Rissen. **Länge** 10 km. **Altersempfehlung:** ab 8 Jahre. **HVV:** S1 bis Rissen.

▶ Diese Radtour führt euch durch den Klövensteen und das Schnaakenmoor. Los geht es am **Bahnhof Rissen,** durch Schöns Park und rechts in den Sandmoorweg. An der Gabelung biegt ihr rechts in den Wald ab, in die Straße Rüdigerau. Am Ende biegt ihr links ab und radelt weiter, bis ihr das ↗ **Wildgehege** erreicht habt. Erste Pause! Wenn ihr Uhus, Rotwild und Co ausgiebig bewundert habt, steigt ihr wieder auf eure Drahtesel und folgt kurz dem Sandmoorweg nach Norden. Den nächsten Weg geht es wieder rechts hinein und ihr kommt zum **Schnaakenmoor.** Ob in dem Naturschutzgebiet wirklich die Schnaken, also die Mücken, stechen, findet ihr am besten selbst heraus – oder ihr schützt euch entsprechend, zumindest im Sommer. Ihr folgt dem Weg und landet auf einem Feldweg, auf dem ihr links abbiegt, bis ihr auf dem Klövensteenweg seid, wo ihr nach links und sofort wieder nach links fahrt. Rechts geht es dann weiter auf dem Feldweg 88, der euch zur **Aussichtsplattform am Krötenteich** bringt. Radelt bis zum Babenwischenweg, dem ihr nach rechts folgt. Gleich noch einmal nach rechts wieder auf den Klövensteenweg. Linker Hand liegt nun bald der **Waldspielplatz.** Zweite Pause!

Der Klövensteenweg bringt euch anschließend wieder nach Rissen zurück. Am Ende vor der Sülldorfer Landstraße nur noch einmal nach rechts abbiegen, dann seid ihr wieder am S-Bahnhof.

Geführte Radtouren, auch für Familien, bietet der ADFC an. Infos unter www.hamburg.adfc.de.

Futterpause
© Stefanie Wülfing

NATURTOUREN

SPIEL, SPORT &
ABENTEUER

ALLES MAL AUSPROBIEREN

Eine breite Palette an sportlichen Aktivitäten hat Hamburg für Familien in petto. Zur Bewegung an der frischen Luft laden viele tolle Spielplätze genauso ein wie Skateanlagen oder Minigolfplätze. Hochseilgärten locken zum Klettern in luftiger Höhe. Selbst bei Regen oder Kälte muss niemand auf dem Sofa hocken, denn Indoorspielplätze, Soccer- und Kletterhallen sorgen für die nötige Infrastruktur.

Ben in Kletter-Action: Auf den nächsten Seiten findet ihr viele Anregungen für eigene Erfahrungen
© Stefanie Wülfing

FIT & FIDEL

Skaten & spielen

i-Punkt Skateland

Spaldingstraße 131, 20097 HH-St. Georg. ✆ 040/234458, www.i-punktskateland.de. **HVV:** S1 – 3, 11, 21, 31 und U2 – 4 bis Berliner Tor. **Zeiten:** Mo, Di, Do 15 – 20, Mi, Fr 15 – 23, Sa, Ferien 13 – 20, So 11 – 20 Uhr. **Preise:** Mo – Do frei, Fr – So 4 €, BMX 5 €; Kinder bis 18 Jahre Fr – So 3 €, BMX 4 €, Skate-Jam 10 € inkl. Helm.
▶ Auf Skateboards, Inlineskates oder BMX-Rädern saust ihr im i-Punkt Skateland über Rampen, Bowl oder Halfpipe. In der Halle stehen 1500 qm Fläche zum Skaten zur Verfügung, im Außenbereich sogar 2100 qm. Mo – Do fahrt ihr kostenlos, sonntags lernt ihr bei der Skate-Jam Grundlagen und coole Tricks.

Skate-Jam für Kids bis 14 Jahre: jeden So 11 – 13 Uhr. Bitte anmelden.

Hamburger Inlineskating Schule

Förderverein am Institut für Bewegungswissenschaft der Universität Hamburg, Mollerstraße 2, 20148 HH-Rotherbaum. ✆ 040/42838-3605, www.hisev.de. **Lage:** Kurse: Kleine Unihalle im Sportpark der Universität, Turmweg 2. **HVV:** U1, Bus 15, 114 bis Hallerstraße. **Preise:** Familienkurs 1 Erw und 1 Kind Mo – Fr 139 €, Training 1 Erw und 1 Kind Sa 39 € pro Monat; Kurs für

Kinder 4 Termine 69 €, Ferienkurs 89 €, Training Kinder jeden Fr 21 €/Monat, Wochenende 99 €.

▶ Inlineskaten macht Spaß, aber wie bremst man eigentlich und wie fährt man rückwärts? Das und vieles mehr zeigt die Inline-Skating-Schule. Kinder ab 5 Jahre lernen bei den **Inline-Mäusen**, wie sie sicher rollen, bremsen und ausweichen. Wer darin schon fit ist, besucht den Kurs für Fortgeschrittene, wo Slalomfahren und das Rollen auf und von einer Rampe geübt werden. Die Einsteigerkurse werden auch für ein Elternteil mit Kind angeboten.

Der Kindergeburtstag auf Rollen kostet für 15 Kinder 159 € (Sa 90 Min), 219 € (Sa 2 Std) oder 229 € (So 2 Std).

Kelle Skatepark

Skateboard e.V. Hamburg, Loogeplatz 15, 20249 HH-Eppendorf. ✆ 040/89002899, skateboardev.de. neben der U-Bahn Station Kellinghusenstraße. **HVV:** U1, 3, Bus 22, 25, 26 bis Kellinghusenstraße. **Zeiten:** 9 – 22 Uhr (spätestens bis Einbruch der Dunkelheit). **Preise:** Eintritt frei. **Infos:** Die Anlage ist nur für Skateboards und Roller gedacht. E-Scooter, Fahrräder oder andere motorisierte Fahrzeuge sind nicht erlaubt.

Achtung! Mo – Fr 18 – 21 Uhr dürfen nur Skateboarder die Anlage nutzen.

▶ Eine über 800 qm große Pool-Anlage mit Schrägen und Hindernissen wie Bänken, Rampen oder Treppen zum Üben von Sprüngen und Kunststücken. Oder einfach zum Fahren und Zugucken.

Skaten in den Wallanlagen

Holstenwall, 20355 HH-Neustadt. ✆ 040/42823-2157, www.plantenunblomen.hamburg.de. **HVV:** Bus 112 bis Handwerkskammer. **Zeiten:** Mitte April – Sep 7 – 22 Uhr. **Preise:** Eintritt frei.

▶ Auf Inlineskates und Skateboards rollt ihr in ↗ **Planten un Blomen** über die Rollschuhbahn. Mit 4300 qm gehört sie zu den größten in Deutschland. Ursprünglich verlief hier einmal die Stadtbefestigung. Darum spricht man auch noch von den Großen Wallanlagen. Im Winter wird die Fläche zur ↗ **EisArena**, aber von April bis September ist sie für Skater freigegeben.

Parkcafé Hamburg, Holstenwall 30, Hamburg. ✆ 040/228638960. www.parkcafehamburg.de. April – Sep 10 – 22 Uhr nach Wetterlage. Streuselkuchen, portugiesische Natas, Flammkuchen oder Fish'n'Chips für Kinners.

Piratenspielplatz im Grasbrookpark

Am Grasbrookpark, 20457 HH-HafenCity. **HVV:** U4 bis Überseequartier.

▶ In der HafenCity sind mit den vielen Wohn- und Bürogebäuden auch tolle neue Spielplätze entstanden. Dazu gehört der Spielplatz im **Grasbrookpark**, der auf 7100 qm zu Spiel, Sport und Entspannung einlädt. Das Piratenspielschiff ist von einem Wasserbecken umgeben, das sich in drei Wasserläufe aufteilt, die die Auffächerung der Elbe mit ihren Flussinseln im Miniaturformat nachbildet. Matschtisch, Trampolin, Nestschaukel und die große Spiellandschaft unter (hölzernen) Palmen beschäftigen euch, während eure Eltern vielleicht die Trimmgeräte für Erwachsene ausprobieren.

pmv Öko-Tipp!
Waldspielplatz Sander Tannen

Walter-Hammer-Weg, 21033 HH-Lohbrügge. **HVV:** Bus 134, 234 bis Richard-Linde-Weg.

▶ Wer Pferde liebt, wird sich auf diesem Spielplatz besonders wohlfühlen. Hier gibt es nämlich ein hölzernes Pferd mitsamt Kutsche, auf dem ihr abwechselnd Reiter und Passagier spielen könnt. Klettern und schaukeln könnt ihr natürlich auch. Bei einem Spaziergang rund um den Spielplatz entdeckt ihr den Wasserturm **Sander Dickkopp**, der wegen seines „dicken Kopfes" seinen Namen erhielt. Ihr könnt aber auch Sanddünen finden. Wer davon noch mehr sehen möchte, besucht die nahe ↗ **Boberger Düne**.

Hoch auf dem Dino – Spielplatz Katendeich

Katendeich, 21035 HH-Bergedorf. **HVV:** S2 bis Netteln-burg, dann Bus 235 bis Heulandhagen.

▶ Ein riesiger Dinosaurier zum Erklettern ist der Höhepunkt auf diesem tollen Spielplatz. Winkt von hier euren Freunden zu, die derweil den Felsen ein

@ **www.bange-rang.de:** Internetseite eines Stadtmagazins für Familien mit Veranstaltungen, Museen, Workshops und Kursen.

@ **www.kultur-lotse.de:** Hamburg für wenig Geld! Ein Kalender mit allen öffentlichen Veranstaltungen, für die ihr keinen Eintritt bezahlen müsst. Unter Themen finden sich Angebote für Kinder.

Stück weiter erklommen haben! Eine Seilbahn, eine Turmrutsche und ein Kletterparcours sorgen für Abwechslung. Für die Jüngeren gibt es Wippen, Rutschen, Schaukeln und ein Drehkarussell.

pmv Öko-Tipp!
Inselpark Wilhelmsburg

21109 HH-Wilhelmsburg. **HVV:** S3, 31 bis Wilhelmsburg, dann 5 Min Fußweg über die Fußgängerbrücke. **Auto:** Parkplatz Inselpark. **Infos:** Weitere Infos zum Inselpark findet ihr auf www.inselpark.hamburg.

▶ Neben Liegewiesen und Grillplätzen bietet euch der Inselpark viele Möglichkeiten zum Austoben und Spielen: lange Wege zum Joggen und Fahrradfahren, eine große Skateanlage, ein Basketballfeld, Minigolf und freie Spiel- und Bewegungsangebote zum Balancieren, Hüpfen und Laufen. Außerdem gibt es vier Motto-Spielplätze: Paläste und Hütten, ein Wasser- und ein Wüstenspielplatz, die „Geheimnisvolle Insel" mit Klettergerüsten, die an untergegangene Schiffe erinnern. Wer möchte, kann den Park auch auf dem Wasserweg mit einem Kanu befahren. Kanus könnt ihr beim **Willi-Villa-Kiosk** ausleihen. 1 Stunde kostet pro Person 5 €, 4 Stunden 15 €, der ganze Tag 25 €.

Ein Kiosk von Wilhelmsburgern für ihren Park: Der **Willi-Villa-Kiosk** am Kuckucksteich im Inselpark wurde gemeinsam mit 30 Wilhelmsburgern unterschiedlicher kultureller Herkunft entworfen und bietet Snacks und Kleinigkeiten an. Eine Brezel kostet 1,50 €, Waffeln ab 3,50 €, Panini ab 4,50 €.

Spiel- und Skateplatz Weidestraße

Weidestraße neben dem Haus 126, 22083 HH-Barmbek. **Lage:** Im Johannes-Prassek-Park. **HVV:** Bus X22 bis Flotowstraße oder Bus 171, 261 bis Biedermannplatz.

▶ Der Spiel- und Skateplatz an der Weidestraße bietet euch viele Möglichkeiten: Neben Schaukeln, Klettergerüsten und einem Gurtsteg zum Toben und Balancieren gibt es auch einen Bolz- und einen Basketballplatz sowie zwei Tischtennisplatten. Kleine Geschwister haben einen eigenen umzäunten Spielbereich mit Wipptieren, Nestschaukel, viel Sand und Spielhäusern. Außerdem laden große asphaltierte Freiflächen, breite Wege und eine Brücke zum Skaten, BMX- und Fahrradfahren ein. Gerade für Anfänger ist das ideal!

Spiel und Spaß im Stadtpark

22292 HH-Winterhude. **HVV:** S1, 11 bis Alte Wöhr, U3 bis Borgweg, Bus 179 bis Planetarium oder Überseering West, Bus 20, 26,118, 179 bis Überseering West, dann jeweils 10 Min durch den Stadtpark.

▶ Planschen, buddeln, rutschen, klettern, hüpfen, schaukeln, mit der Seilbahn fahren … Eigentlich gibt es (fast) nichts, was ihr am Planschbecken und auf dem Spielplatz nicht machen könnt. Die Spielgeräte sind unterschiedlich groß und schwierig und für Kinder ab 6 Monate bis zu 12 Jahre geeignet. Und wer gerade keine Lust zum Toben hat, grillt oder picknickt mit seinen Eltern, spielt auf den umliegenden Wiesen Ball oder geht auf Entdeckungstour: Es warten noch mehrere kleinere Spielplätze darauf, von euch ausprobiert zu werden. Am Stadtparksee gibt es einen Bootsverleih und ein ↗ **Naturfreibad.** Auch Minigolf könnt ihr hier spielen. Ein echter Hingucker ist das ↗ **Planetarium,** ein alter Wasserturm (1912 – 1915), der erst 1930 zum Sternentheater umgebaut wurde.

Spielplatz am Appelhoffweiher

Georg-Raloff-Ring 32, 22309 HH-Barmbek. **HVV:** Bus 17 bis Schwarzer Weg, dann Georg-Raloff-Ring bis zur Hausnummer 32, dort links dem kleinen gepflasterten Weg Richtung *Appelhoffweiher* folgen. Der Spielplatz liegt hinter den Häusern auf der linken Seite. **Infos:** Der Weg vom Georg-Raloff-Ring zum Spielplatz ist nicht ausgeschildert. Er verläuft neben einer Grünfläche mit einer großen, roten Schaukel.

▶ Mitten in der Stadt – und trotzdem auf dem Land! Das ist das Motto des Spielplatzes am *Appelhoffweiher:* Holztraktor und Pferdekutsche stehen zum Klettern und Spielen bereit, die hölzerne Apfelbäuerin auf dem Drehkarussell hält glücklich ihre Ernte

---

🎵 Geburtstag feiern mit Lagerfeuer und Stockbrot, Seilbahn und Rutsche? Auf dem Abenteuerspielplatz Richtung Grasweg gibt es Grillplätze und eine Lagerfeuerstelle.

✕ **Café am Planschbecken,** Südring, Hamburg. ✆ 040/ 69658465. www.cafe-planschbecken.de. 11 – 19 Uhr. Terrasse und Spielzimmer.

im Arm, Holzkarotten halten Kletterstangen und ein Kaufladen wartet auf euch. Auch zum Toben und Bewegen stehen jede Menge Spielgeräte und -flächen bereit: Trampolin, Rutschen, ein Klettergerüst. Aber auch Fußball-, Basketball- und Beachvolleyballfelder findet ihr gleich neben dem Spielplatz.

Klettern wie Tarzan

Dschungelspielplatz Steilshoop, Steilshooper Straße 277, 22309 HH-Barmbek. **HVV:** Bus 17 bis Schwarzer Weg oder Richeystraße, dann ein Stück die Straße entlang und in die Grünanlagen abbiegen.

▶ Ein Paradies für Kletterbegeisterte ist dieser liebevoll gestaltete Spielplatz mit einer großen Auswahl an Klettergerüsten und -seilen, mehreren Balancierstrecken auch im bewaldeten Teil des Spielplatzes, Riesen-Giraffenrutsche, Nestschaukel und mehr. Das Thema Dschungel findet ihr in vielen Details wieder: in der Schlangen-Balancierstange, den Palmwedeln, den Bananenstauden an den Klettergerüsten oder dem Buschtelefon. Größere können auf den Plätzen nebenan Fußball oder Basketball spielen oder sich an den Fitness-Geräten austoben.

Kletterburg an der Schemmannstraße

Schemmannstraße, 22359 HH-Volksdorf. **HVV:** Bus 24 bis Eulenkrugstraße, dann rund 10 Min die Schemmannstraße entlang. **Auto:** Kostenlose Parkplätze.

▶ Hochwohlgeborene Burgdamen und Ritter! Seid herzlich willkommen auf dem **Spielplatz** in der Schemmannstraße, dem einzigen in Hamburg, wo es neben Wippen, Klettergerüsten, Rutschen und Seilbahn auch eine große Kletterburg gibt, in die ihr euch zurückziehen könnt. Ältere können sich derweil beim Fußball, Basketball oder Beachvolleyball austoben – und die „Alten" (auch Eltern genannt) mit einem Snack oder einem Kaffee vom Kiosk am Spielplatz auf einer der zahlreichen Sitzgelegenheiten ausruhen.

☀ Wenn ihr hungrig seid, macht ein Picknick. Es gibt um den Appelhoffweiher viele schöne geeignete Stellen. Und danach geht es auf den **Fitness-Pfad** mit verschiedenen Bewegungsstationen.

@ Eine Auswahl an schönen **Spielplätzen** in Hamburg, Beschreibungen ihrer Ausstattung und Anfahrt findet ihr auf www.hamburg.de.
Stöbern lohnt sich!

Spielen und Skaten in der Rissener Kuhle

Sülldorfer Brooksweg, 22559 HH-Rissen. **HVV:** Bus 601 bis Ortwinstieg.

▶ Eine ehemalige Kiesgrube wurde in Rissen zu einer riesigen **Spiellandschaft** umfunktioniert. Zwischen 1928 und 1973 wurde hier Kies abgebaut. Inzwischen laden unzählige Spielgeräte wie ein Kletterturm mit Rutsche, Schaukeln, Wippen und eine Seilbahn zum Toben ein. Die Jüngeren unter euch buddeln im Sand oder fahren auf der Drehscheibe im Kreis. Bringt Bälle mit, dann könnt ihr Fußball, Basketball oder Volleyball spielen. Und schließlich gibt es eine Skateranlage mit mehreren Rampen. Bei einem Regenschauer bieten Häuschen sogar die Möglichkeit, sich unterzustellen.

Aktivspiel- & Erlebniswelten

Hamburger Spielhäuser

Frickestraße 1, 20251 Hamburg. ✆ 040/428042677, www.hamburger-spielhaeuser.de. **Altersempfehlung:** 3 – 14 Jahre. **Preise:** kostenlos.

▶ Spielhäuser gibt es in Hamburg schon seit 1953. Das Angebot der offenen Kinder- und Jugendarbeit richtet sich an alle Kinder zwischen 3 und 14 Jahre. Die mehr als 40 Spielhäuser verteilen sich auf alle Stadtteile, zu einigen gehört auch ein Bauspielplatz. Kostenlos dürft ihr hier spielen, basteln, malen und bauen. Meist werden zudem Tages- und Ferienfahrten organisiert.

Selbst machen auf dem Baui

Bauspielplatz Eppendorf, Frickestraße 1, 20251 HH-Eppendorf. ✆ 040/46090527, www.bauspielplatz-eppendorf.de. **HVV:** Bus 20, 25 bis Julius-Reinke-Stieg, ein Stück die Martinistraße geradeaus und links in die Frickestraße. **Zeiten:** Mo – Do 10 – 12.30 und Mo – Fr

14 – 18 Uhr. **Preise:** kostenlos, besondere Angebote 2 – 8 €. **Info:** Di Nachmittag dürft ihr elternfrei spielen.

▶ Selbst machen wird auf dem **Baui**-Eppendorf großgeschrieben: Werkeln, basteln, töpfern, am offenen Lagerfeuer Stockbrot backen oder die Hühner, Meerschweinchen und Ziegen versorgen, die auf dem Baui leben – ihr habt die Wahl. Und wer toben möchte, der kann auf dem Gelände Fußball spielen, mit Kettcars durch die Gegend sausen oder auf dem Trampolin hüpfen.

Die Klettergerüste auf dem Baui sind selbst gebaut. Bevor ihr losflitzt, geht sie einmal in Ruhe ab. Falls ein Brett locker ist, gebt einfach den Betreuern Bescheid. Vielleicht könnt ihr bei der Reparatur mithelfen – oder etwas Neues bauen?

Rabauke beim FC St. Pauli

Fußball-Club St. Pauli v. 1910 e. V., Harald-Stender-Platz 1, 20359 HH-St. Pauli. ✆ 040/317874-306, www.rabauken.fcstpauli.com. **Lage:** Millerntor-Stadion. **HVV:** U3, Bus 6 bis St. Pauli. **Preise:** Rabauken-Club 36 € im Jahr plus Aufnahmegebühr 15 €, Kindergeburtstag 120 € für 8 Kinder, Fußballcamps 109 – 149 €.

▶ Euer Fußballherz schlägt für den FC St. Pauli? Dann werdet doch ein *Rabauke!* So nennen sich nämlich die jungen Fans des Fußballclubs. Ihr könnt im Rabauken-Club eure Mannschaft anfeuern, euch als Einlaufkind bewerben, die Fußballschule besuchen oder den Kindergeburtstag im Stadion feiern. Während der Heimspiele gibt es eine Kinderbetreuung. Lieber erstmal nur eine Führung durch das Stadion

BAU- & AKTIVSPIELPLÄTZE

▶ Es gibt in Hamburg eine Vielzahl an Bau- und Aktivspielplätzen. Hier könnt ihr nach der Schule oder in den Ferien bauen, werkeln, spielen, toben oder an einem der Angebote teilnehmen. Fast alles ist kostenfrei. Nur Ausflüge in Freizeitparks kosten etwas oder wenn Material anfällt. Zwei Bauspielplätze findet ihr hier näher beschrieben. Wenn ihr in einem anderen Stadtteil wohnt, nutzt die Suchfunktion unter www.jugendserver-hamburg.de.

am Millerntor? Die finden statt: 120 Min Mo bis Fr 14.30, Sa 10.30 und 14.30, So 10.30 Uhr, 60 Min Fr 16.30 und Sa 12.30 Uhr. Erwachsene zahlen 16 € oder 12 €, Kinder zwischen 7 und 13 Jahre 12,50 oder 8,50 €.

Eine Halle namens „Die Halle"

Parkour Creation e.V., Die Halle, Stockmeyerstraße 43, Halle 4f, 20457 HH-HafenCity. ✆ 040/1802454 00, www.diehalle.hamburg. **Altersempfehlung:** ab 8 Jahre. **HVV:** U1 bis Meßberg, U4 bis Hafencity Universität. **Zeiten:** Open Session Kinder ab 8 Jahre 13.30 – 15 Uhr, Jugendliche ab 14 Jahre Mo – Fr 18 – 19.30, Sa 15 – 19.30, So 15 – 16.30 Uhr. **Preise:** 1 x Open Session 15 €, Workshop 35 €, Mitgliedschaft Open Session 20 € pro Monat, Mitgliedschaft 1 Kurs je Wo 35 € pro Monat; Kinder bis 17 Jahre 1 x Open Session 10 €, Workshop 30 €, Mitgliedschaft Open Session 15 €/Monat, Mitgliedschaft 1 Kurs/Wo 25 €/Monat.

🎵 Einen sportlichen Geburtstag mit viel Bewegung und Spaß könnt ihr in der Halle mit euren Freunden feiern: 1,5 Std Training, Wasser und Apfelschorle für alle, Mindestalter 7 Jahre, min. 8 Kinder, 176 €.

▶ Die Halle ist genau, was sie verspricht: eine weitläufige Halle mit verschiedenen Hindernissen aus Holz, Metall oder Schaumstoff wie Kästen, Podeste, Treppen, Matten, Vorsprünge, Nischen und Stangen. Jedes Hindernis ist eine Herausforderung, die ihr hier üben könnt zu überwinden. Natürlich mit den Techniken des Parkour-Laufens, also kontrolliert, mit Vertrauen in die eigenen Fähigkeiten und dem Wissen um die eigenen Grenzen. Mit offenen Augen für alle und alles um euch herum und unter Rücksichtnahme auf die anderen Personen, die mit euch trainie-

Teamwork ist alles: Gemeinsam Parkour laufen bzw. springen
© Parkour Creation

ren. Wenn ihr noch keine Erfahrung mit Parkour habt, besucht einen zweistündigen Schnupperworkshop zum Kennenlernen. Fortgeschrittene können in den freien Trainingszeiten der „Halle", den Open Sessions, den „Parkourpark" nutzen. Ihr möchtet eure Technik verbessern? Als Mitglied könnt ihr hier wöchentliche Kurse besuchen, neben Parkour gibt es auch Breakdance oder Tricking. Meldet euch vorher online an!

Swingolf und Fußballgolf

Gauerter Hauptdeich 105, 21037 HH-Ochsenwerder. ℗ 040/73748122, www.swingolf-hamburg.de. **HVV:** Bus 120, 223, 422 bis Ochsenwerder Elbdeich 3. **Zeiten:** März – Nov Mi – So 11 – 20 Uhr. **Preise:** Swingolf 12 €, Fußballgolf 11 €; Kinder 6 – 15 Jahre 8 €; Familien 32/30 €.

▶ Ein besonderer Spaß für die ganze Familie ist **Swingolf.** Man spielt diese Wald- und Wiesenvariante auf kleineren Flächen als das klassische Golf und mit dem dreieckigen Swin-Schläger. 18 Löcher müssen getroffen werden. Es gelten die Regeln wie beim Golf: Der, dessen Ball am weitesten weg liegt, darf als Nächstes wieder schlagen. Gewinner ist, wer die wenigsten Schläge benötigt. Kinder ab etwa 9 Jahre können Swingolf spielen. Probiert es mal aus! Alternativ könnt ihr in Ochsenwerder auch **Fußballgolf** spielen. Dann müsst ihr versuchen, den Fußball in eines der dafür vorgesehenen Löcher zu bugsieren. Mit möglichst wenigen Schüssen soll der Ball über oder durch ein Hindernis ins Ziel befördert werden. Anschließend schmaust ihr leckeren Kuchen im Dielencafé oder auf der Außenterrasse.

♫ Ihr könnt auch euren Geburtstag mit Fußballgolf feiern! 12,80 € je Kind inkl. zwei Getränke und einer Brezel.

Abenteuer in der Goblinstadt

Wandsbeker Zollstraße 25 – 29, 22041 HH-Wandsbek. ℗ 040/ 68841515, www.goblinstadt.de. Eingang Wendemuthstraße. **Altersempfehlung:** ab Schulalter, die Kinder sollten lesen können. **HVV:** U1 bis Wandsbek

Markt, 650 m zu Fuß oder S1 bis Hasselbrook, dann Bus 116 bis Wendemuthstraße. **Auto:** Parkdeck bis 2 Std kostenlos über Wandsbeker Zollstraße oder kostenpflichtiges Parkhaus. **Zeiten:** Fr 15 – 19, Sa, So 11 – 18.30 Uhr. **Preise:** 30 Min 5 €, Tageskarte 35 € pro Pers.

▶ Habt ihr Spaß am Verkleiden und schlüpft gern in andere Rollen? Dann seid ihr in der Goblinstadt genau richtig. Als Magier, Schlitzohr oder Heiler taucht ihr in die Viertel des umgebauten Kellergewölbes ein und löst so manch kniffliges Rätsel. Das geht am besten im Team! Ihr erhaltet dafür Rohstoffe, die ihr tauschen könnt, womit ihr dann eure Ausrüstung verbessert. Wagt ihr euch auch ins Gossenviertel? Spannend!

Besonders viel Spaß macht es, die Aufträge gemeinsam mit Freunden zu lösen, z.B. am Kindergeburtstag. Buchbar ab 6 Kindern, 2 Std 8 € pro Kind, Geburtstagskind frei.

Aki: Der Aktivspielplatz Uhlenhorst

Averhoffstraße 1a, 22085 HH-Uhlenhorst. ℡ 040/ 2291010, www.aki-uhlenhorst.de. **HVV:** Bus 6, 17 bis Averhoffstraße. **Zeiten:** Mo – Fr 14 – 18, in den Ferien 10 – 16 Uhr. **Preise:** frei. **Infos:** Die Angebote des Aktivspielplatzes richten sich an Kinder von 6 – 14 Jahre.

▶ Skaten oder BMX fahren, bauen, malen, lesen, basteln, Musik machen, Billard spielen, Stockbrot backen, zusammen kochen oder einfach auf den Sofas im Gemeinschaftshaus sitzen und klönen – ihr entscheidet auf dem Aktivspielplatz selbst, worauf ihr Lust habt und was ihr machen wollt. Mitbringen müsst ihr nur Neugierde und Spaß am Ausprobieren.

Abschlag in der Golf Lounge

Vorlandring 16, 22113 HH-Moorfleet. ℡ 040/81978790, www.golflounge.de. **HVV:** U3 bis Lübecker Straße, dann Bus 530 bis Kneidenweg, 650 m zu Fuß. **Auto:** A1 Ausfahrt 34 HH-Moorfleet. **Zeiten:** Mo – Fr 10 – 20, Sa, So 10 – 18 Uhr. **Preise:** Schnupperkurs Golf 2 Std 19 €; Kinder 9 – 14 Jahre 8 €; Familien 24 €.

▶ Minigolf habt ihr ja bestimmt schon einmal gespielt, aber „richtiges" Golf? Das spielt man auf großen Plätzen mit weiten Rasenflächen. Mitten in einer Großstadt gibt es das darum nicht. In Hamburg kann man trotzdem Golf spielen lernen, nämlich in der Golf Lounge. Und das gilt auch für Kinder. Ihr könnt nämlich an einem Feriencamp teilnehmen. An fünf Tagen lernt ihr mit viel Spaß, wie der kleine Ball geschlagen wird und spielt den 9-Loch-Kurs.

Jumicar

Heestweg 1, 22143 HH-Rahlstedt. ✆ 040/6777441, www.jumicar-hamburg.de. **Lage:** Brücke Scharbeutzer Straße. **HVV:** R10 bis Rahlstedt. **Auto:** B75 Richtung Ahrensburg, rechts Scharbeutzer Straße. **Zeiten:** April – Okt Di – Fr 15 – 19, Sa, So 12 – 19 Uhr, März Sa, So 12 – 17 Uhr, Führerschein-Termine ca. einmal im Monat. **Preise:** 3,80 €, 5er Karte 16,50 €, 10er Karte 32 €, Formel-1-Bahn 4 €, 5er Karte 18 €, 10er Karte 35 €, Führerschein 18 €.

▶ Wie fühlt es sich wohl an, als Fahrer in einem Auto zu sitzen? Genau das dürft ihr bei Jumicar ausprobieren! Auf dem Verkehrsübungsplatz für Kinder lernt ihr gleich die Verkehrsregeln und erfahrt, was die einzelnen Schilder bedeuten. In den umweltfreundlichen Mini-Autos kreuzt ihr durch die Straßen (ab 6 Jahre). Wer schon 10 Jahre alt ist, kann sich auf die Formel-1-Strecke wagen. Sogar den Führerschein dürft ihr hier ablegen. Nach einer Stunde Theorie und drei Übungsfahrten haltet ihr den „Lappen" in euren Händen.

🎵 Geburtstagspaket mit 20 Fahrten und einem Jumicar-T-Shirt für das Geburtstagskind 70,90 €.

Aktion Kinderparadies

Geschäftsstelle Betreute Kinderspielplätze Hamburg e.V., Bilser Straße 35a, 22297 Hamburg. ✆ 040/5117915, www.aktion-kinderparadies.de. **Zeiten:** je nach Spielplatz, meist Mo – Fr 9 – 13 Uhr, teilweise auch am Sa. **Preise:** 1,50 € je Betreuungsstunde.

▶ 18 Spielplätze betreut die Aktion Kinderparadies in ganz Hamburg. Kinder zwischen 1 und 6 Jahre

⬜ Wetterfeste Kleidung einpacken!

dürfen hier unter Aufsicht spielen und sich richtig austoben. Die Betreuung findet bei jedem Wetter statt. Eine Anmeldung ist nicht nötig. Das Konzept stammt übrigens aus Schweden und ist in Deutschland einmalig. Coole Sache!

Quidditch spielen wie Harry Potter

Quidditch Club Hamburg e.V., c/o Schankweiler, Wischhofsweg 6, 22523 Hamburg. www.quidditch-hamburg.de. **HVV:** Bus 21, 184, 284,384 bis Furtweg, 300 m zu Fuß. **Zeiten:** Training Do ab 16.30 oder 17.15 Uhr. **Preise:** Quidditch-Mitgliedschaft Kinder 9 – 15 Jahre 60 € pro Halbjahr. **Infos:** In der Gorch-Fock-Schule: Karstenstraße 22, 22587 HH-Schenefeld.

▶ Wollt ihr ein Teil des Teams Feuerblitz werden? So heißt die Kinder- und Jugendmannschaft, in der Jungs und Mädchen zwischen 9 und 14 Jahre Kidditch trainieren, die Juniorvariante von Quidditch. Habt ihr die Quidditch-Turniere in den Harry-Potter-Büchern oder -Filmen auch immer so gespannt verfolgt und davon geträumt, das einmal selbst zu spielen? Hier könnt ihr das! Nun, leider nicht auf fliegenden Besen, aber dennoch mit maximalem Spielspaß. Seit nämlich ein paar Studierende in den USA das Ballspiel als reale Sportart umgesetzt haben, steigt seine Beliebtheit in der ganzen Welt. Gespielt wird in gemischten Teams mit jeweils sieben Spielern. Plastikstäbe simulieren die Besen und bilden so eine sportliche Herausforderung. Fünf Bälle sind im Spiel: der *Quaffle*, drei *Klatscher* und der *Schnatz*. Die Spieler sind Jäger, Treiber, Hüter und Sucher. Meldet euch doch einfach mal zu einem Probetraining an!

Soccer in Hamburg

Kieler Straße 565, 22525 HH-Stellingen. ✆ 040/5404244, www.soccer-in-hamburg.de. **HVV:** S3, 21 bis Eidelstedt, Bus 4, 115, 183, 281 bis Wördemanns Weg. **Zeiten:** Mo – Fr ab 14.30, Sa, So ab 10 Uhr.

Preise: 45 Min Mo – Fr 14.30 – 16 Uhr 40 €, 16 – 22.45 und Sa, So 10 – 22.30 Uhr 60 €.

▶ Fußball spielen, auch wenn es draußen stürmt und regnet? Den Kindergeburtstag kickend mit den Freunden feiern? Das geht bei Soccer in Hamburg. Drei Felder mit hochwertigem Kunstrasen stehen zur Verfügung. Gespielt wird üblicherweise 5 gegen 5, aber auch 4 gegen 4 ist natürlich möglich. Buchbar ist hier für Kindergruppen ab 9 Jahre auch Bubble Ball: Ihr spielt dann in einem Ganzkörper-Gummi-ball Fußball!

🎵 Kindergeburtstag 19,90 € je Kind für bis zu 10 Kinder unter 15 Jahre (90 Min Spielzeit, Getränke und Menü).

Schwerelos von Trampolin zu Trampolin

JUMP House Stellingen, Kieler Straße 572, 22525 HH-Stellingen. ✆ 040/5407012, www.jumphouse.de. **Altersempfehlung:** ab 6 Jahren. **HVV:** Bus 4, 183, 281, 283, 603 bis Wördemanns Weg. **Auto:** A7 bis Ausfahrt Stellingen, dann links auf die Kieler Straße (stadtaus-wärts) und nach 500 m rechts. Kostenlose Parkplätze. **Zeiten:** Di – Do 15 – 19 Uhr, Fr 14 – 19 Uhr, Sa, So 11 – 18 Uhr. **Preise:** 60 Min 14,90 € (vor Ort 15,90 €), 90 Min 19,90 € (vor Ort 20,90 €), 120 Min 25,90 € (vor Ort 26,90 €); Kinder ab 4 Jahre 60 Min 14,90 € (vor Ort 15,90 €), 90 Min 19,90 € (vor Ort 20,90 €), 120 Min 25,90 € (vor Ort 26,90 €).

Infos: Zum Springen braucht ihr besondere Stoppersocken vom JUMP House für 3 € pro Person. Kinder bis ein-schließlich 3 Jahren dür-fen zu ihrer eigenen Sicherheit nicht auf die

Bis euch die Puste aus-geht: Im Jump House könnt ihr hüpfen, was das Zeug hält
© Anna-Lena Ehlers

JUMP House Poppenbüttel,

Poppenbütteler Bogen 46, Hamburg. ℂ 040/5407012. www.jump-house.de. Mo, Di, Do, Fr 15 – 19, Sa, 11 – 19, So 11 – 18 Uhr. Zweiter großer Trampolinpark des Jump House in Hamburg. Das Besondere: zwei Kletterparcours in über 8 m Höhe mit anschließender Zip-Line.

Der Sprung-Raum bietet auch Kurse an: z.B. Ninja.Kurs, Basic.Sprung oder Sprung.fit. Du springst gern Trampolin, weißt aber nicht, ob dir ein ganzer Kurs liegt? Dann probiere ein Schnupperangebot aus: Ninja.Kurs 29 €, Trick.Sprung 23 €.

Trampoline, 4- und 5-Jährige brauchen eine Begleitperson.

▶ Springen, Saltos schlagen, Ninja-Parcours meistern, spielen – im Jump House kommen die Sportbegeisterten unter euch auf ihre Kosten! Beim großen Trampolinfeld sind mehr als 50 Trampoline miteinander verbunden, die zum Teil sogar die Wände einbeziehen. Hier könnt ihr von Feld zu Feld hüpfen, bis ihr euch schwerelos fühlt – oder sackschwer vom Trampolin taumelt.

Außerdem: Ninja-Parcours mit verschiedenen Schwierigkeitsgraden, hüpfend Völkerball und Basketball spielen, in ein riesiges Luftkissen springen und noch einiges mehr. In der Jump Lounge könnt ihr euch bei Hunger oder Durst etwas Kleines zu essen oder zu trinken holen.

Trampolin springen wie die Meister

SPRUNG.RAUM Hamburg, Am Neumarkt 38c, 22041 HH-Wandsbek. ℂ 040/60953850, www.sprung-raum.de. **HVV:** Bus 11 bis Birtstraße, Bus 9 bis Eichtalstraße. **Zeiten:** Mo – Fr 14.30 – 19, Sa 10.30 – 19, So 10.30 – 18.00 Uhr, Ferien Mo – Fr 11.30 – 19, Sa 10.30 – 19, So 10.30 – 18 Uhr. **Preise:** 60 Min 14,50 €, 90 Min 21,50 €, 120 Min 28,50 €; Kinder bis 3 Jahre frei, darüber wie Erw; Happy Mittwoch 90 Min 14,50 €, 120 Min 21,50 €. **Infos:** Vor dem ersten Sprung müsst ihr einmal die Sprung.Raum-Stoppersocken für 3 € kaufen. Kinder bis 6 Jahre dürfen nur mit einer zahlenden Begleitperson auf die Trampoline.

▶ Trampoline, aber auch ein Ninja-Parcour, ein Sweeper-Spiel, wo ihr über sich bewegende Balken springen oder euch darunter wegducken müsst, oder ein Cage-Ball-Feld, in dem ihr mithilfe von Trampolinen Basket- oder Völkerball spielen könnt – im Sprung.Raum findet ihr viele Möglichkeiten, euch auszutoben. Lauras Lieblingsspiel: eine Verfolgungsjagd durch „Air.Ninja", einen luftgefüllten Hindernisparcours. Ben war wiederum von der interaktiven

Kletterwand begeistert: Das ist eine Wand, an der ihr kletternd Aufgaben bewältigen müsst, z.B. Fledermäuse fangen oder Luftblasen platzen lassen.

Indoorspielplätze

Spielscheune der Geschichten

Marie-Henning-Weg 1, 21035 HH-Allermöhe. ℭ 040/32848358, www.spielscheune-der-geschichten.de. **HVV:** Bus X30 bis Felix-Jud-Ring (Mitte), Bus 12, 329, 629 bis Marie-Henning-Weg, weiter zu Fuß 10 Min. **Zeiten:** Di – So 10 – 14 und 15 – 19 Uhr, Mo nach individueller Absprache. **Preise:** 5 €, 3er-Kanu 8 € Std, mit Besuch der SpielScheune erste Std 4 €, 4er-Kanu 10 € Std, mit Besuch der SpielScheune erste Std 5 €; Kinder 2 – 17 Jahre 8 €; Happy hour: 12.30 – 14.00, 17.30 – 19.00 Uhr Kinder 6 €. **Infos:** Kanu-Verleih nur in Begleitung eines Erwachsenen, Pfand (Personalausweis) erforderlich.

▶ In der Spielscheune könnt ihr nicht nur über ein Spielschiff toben, hüpfen und auf einen Vulkan klettern, sondern jeden Tag im Saal der Geschichten um 16 und 18 Uhr auch Legenden und Märchen aus aller Welt hören, am Wochenende sogar bis zu 6-mal am Tag. Und wen das schöne Wetter nach draußen lockt, der kann auf dem Fleet vor dem Haus Kanu fahren.

In einer anderen Welt: Das Drachenlabyrinth

Bramfelder Chaussee 1 – 3, 22177 HH-Barmbek-Nord. ℭ 040/38679603, Handy 0172/1573116. www.drachen-labyrinth.de. **Lage:** Im Untergeschoss des Einkaufszentrums Zebra. **Altersempfehlung:** ab 6 Jahre. **HVV:** U3 bis Habichtstraße, dann ca. 100 m Fußweg bis zum Einkaufszentrum, Bus 39 bis Habichtstraße Mitte, Bus 166, 173 bis Heinrich-Helbig-Straße, Bus 177 bis Hellbrook-kamp. **Auto:** Kostenfreie Parkplätze in der Tiefgarage

Rabatzz, Kieler Straße 575a, Hamburg. ℭ 040/54709690. www.rabatzz.de. Mo – Fr 14 – 19, Sa, So, Fei 10 – 19 Uhr. Riesenwellenrutsche, Kletterlabyrinth, Elektrokarts, Power-Aqua-Paddler oder Hochseilgarten? Auf dem Indoorspielplatz Rabatzz habt ihr eine Riesenauswahl.

SPIEL, SPORT & ABENTEUER

🔒 Das Drachenlabyrinth folgt einer Geschichte, dem *Buch der Drachen*, das ihr Seite für Seite entdecken und enträtseln könnt. Um damit zu beginnen, müsst ihr aber einmal ein Zugangsarmband für 7 € erwerben.

des Einkaufszentrums, So ohne Zeitbeschränkung auf dem Kundenparkplatz. **Zeiten:** Di – Fr 14 – 18, Sa, So 11 – 18 Uhr, in den Hamburger Ferien 11 – 18 Uhr. **Preise:** Durchschnittliche Dauer eines Auftrags 15 Min, 1 Spielauftrag/1 Buchseite 2 €, 2 Aufträge/Buchseiten 3 €, 3 Aufträge/Buchseiten 4 €, 4 Aufträge/Buchseiten 5 €; Einsteigerset Sammelbuch + 4 Buchseiten 10 €, Expertenset Permanente Freischaltung des Selbstbedienungsterminals + 4 Buchseiten 10 €.

▶ Was passierte vor 300 Jahren in der Drachenburg? Ausgestattet als Elf, Magier oder Heiler geht ihr gemeinsam in die Ruinen des verfallenen Labyrinths, um Geheimschriften zu entziffern, ein wundersames Rezept zu suchen und das Geheimnis Schritt für Schritt zu lüften.

Das Drachenlabyrinth ist eine Abenteuer- und Erlebniswelt für Kinder ab 6 Jahre. Jeder Spielauftrag, den ihr erfolgreich löst, wertet eure Rolle und damit auch eure Ausstattung auf, mit der ihr dann auch bei einem neuen Besuch weiterspielen könnt.

Power-Wand und Trapez: Aktivhalle Tala 300

Schulen am Heidberg, Tangstedter Landstraße 300, 22417 HH-Langenhorn. ☏ 040/4289332-80, www.tala300.de. **HVV:** U1 bis Kiwittsmoor, Bus 192 bis Hohe Liedt. **Zeiten:** Mi, Do, Fr 15 – 19, Sa 9 – 12 und 12.30 – 15.30 Uhr. **Preise:** pro Person 4 €, 10er-Karte 35 €.

▶ Aus einer Sporthalle der Gesamtschule Heidberg wurde eine Aktivhalle, die allen Kindern zum Toben und Spielen offensteht. Aus Balken, Klötzen und Brettern könnt ihr euch auf der Bewegungsbaustelle immer neue Landschaften zum Klettern oder Balancieren ausdenken. Das Trampolin lädt zum Hüpfen ein, der Riesenkletterturm zum Rutschen und natürlich zum Klettern. Die Power-Wand und die Trapez-Schaukeln warten ebenfalls auf euch! Zu den Spielzeiten öffnet zudem eine Cafeteria.

Spannendes Spiel in leuchtender Kulisse

Schwarzlichtviertel, Kieler Straße 571, 22525 Hamburg. ℡ 040/219019150, www.schwarzlichtviertel.de. **HVV:** Bus 4, 115, 183, 392 bis Wördemannsweg. **Auto:** A7 Abfahrt Stellingen, links in Kieler Straße, nach 500 m links zum Einkaufsgelände abbiegen, kostenlose Parkplätze auf dem Parkdeck. **Zeiten:** Okt – April Mo – Do 14 – 21, Fr 14 – 23, Sa 10 – 1, So 10 – 20 Uhr, Fei und Ferien ab 10 Uhr, Mai – Sep Mo – Do 14 – 20, Fr 14 – 23, Sa 10 – 24, So 10 – 20 Uhr, Fei und Ferien ab 10 Uhr. **Preise:** Funtastic Minigolf 13,90 €, Virtual Reality 30 Min bis 4 Pers 70,00 €, 60 Min bis 4 Pers 130,00 €; Funtastic Minigolf Kinder bis 5 Jahre frei, 5 – 13 Jahre 12,90 €.

▶ Im Schwarzlichtviertel könnt ihr gleich mehrere Attraktionen ausprobieren. Beim **Funtastic Minigolf** spielt ihr auf ausgefallenen, lustigen, aber auch kniffeligen Schwarzlichtbahnen. **Mission possible** ist ein Geschicklichkeitsparcours, bei dem ihr euch so schnell wie möglich zwischen Laserstrahlen durch einen Raum schlängeln müsst. Und schließlich gibt es noch das **Virtual Reality**-Spiel, bei dem ihr mithilfe von computergesteuerten Brillen z.B. zusammen mit den Angry Birds gegen die Schweine kämpft oder zu einem Lied tanzt und den Rhythmus nicht nur hören, sondern auch sehen könnt.

☀ Reserviert im Internet oder telefonisch eure Spielzeit. So riskiert ihr nicht, warten oder am Ende sogar ganz draußen bleiben zu müssen, weil bereits zu viele Personen spielen.

Klettergärten & Hochseilparks

Klettern im Salon du Bloc

Eppendorfer Weg 4, 20259 HH-Eppendorf. ℡ 040/84508513, www.salondubloc.de. **HVV:** U2 bis Christuskirche, Bus 15 bis Schulterblatt. **Zeiten:** Mo 15 – 23, Di, Do 10 – 24, Mi 15 – 24, Fr 15 – 22, Sa 12 – 18, So 12 – 22 Uhr. **Preise:** 12,50 €; Kinder bis 17 Jahre 8,50 €, Monatskarte 39 €; Mo – Fr bis 16.30 Uhr 10,50 €, Monatskarte 59 €.

🎵 Feiert doch kletternd euren Geburtstag! So ab 10 Uhr, nur mit Anmeldung, 24 € pro Kind.

▶ Kinder ab 10 Jahre dürfen im Salon du bloc **bouldern**. Samstags ist Familientag, da reicht ein Mindestalter von 8 Jahre. Es gibt für euch spezielle Kinderrouten. Zu erkennen sind die an den pinkfarbigen Griffen. Auf geht's!

Klettern am Kilimanschanzo

Schanzenstraße 69, 20357 HH-Sternschanze. ✆ 040/25485429, www.kilimanschanzo.de. **Lage:** Im Florapark zwischen Schulterblatt und Lippmannstraße. **HVV:** S1, 11, 21 bis Sternschanze, Bus 3 bis Bernstorffstraße. **Zeiten:** April – Okt offenes Klettern So 15 – 17.30 Uhr, Klettergruppen Di 16.45 – 18, Mi 16.30 – 18 Uhr, Büro Mi 16 – 18 Uhr. **Preise:** Klettern So kostenlos, Mitgliedschaft im Verein 96 € pro Jahr; Kinder bis 18 Jahre 36 € pro Jahr. **Infos:** Kilimanschanzo e.V. Büro, Schanzenstraße 69, 20357 Hamburg, Mo 16 – 18 Uhr.

♫ 2,5 Std Geburtstag feiern am Kilimanschanzo kostet 15 € je Kind, mindestens 75 €.

🕸 Im **Florapark** gibt es auch eine Rutsche, eine Kletterspinne, eine Tischtennisplatte und weitere Spielgeräte.

▶ An einem Bunker mit dem schönen Namen *Kilimanschanzo* könnt ihr mitten im **Florapark** Höhe gewinnen. 20 m ragt das bunt besprühte und mit zahlreichen Klettergriffen versehene Gebäude in die Luft. Jeden Sonntag wird hier offenes, d.h. kostenloses Klettern angeboten. Als Vereinsmitglied dürft ihr an den Klettergruppen dienstags und mittwochs teilnehmen.

Nordwandhalle

Am Inselpark 20, 21109 HH-Wilhelmsburg. ✆ 040/209338620, www.nordwandhalle.de. **Lage:** Im ↗ Inselpark. **HVV:** S3, 31 bis Wilhelmsburg, dann noch ca. 10 Min Fußweg in den Inselpark. **Auto:** A1 bis Hamburg Wilhelmsburg, Abfahrt HH-Stillhorn, dann auf die Straße Kornweide, rechts auf die Otto-Brenner-Sraße, geradeaus weiter auf die Neuenfelder Straße, kurz vor der S-Bahn ist der Parkplatz ausgeschildert (kostenpflichtig). **Zeiten:** Mo – Fr 10 – 23 Uhr, Sa, So 10 – 22 Uhr. **Preise:** Tageskarte Klettern und Bouldern 15,50 €, nur Bouldern 12 €; Kinder 5 – 13 Jahre Tageskarte Klettern und Bouldern 5 €, nur Bouldern 5 €, Jugendliche 14 – 17 Jahre

Tageskarte Klettern und Bouldern 9,50 €, nur Bouldern 8 €. **Infos:** Die Ausrüstung muss bei den regulären Kursen und Trainings extra geliehen werden.

▶ Hoch, runter oder waagerecht zum Boden – in der modernen Nordwandhalle könnt ihr in alle Himmelsrichtungen klettern. Es werden Kletter- und Boulderkurse und Trainings für Kinder und Jugendliche ab 5 Jahre angeboten, jüngere Geschwister können solange in der Kinderbetreuung spielen (3 € pro Std). Besonderes Angebot: Familienklettern für 80 € pro Kind (ab 9 Jahre) und 80 € pro Erw 2 x 3 Std.

Noch nie geklettert und Lust, es einmal auszuprobieren? Dann kommt doch zum Schnupperklettern: 1,5 Std 29 € pro Erw und 19 € pro Kind inkl. der Ausrüstung. Bitte kommt pünktlich 30 Min vor Beginn des Kletterns.

HanseRock – Hochseilgarten Hamburg

Schattenspringer GmbH, Am Inselpark 22, 21109 HH-Wilhelmsburg. ✆ 0521/32992020, www.hanserock.de.
Lage: Im ↗ Inselpark. **Altersempfehlung:** ab 6 Jahre.
HVV: S3, 31 bis Wilhelmsburg, dann ca. 10 Min zu Fuß in den Inselpark. **Auto:** Kostenpflichtige Parkplätze im Parkhaus Neuenfelder Straße 33. **Zeiten:** Mai – Okt, Fr 14 – 19 Uhr, Sa, So 10 – 19 Uhr, Juni – Aug und Ferien 10 – 19 Uhr. **Preise:** 3 Std 23,90 €; Kinder 6 – 17 Jahre 3 Std 20,90 €; Familien mit mind. 3 Pers, Erw 21,90 €, Kinder 6 – 17 Jahre 18,90 €. **Infos:** Kinder und Jugendliche brauchen zum Klettern eine schriftliche Einverständniserklärung der Erziehungsberechtigten. Einen Vordruck zum Ausfüllen findet ihr auf der Homepage des HanseRock.

▶ Mitten im **Inselpark** erwarten euch fantasievolle Kletterstrecken in fünf verschiedenen Schwierigkeitsgraden, von leichten Parcours für erste Klettererfahrungen bis zum Nervenkitzel in hoher Höhe. Sicherheitseinweisungen und Kletterausrüstung sind im Preis inbegriffen.

Startklar? Gleich geht es hoch hinaus!
© Stefanie Wülfing

SPIEL, SPORT & ABENTEUER

Kletterwald Hamburg

Meiendorfer Weg 122 – 128, 22359 HH-Volksdorf. ✆ 040/228638940, www.kletterwald-hamburg.com. **Lage:** Im Volksdorfer Wald. **HVV:** U1 und Bus 24 bis Meiendorfer Weg. **Auto:** Parkplätze im Parkhaus neben der U-Bahn „Meiendorfer Weg" nutzen. Die 2 € Parkgebühren werden im Kletterpark gegen Vorlage des Parkschein-Abrissès erstattet. **Zeiten:** März – Okt, 10 – 17.30 Uhr, letzter Start 3 Std vor Schließung. **Preise:** 2,5 Std 26 €, die Einweisung dauert ca. 30 Min und ist inklusive; Kinder 5 – 17 Jahre 2,5 Std 20 €, die Einweisung dauert ca. 30 Min und ist inklusive; Familienkarte 2 Erw und 2 Kind 83 €, Gruppe ab 10 Pers Erw 23,50 €, Kind 18 €. **Infos:** Zum Klettern müsst ihr mindestens 1,10 m groß sei. Denkt daran, feste, flache Schuhe zu tragen, also keine Sandalen oder Flip Flops.

▶ In einem richtigen Wald klettern – das könnt ihr in Hamburg nur hier. Einsteiger können sich auf den Parcours 1 und 2 ausprobieren, auf einer Kletterstrecke auf rund 2 m Höhe. Auf Fortgeschrittene und Profis warten noch 7 weitere Parcours, von denen die höchsten euch über Hindernisse, Hängebrücken oder durch Tunnel auf bis zu 10 m Höhe führen. Für den kleinen Hunger oder Durst bietet der Kiosk kleine Snacks und Getränke. Auf der Waldlichtung am Kletterwald gibt es Sitzgelegenheiten zum Essen und Trinken, für die Kleinsten einen urigen Spielplatz mit lustigen Schnitztieren.

?! *Der Volksdorfer Wald gehört zu den ältesten in ganz Hamburg und ist noch sehr naturnah. Er besteht hauptsächlich aus Eichen, Birken und Buchen.*

Bouldern im Flashh

Gasstraße 18, 22761 HH-Bahrenfeld. ✆ 040/38041270, www.flashh.de. **Altersempfehlung:** 3 – 17 Jahre. **HVV:** S1 bis Bahrenfeld 600 m zu Fuß. **Zeiten:** Mo – Fr 10 – 23, Sa, So 9 – 22 Uhr. **Preise:** Tageskarte 14,50 €; Kinder 3 Jahre 4 €, 4 – 7 Jahre 8,50 €, 8 – 17 Jahre 9,50 €; Familien Mo – Fr bis 16 Uhr Early Bird Tickets 35 €, auch 11er-Karten und Abos.

▶ Im Flashh gibt es gleich drei Kinderbereiche, in denen ihr bouldern könnt. Kinder ab 3 Jahre dürfen

?! *Bouldern ist Klettern ohne Sicherung, hier geht es aber nur bis zu 5 m in die Höhe und am Boden liegen dicke Matten, so kann euch nichts passieren.*

auf den Kletter-Spielplatz, zwei Kletterwände sind perfekt auf ältere Kinder abgestimmt. Mit 14 Jahre dürft ihr auch schon in die Haupthalle – mit den Eltern zusammen oder mit ihrer Erlaubnis.

Bouldern: Überlegt, wohin Hände greifen und Füße gesetzt werden müssen!
© Flashh

Hoch hinaus im DAV Kletterzentrum Hamburg

Döhrnstraße 4, 22529 HH-Lokstedt. ✆ 040/ 60088866, www.dav-hamburg.de. **HVV:** Bus 22, 281 bis Oddernskamp. **Zeiten:** Mo – Sa 10 – 23, So 10 – 22 Uhr. **Preise:** Tageskarte Nichtmitglieder 18 €, Mitglieder 12,50 €; Kinder 7 – 17 Jahre Nichtmitglieder 8 €, Mitglieder 5 €, Eltern-Kind-Kurs Erw 90/70 €, Kind 75/67 €; auch Sportkletterabos.

▶ Hoch hinaus geht es auf dem Gelände des Kletterzentrums in Lokstedt. Zwei Hallen mit Kletterwänden innen und außen sowie ein Kletterturm bieten Anfängern und Profis viel Platz dafür. Insgesamt können 450 Routen erkraxelt werden. Es gibt auch einen Boulderbereich, in dem in niedriger Höhe ohne Sicherung geklettert wird – wer fällt, landet weich auf Matten. Kletterneulinge sind im Anfängerkurs gut aufgehoben. Kinder ab 14 Jahre dürfen den Kletterschein **Toprope** ablegen.

Im Angebot des Kletterzentrums sind zudem Eltern-Kind-Kurse, an denen schon Kinder ab 8 Jahre teilnehmen dürfen. Außerdem könnt ihr schon ab 5 Jahre den Kindergeburtstag hier feiern (16 € je Kind, pro Trainer 60 €).

?! *Der **Deutsche Alpenverein** (DAV) ist der weltgrößte Bergsport-Verband. Er betreibt Kletterhallen, unterhält Hütten in den Bergen und hält Wege in Schuss. Die 350 Sektionen in Deutschland sind eigenständige Vereine. Mitglieder erhalten Ermäßigungen.*

?! *Toprope: Seilsicherung von oben.*

SPIEL, SPORT & ABENTEUER

Rodeln in Hamburgs Parks

Hamburg ist wirklich nicht für seine Berge berühmt … Trotzdem: Wenn Schnee fällt, könnt ihr auch hier euren Schlitten schultern und in den öffentlichen Grünanlagen nach Herzenslust rodeln und toben. Da die meisten Hänge eher sanft sind, ist es gerade für kleinere Kinder ideal. Hier sind einige Adressen für das Wintervergnügen im Hamburger Schnee:

Schanzenpark: Rodeln unter dem historischen Wasserturm. Im Mövenpick-Restaurant könnt ihr euch bei einer heißen Schokolade aufwärmen.

Eppendorfer Park in der Nähe des UKE in Eppendorf.

Innocentiapark und **Bolivarpark** in Harvestehude.

Donners Park und **Rosengarten** in Altona: Rodeln mit Blick auf die Elbe. Aber passt auf: Diese Pisten sind relativ steil.

Stadtpark in der Nähe des Planschbeckens: Für Kleinere und nicht so steil.

Pirouetten drehen in der EisArena

Holstenwall 30, 20355 HH-Innenstadt. ✆ 040/228638950, www.eisarena-hamburg.de. **HVV:** U3 bis St. Pauli, ca. 300 m Fußweg durch die Wallanlagen, Bus 112 bis Handwerkskammer. **Zeiten:** Nov – März 10 – 22, Mi bis 17.30 Uhr. **Preise:** 2,5 Std 8 €; Kinder bis 16 Jahre 2,5 Std 6 €; Mo – Fr ermäßigt Schüler, Studenten, Rentner, Erwerbslose, Azubis 6 €, Familien 2 Erw und 2 Kinder 21 €, Do, Fr ab 18 Uhr 6 €,10er-Karte Erw 72 €, Kinder 54 €, Saisonkarte Erw 120 €, Kinder 95 €. **Infos:** Schlittschuh-Verleih 2,5 Std 7 €.

▶ Nur Fliegen ist schöner! Mit mehr als 4000 qm steht euch von November bis März in den Wallanlagen des Parks ⁊ **Planten un Blomen** Deutschlands größte Freiluft-Eisbahn offen. Zu Musik und im Licht der riesigen Scheinwerfer macht das Schlittschuhlaufen in der Dämmerung und am Abend besonders viel Spaß. Wer an der frischen Luft beim

Laufen Hunger bekommt, kann am Rand der Eisbahn kleine Snacks wie Crêpes oder Muffins schlemmen.

Eisland Farmsen

Berner Heerweg 152, 22159 HH-Farmsen. ✆ 040/188890, www.eisland-hamburg.de. **HVV:** U1 bis Farmsen oder Bus 26, 27, 167, 168, 171, 368 bis U Farmsen, dann ca. 10 Min Fußweg die August-Krogmann-Straße entlang, links in den Berner Heerweg, Bus 171 bis Eissporthalle. **Auto:** kostenlose Parkplätze neben der Halle. **Zeiten:** Okt – März Di – Fr 12 – 16 Uhr. **Preise:** 5,30 €; Kinder bis 16 Jahre 3,80 €; 18 % Rabatt mit der Multi Card.

▶ Auf die Kufen, fertig – los! Bei Musik und tanzenden Lichtern habt ihr im Eisland Farmsen freie Fahrt zum Flitzen, Pirouettendrehen oder Schlangenlinienlaufen. Wer sich stärken möchte, kann sich einen Snack oder Imbiss an der Polarstation neben der Lauffläche holen.

Bahn frei bei jedem Wetter

Kunsteisbahn Stellingen, Hagenbeckstraße 124, 22527 HH-Stellingen. ✆ 040/543152, www.eisbahn-stellingen.de. **HVV:** U2, Bus 22, 39, 181, 281 bis Hagenbecks Tierpark, ca. 8 Min Fußweg. **Zeiten:** Nov – März Di, Mi, Do 10 – 12 und 14 – 16, Mi 17.30 – 19.30, Fr 10 – 12 und 15 – 17, Sa, So 10 – 12 und 15.30 – 17.30 Uhr. **Preise:** 4,20 €; Kinder bis 15 Jahre 2,10 €; Familien (2 Erw, 3 Kinder) 10 €, Erwerbslose, Studierende ab 16 Jahre, Menschen mit Behinderung, Senioren 3,50 €. **Infos:** Sonderlaufzeit für Eltern mit Kindern und Senioren Mi, Do 12.45 – 13.45 Uhr und Fr 13.30 – 14.30 Uhr 1,80 €.

▶ Hier findet ihr eine überdachte Kunstbahn, auf der ihr auch bei Schneefall oder Regen eure Runden drehen könnt. Es gibt Extra-Laufzeiten, die nur für Familien mit Kleinkindern und Senioren reserviert sind. Wer noch unsicher ist, kann sich eine Laufhilfe leihen.

Handschuhe wärmen eure Finger beim Eislaufen nicht nur, sie schützen sie auch beim Hinfallen vor dem rissigen Eis und den Kufen anderer Eisläufer.

SPIEL, SPORT & ABENTEUER

LERNORTE?
UNBEKANNTE
WELTEN!

Dass Hamburgs Museen überhaupt nicht langweilig sind, findet ihr ganz schnell heraus. Da gibt es das Zoologische Museum, das euch die Klimazusammenhänge erklärt, ein Mitmachmuseum extra für Kinder, eins für Kunst und jede Menge rund um die Geschichte des Hafens und die Schifffahrt. Spannend auch das Auswanderermuseum mit den Storys derer, die von Hamburg fortgingen. Sucht euch ein Museum aus und besucht es! In diesem Kapitel könnt ihr zudem mit einer historischen Bahn fahren, eine Windmühle besichtigen oder euch schlau machen, wie Bonbons hergestellt werden. Also nichts wie los!

Bin ich jetzt eine Pflanze, ein Kraut, eine Alge?
Im Hubertus Wald Kinderreich könnt ihr alles sein
© Henning Rogge

TECHNIK & HANDWERK MIT MAULI MAU

Bahnen & Betriebsbesichtigungen

Historische S-Bahn

S-Bahn Hamburg GmbH, Hammerbrookstraße 44, 20097 HH-Hammerbrook. ✆ 040/3918-52064, www.historische-s-bahn.hamburg. **Zeiten:** nach Fahrplan. **Preise:** je nach Fahrt, Kleine Stadtrundfahrt 19 €; Kinder bis 14 Jahre 5 €; inkl. HVV-Ticket.

▶ Die Hamburger S-Bahn fährt auf 147 km durch die Stadt und hält an 68 Bahnhöfen. Seit 1907 befördert sie Fahrgäste kreuz und quer durch die Hansestadt. Irgendwann mussten neue Züge her. Bis 2002 war die Fahrzeugerneuerung dann abgeschlossen. Trotzdem könnt ihr noch mit einer der nostalgischen Bahnen fahren. Die Historische S-Bahn macht es möglich: Monatlich gibt es ein bis zwei Fahrten, z.B. die kleine Stadtrundfahrt ab Ohlsdorf über Berliner Tor und Altona oder die Fahrt zum **Tag des offenen Denkmals.** Kinder lieben besonders die Fahrt

mit dem Weihnachtsmann, die an allen Advents-
samstagen zum HVV-Tarif angeboten wird.

Die Welt im Kleinen: Miniatur Wunderland

Kehrwieder 2, 20457 HH-Altstadt. ✆ 040/3006800,
www.miniatur-wunderland.de. **Lage:** Speicherstadt.
HVV: U3 bis Baumwall, U1 bis Meßberg, S1, 3 bis Stadthausbrücke, Bus 6 bis Auf dem Sande. **Zeiten:** Mo, Mi,
Do 9.30 – 18, Di 9.30 – 21, Fr 9.30 – 19, Sa 8 – 21, So
8.30 – 20 Uhr, Fei, Ferien Sonderöffnungszeiten. **Preise:**
20 €, Senioren ab 65 Jahre 18 €; Kinder unter 1 m frei,
bis 15 Jahre 12,50 €; Schüler 9 €.

 Im Angebot sind auch Kinderfüh-
rungen und der Blick hinter die Kulissen!
17,50 €, Kinder 13,50 €.

▶ Diese Welt fasziniert und begeistert alle, vom
Kleinkind bis zu den Großeltern: Das Miniatur
Wunderland macht seinem Namen alle Ehre. In den
liebevoll gestalteten Szenarien der weltgrößten **Mo-
dellbahn** fahren aber nicht nur Züge, sondern auch
Autos und Schiffe, ja sogar Flugzeuge heben hier
ab! Und es ist nicht irgendeine Fantasieregion,
die man hier besucht, sondern es geht nach
Italien, in die Schweiz, in die USA oder
nach Skandinavien. Per Knopfdruck lassen

Dürfen natürlich nicht feh-
len: Die Landungsbrücken im
Miniatur Wunderland
© Kirsten Wagner

MUSEEN & BETRIEBE

?! *15.715 m Gleise führen durch das Miniatur Wunderland. 1400 Züge rattern auf 1499 m² Fläche – noch, denn die Anlage wird von Jahr zu Jahr größer.*

?! *Der am häufigsten gedrückte Knopf ist der der Schokoladenfabrik. Probiert aus, was passiert!*

sich allerlei kleine und große Aktionen in Bewegung setzen. Mal dreht sich ein Drache über der Burg, mal setzt ihr eine Seilbahn oder ein Windrad in Gang, mal öffnet sich gleich die ganze Elphi für einen Blick in ihr Inneres. Wenn es Nacht wird im Miniatur Wunderland, alle 15 Minuten nämlich, sieht die Welt wieder ganz anders aus. Verpasst dann nicht den Ausbruch des Vesuvs! Großer Beliebtheit erfreut sich auch der Flughafen, wo ihr mit etwas Ausdauer auch eine riesige Hummel starten und landen sehen könnt.

Seit der Eröffnung 2001 wird die Anlage immer wieder erweitert. Monaco und die Provence wurden 2021 eröffnet. Der neueste Clou ist eine Brücke, die über den Fleet in das Gebäude auf der anderen Seite nach Rio de Janeiro führt und wo bald ein Besuch bis Argentinien möglich sein wird.

Für Süßmäuler: Chocoversum

Meßberg 1, 20095 HH-Altstadt. ☏ 040/4191230-0, www.chocoversum.de. **HVV:** U1 bis Meßberg. **Zeiten:** 10 – 18 Uhr. **Preise:** ab 13 € je nach Tageszeit; Kinder 6 – 17 Jahre ab 10 €; Familien ab 36 €.

▶ Wer mag Schokolade? Dann hereinspaziert ins Schokoladenparadies! Während der 90-minütigen Führung durch das Chocoversum dürft ihr nämlich so einiges von der süßen Schleckerei naschen und sogar eine eigene Tafel mit Zutaten nach eurem Geschmack herstellen. Ihr verfolgt den Weg der Kakaobohnen vom Baum bis zum Rösten, Walzen und dem berühmten Conchieren. Dabei wird die noch flüssige Schokoladenmasse stundenlang gerührt, bis sie ganz fein ist. Nicht nur der Geschmackssinn ist übrigens gefragt: Ihr dürft auch an einer frisch eingeflogenen Kakaofrucht schnuppern und Kakaobohnen knacken. In der Schokowerkstatt werden dann die Zutaten für die eigene Schokolade ausgesucht – mmh!

🔒 *Im Choco-Laden gibt es all die leckeren Schoki-Köstlichkeiten auch käuflich zu erwerben, 10 – 18 Uhr.*

Riepenburger Mühle

Kirchwerder Mühlendamm 75a, 21037 HH-Kirchwerder. ✆ 040/7208950 (Axel Strunge), ✆ 0179/2235120. www.riepenburger-muehle.com. **HVV:** S21 bis Bergedorf, Bus 225, 424 bis Krummer Hagen. **Zeiten:** Feb – Nov Di, Do 12 – 16 Uhr, Führungen nach Anmeldung. **Preise:** Eintritt frei, Spenden sind willkommen; Führung 2,50 € pro Person, Schulklassen und Kindergärten 2 € pro Kind, mindestens 50 €.

▶ Schon 1318 soll hier eine Mühle gestanden haben, die zur Riepenburg gehörte. Die jetzige Windmühle stammt von 1828 und ist eine Holländerwindmühle: Ihre Kappe lässt sich in den Wind drehen. Bei einer Besichtigung lässt sich auch das Mahlwerk im Inneren in Augenschein nehmen. Es ist voll funktionstüchtig und wird bei genügend Wind bei einer Führung auch in Gang gesetzt. Aus Getreidekorn entsteht dann Schrot.

Windmühle Johanna

Wilhelmsburger Windmühlenverein e.V., Schönenfelder Straße 99a, 21109 HH-Wilhelmsburg. ✆ 040/7543845 (1. Vorsitz. Herr Schmidt), www.windmuehle-johanna.de. **HVV:** S3, 31 bis Wilhelmsburg, dann Bus 154 bis Wilhelmsburger Mühle. **Zeiten:** März – Dez jeden 1. So im Monat 14 – 18 Uhr. **Preise:** Eintritt frei; Kinderführung bis 15 Pers 15 €, jedes weitere Kind 1,50 €.

▶ Die Kraft des Windes machen sich die Menschen schon seit vielen Jahrhunderten zunutze. Mit der Hilfe von Windmühlen mahlte man vor allem Getreide. Wie das funktionierte, wird an den Öffnungstagen der Mühle Johanna erklärt und ist zu den größeren Veranstaltungen wie dem Mühlenfest auch live zu erleben. Im Backhaus kann der Weg des Korns dann nicht nur bis zum Mahlen, sondern gleich bis zur Verarbeitung verfolgt werden. Das leckere Mühlenbrot kann natürlich auch käuflich erworben werden. Im Mühlencafé wird zudem Kuchen serviert.

 **Café Molina,** Kirchwerder Mühlendamm 75, Kirchwerder. ✆ 040/63604747. www.cafe-molina.de. Fr – So 9 – 18 Uhr. Frühstücksbuffet 9 – 13 Uhr. Sa, So 14 – 18 Uhr hat außerdem die Kunsthandwerkerei geöffnet.

Gute Idee: Besucht doch mal einen Workshop der Metallwerkstatt
© SHMH, Susanne Dupont

Museum der Arbeit

Wiesendamm 3, 22305 HH-Barmbek. ✆ 040/4281330, www.shmh.de. **Lage:** Direkt am S/U-Bahnhof Barmbek. **HVV:** S1, 11, U3, Bus 17, 171, 172, 173, 177, 261 bis Barmbek, Bus 213 bis Flachsland. **Zeiten:** Mo 10 – 21, Mi – Fr 10 – 17, Sa, So 10 – 18 Uhr.

Geburtstag feiern, Spaß haben und arbeiten? Klar geht das. Egal, ob ihr Texte drucken oder Anhänger stanzen möchtet, es gibt spannende Workshops, ca. 2 – 3 Std, Kinder 6 – 12 Jahre, 110 – 140 €. Essen muss mitgebracht werden.

Preise: 8,50 €; Kinder bis 17 Jahre frei; Studenten, Schüler, Auszubildende 5 €, Gruppen ab 10 Pers 6 € pro Person. **Infos:** Audioguides können kostenlos an der Kasse ausgeliehen werden.

▶ Arbeit und Technik – das sind die Themen, um die sich die Ausstellungen des Museums der Arbeit drehen. Es befindet sich auf dem unter Denkmalschutz stehenden Fabrikgelände der *New-York Hamburger Gummi-Waaren Compagnie* von 1871. Ihr könnt euch im Museum über die Geschichte der Druckerei und den Einsatz der Druckmaschinen genauso informieren wie über den Handel und die Kommunikation mit Übersee und Berufe und Arbeitsbedingungen im Hamburg des 20. Jahrhunderts. Das Besondere: Regelmäßig werden historische Maschinen vorgeführt. Aktuelle Termine findet ihr im Internet. Und da selbstmachen mehr Spaß macht als nur zuzugucken, bietet das Museum technikbegeisterten Kindern Workshops in der Druckeroder Metallwerkstatt an, unter der Woche nachmittags oder am Sonntag.

Wie kommt der Anker in den Bonbon?

Bonscheladen Ottensen, Lisa von Redecker, Friedensallee 12, 22765 HH-Ottensen. ✆ 040/41547567, www.bonscheladen.de. **HVV:** S1 – 3, 11, 21, 31 bis Altona, Bus 150 bis Friedensallee. **Zeiten:** Geschäft Di – Fr 11 – 18.30, Sa 11 – 16 Uhr, Schauproduktion Di – Fr 16.15, Sa 14.30 Uhr. **Preise:** kostenlos.

▶ Wie wird aus einer flüssigen Masse ein Bonbon und wozu braucht man beim Bonbonmachen einen Haken? Und vor allem: Wie kommt das Bild eines Ankers oder ein Smiley in die „Bonsche", wie man die leckere Süßigkeit in Hamburg nennt? Das wird im Bonscheladen in Ottensen ganz genau gezeigt. Mehr als 60 Sorten hat die **Manufaktur** seit ihrer Eröffnung 2005 im Angebot. Die Herstellung von Hand und beste Zutaten sorgen für den ganz besonderen Geschmack.

?! *In einer Manufaktur wird etwas noch von Hand hergestellt – und nicht mithilfe von Maschinen wie in einer Fabrik.*

Museen unter freiem Himmel

Leben wie vor 100 Jahren

Museumsdorf Volksdorf, Im Alten Dorfe 46 – 48, 22359 Hamburg. ☎ 040/6039098, www.museumsdorf-volksdorf.de. **Lage:** Neben dem Parkbad Volksdorf. **HVV:** U1 bis Volksdorf, dann ca. 10 Min Fußweg am Schwimmbad vorbei, geradeaus durch die Parkanlagen bis zur Straße Im Alten Dorfe, Bus 375 bis Claus-Ferck-Straße oder Wiesenhöfen, dann in die Straße Im Alten Dorfe. **Zeiten:** Di – So 10 – 17 Uhr, Krämerladen Fr – So 13 – 17 Uhr. **Preise:** Eintritt zum Museumsgelände frei, Führung (nur nach Voranmeldung) 5 €; Führung 1 €. **Infos:** Auf der Homepage findet Ihr Informationen zu Workshops, Märkten oder Führungen auf dem Museumsgelände.

▶ Im Museumsdorf Volksdorf seht ihr, wie ein **Bauernhof** vor 100 Jahren funktionierte, wie ein Bauerngarten aussah und welche Pflanzen dort wuchsen. Oder welche Tiere dort lebten, mit welchen Werkzeugen man arbeitete und was man in einem Dorf- und Krämerladen kaufen konnte. Alles hautnah zum Schauen, Hören, Riechen und – im Rah-

INS MUSEUM MIT MAULI MAU

MUSEEN & BETRIEBE

men einer Führung oder Veranstaltung – auch zum Selbstausprobieren.

Kleinhuis Restaurantschiff, Ponton Neumühlen, Ottensen. ✆ 040/397383. www.kleinhuis-restaurantschiff.de. Mi – So 12 – 21 Uhr. Schiffsgebackener Kuchen auf ehemaliger Hafenfähre.

*Ein **Ewer** ist ein Segelboot mit flachem Kiel. Der Besanmast ist der hinterste Mast und trägt das Besansegel. Auf den zweimastigen **Besanewern** wurde früher alles transportiert, was die Menschen zum Leben brauchten.*

Museumshafen Oevelgönne

Neumühlen 1, 22763 HH-Ottensen. ✆ 040/41912761, www.museumshafen-oevelgoenne.de. **HVV:** Bus 113 bis Neumühlen/Oevelgönne, Fähre 62 bis Neumühlen. **Zeiten:** Besichtigung des Hafens ganztägig möglich, Büro: Mo – Di 10 – 12, Mi 10 – 14 und 16 – 18, Fr 10 – 13 Uhr, Feuerschiff ELBE 3 Ostern – Okt Mi ab 10 Uhr, Besichtigung der übrigen Schiffe nach Absprache. **Preise:** Hafen frei, Führung ab 10 Pers buchbar März – Okt, 3 € pro Person.

▶ Bei einem Ausflug zum Museumshafen Oevelgönne, z.B. mit der Fähre 62 direkt zum Anleger Neumühlen, seht ihr verschiedene historische Schiffe. Dazu gehören Dampfschlepper, ein **Besanewer,** ein Polizeiboot, der Hafendockter und ein Schwimmkran. Das Feuerschiff *Elbe 3* ist nicht nur von außen, sondern mittwochs auch von innen zu besichtigen. Es lag als schwimmendes Leuchtfeuer früher in der Wesermündung. Infos zu allen anderen Schiffen gibt es über Hinweistafeln. Und wenn ihr jemand an Bord seht, dürft ihr ihn auch ansprechen und Fragen stellen. Übrigens sind alle Schiffe fahrtüchtig und darum manchmal auch unterwegs. Mitfahren dürft ihr auch. Die Termine werden im Internet veröffentlicht.

Museen für Natur & Geschichte

Ein Museum der Superlative

Zoologisches Museum Hamburg, Bundesstraße 52, 20146 Hamburg. ✆ 040/428382276, hamburg.leibniz-lib.de. **HVV:** S11, 21, 31 bis Dammtor und ca. 15 Min Fußweg, U3 bis Schlump und ca. 10 Min Fußweg, Bus 4, 5 bis Grindelhof. **Zeiten:** Di – So 10 – 17 Uhr, Mo und Fei geschlossen. **Preise:** Eintritt frei.

▶ Ein lebensgroßer Elch, *Antje,* das NDR-Walross, Wale und ein Eisbär: Die vielen lebensecht präparierten Tiere der Ausstellung bringen euch sicher zum Staunen! Neben Tieren aus Deutschland findet ihr sehr lustige oder gefährliche Tiere aus aller Welt, seltene Exemplare wie z.B. ein Erdferkel oder Schneeleoparden. Findet ihr heraus, welches das größte und welches das kleinste Tier im Museum ist?

Fette Dame: Im Zoologischen Museum seht ihr Antje, das berühmte Walross
© L. Möckel

Mineralogisches Museum

Universität Hamburg, Grindelallee 48, 20146 Hamburg. ✆ 040/42838-2058, hamburg.leibniz-lib.de. **Lage:** Im Universitätsviertel Hamburgs. **HVV:** Bus 4, 5 bis Universität/Staatsbibliothek oder Grindelhof. **Zeiten:** Mi 10 – 18, So 10 – 17 Uhr, Fei geschlossen. **Preise:** Eintritt frei.

▶ Habt ihr schon mal ein Stück vom Mond gesehen? Oder ein Stück vom Mars? Nein? Dann nichts wie hin zum Mineralogischen Museum der Uni Hamburg. Auf zwei Stockwerken könnt ihr euch die merkwürdigsten Exponate aus Stein anschauen, versteinerte Baumstämme, Edelsteine und Mineralien aus der ganzen Welt. Sogar künstliche Edelsteine werden ausgestellt, neben einer Maschine zu ihrer Herstellung.

Es war einmal …

Museum für Hamburgische Geschichte, Holstenwall 24, 20355 Hamburg. ✆ 040/428132100, www.shmh.de. **Barrierefrei:** ja, aber an der Rezeption Bescheid sagen. **HVV:** U3 bis St. Pauli, Bus 16, 17, 37, 112 bis U St. Pauli,

?! *Präparieren heißt „vorbereiten". Ein Präparator stopft Tiere aus, gießt und formt Modelle und hilft so, Ausstellungsstücke lebensecht und anschaulich zu präsentieren.*

Es gibt kostenlose Familienführungen für euch, lediglich eure Eltern müssen dann Eintritt fürs Museum bezahlen: So 13 Uhr, Kinder ab 5 Jahre, Anmeldung erforderlich.

dann ca. 10 Min Fußweg, Bus 112 bis Museum für Hamburgische Geschichte. **Zeiten:** Mo, Mi – Fr 10 – 17 Uhr, Sa, So 10 – 18 Uhr. **Preise:** 9,50 €; Kinder bis 18 Jahre frei; Gruppe ab 10 Pers 7 €. **Infos:** Audioguides können kostenlos an der Kasse ausgeliehen werden.

▶ Hamburg – von der Hammaburg bis zu den Beatles in den 1970ern: Hier könnt ihr erfahren, was und wen die Hansestadt bisher erlebt hat. Videos und Nachbauten machen die Ausstellungen lebendig und auf Extratafeln begleitet euch die Museumsratte Fritz mit Rätseln und Infos zu den Ausstellungsstücken.

AUFBRUCH IN EIN NEUES LEBEN – HAMBURG DIE AUSWANDERERSTADT

▶ Das Tor zur Welt! So nennen die Hamburger gerne ihre Stadt. Schon vor mehr als 100 Jahren war Hamburg als „Auswandererstadt" bekannt. Zwischen 1815 und 1939 kamen über fünf Millionen Menschen in die Hansestadt, um von hier ein Schiff nach Amerika zu nehmen. Für sie war Hamburg das Tor zu einer besseren Zukunft, in der sie Arbeit und Freiheit zu finden hofften. Für die Hamburger waren diese Menschen wiederum ein großes Geschäft. Nicht nur die Schiffsgesellschaften verdienten, schließlich brauchten die Menschen bis zu ihrer Überfahrt ja auch eine Unterkunft und Essen. Die städtischen Auswandererbaracken im Hafen platzten aber bald aus allen Nähten. 1898 wurden sie abgerissen. *Albert Ballin,* der Direktor der Schifffahrtslinie HAPAG, baute auf der Elbinsel Veddel neue Hallen: Der 14-tägige Aufenthalt dort war im Preis der Fahrkarte enthalten. Jeder bekam ein eigenes Bett, es gab Bäder zum Waschen, einen großen Speisesaal, sogar einen Musikpavillon und eine Kirche und eine Synagoge – eine Sensation. 1901 wurde die „**Ballin-Stadt**" eingeweiht.

Auswanderermuseum BallinStadt

Veddeler Bogen 2, 20539 HH-Wilhelmsburg.
℡ 040/31979160, www.ballinstadt.de. **Barrierefrei:** ja.
HVV: S 3 oder S31 bis Veddel (BallinStadt), Bus 154, 254, 354 bis S-Bahn Veddel (BallinStadt), 3 Min Fußweg.
Auto: Kostenlose Parkplätze. **Zeiten:** Mi – So 10 – 16.30 Uhr, letzter Einlass 15.30 Uhr. **Preise:** 13 €; Kinder 5 – 12 Jahre 7 €; Schüler, Studenten 11 €, Gruppen ab 10 Pers 11 € pro Person, Familien (2 Erw 1 Kind) 21 €, (2 Erw, 2 Kinder) 28 €, Schüler im Klassenverband 5 € pro Person.

▶ Ein neues Leben in einem fremden Land? Seine Freunde zurücklassen? Sogar die eigene Sprache … Warum sollte man das tun? Im Auswanderermuseum BallinStadt erzählen euch Puppen ihre Geschichten, stellvertretend für Millionen von Auswanderern. Die Ausstellung ist durch Videoaufnahmen und Nachbauten sehr vielfältig. Besonders spannend: Mit dem Spiel **Simmigrant** könnt ihr eine eigene Auswanderung nachspielen. Was bedeutet es eigentlich, als Kind auszuwandern? Jüngere Kinder begleiten die Ratte *Jette*, das Maskottchen des Museums, und ihren Freund, *Professor RatzFatz*, durch die Ausstellung: Auch Jette hat den mutigen Entschluss gefasst, in ein neues Land auszuwandern, um dort endlich zur Schule gehen und lernen zu dürfen.

 *Die BallinStadt ist nach ihrem Gründer benannt: **Albert Ballin**. Er war das jüngste Kind einer Einwandererfamilie aus Dänemark und machte die Schifffahrtslinie HAPAG zur größten der Welt.*

Nach Amerika, Veddeler Bogen 2, Hamburg. www.ballinstadt.de. Mi – So 11.30 – 16.30 Uhr. Das Ambiente des Restaurants erinnert an einen historischen Speisesaal.

Schloss Bergedorf

Museum für Bergedorf und die Vierlande, Bergedorfer Schloßstraße 4, 21029 HH-Bergedorf. ℡ 040/428912509, www.bergedorfer-museumslandschaft.de.
HVV: S21 bis Bergedorf. **Zeiten:** Di – So 11 – 17 Uhr.
Preise: 5 €; Kinder unter 18 Jahre frei.

▶ Ein einziges Schloss gibt es noch im Stadtgebiet von Hamburg und das steht in Bergedorf. Der Backsteinbau mit Turm und Stufengiebeln liegt im idyllischen Schlosspark an der Bille und umgeben von einem Wassergraben. Im Inneren des Vierflügelbaus befindet sich das Museum für Bergedorf und die

Im Schlossgarten findet ihr eine Rollschuhbahn, einen großen Spielplatz und ein Café!

Café Chrysander, Chrysanderstraße 61, Bergedorf. ✆ 040/ 38073657. www.cafe-chrysander.de. Di – So 9.30 – 18 Uhr. Große Terrasse, leckere Kuchen und Torten.

Vierlande, das durch die Geschichte des Stadtteils führt. Rüstungen, Waffen und Folterinstrumente gibt es im Mittelalterkeller zu sehen. Bürgerliche Kultur zeigt das klassizistische Soltauzimmer, zu bäuerlicher Kunst und Kultur geht es im Vierlandenzimmer. Besonderen Spaß macht die Erkundung mit einer Rallye. Mit einem Fragebogen oder Tablet, die ihr beide kostenlos an der Kasse erhaltet, rätselt ihr euch durchs Museum.

Archäologisches Museum Hamburg

Museumsplatz 2, 21073 Hamburg. ✆ 040/ 4287 12497, www.amh.de. **Barrierefrei:** nein. **HVV:** S3 und S31 bis Harburg Rathaus, in Fahrtrichtung aussteigen und den Schildern Museum folgen, 5 Min zu Fuß. **Zeiten:** Di – So 10 – 17 Uhr. **Preise:** 6 €; Kinder bis 17 Jahre frei; Studenten 4 €. **Infos:** Das Archäologische Museum Hamburg besteht aus zwei Häusern, Eintrittskarten sind für beide gültig.

Habt ihr beim Spielen bei euren Großeltern einmal etwas gefunden, von dem ihr nicht wusstet, was es ist und wozu man es brauchte? Das Archäologische Museum bietet für eure Fragen eine Kindersprechstunde an: ✆ 040/428712678 oder yvonne.krause@amh.de.

▶ Woher kommen wir? Und wohin gehen wir? Das sind die großen Fragen, die die Menschen seit Jahrtausenden beschäftigen. Das Archäologische Museum zeigt in seiner Ausstellung ein paar Antworten. Statt Vitrinen erwartet euch eine Erlebnisausstellung, in der ihr Gletscher aus Eiswürfel-Förmchen durchschreitet oder euch an einem Turm aus Fernsehern wie an einem Lagerfeuer erwärmen könnt. Und wohin fährt eigentlich der Wagen in der Decke des Museums? Findet es selbst heraus. Überall im Museum könnt ihr die Informationen selbst entdecken. Und für die Praktiker unter euch: In regelmäßigen Workshops könnt ihr Steinzeitbrot backen oder antiken Schmuck anfertigen.

Puppenmuseum Falkenstein

Sammlung Elke Dröscher, Grotiusweg 79, 22587 HH-Blankenese. ✆ 040/810582, www.elke-droescher.de. **HVV:** S1 bis Blankenese, dann Bus 388 bis Grotiusweg-Mitte oder 189 bis Tinsdaler Kirchenweg. **Auto:** Park-

plätze am Eingang Sven-Simon-Park (Grotiusweg).
Zeiten: Di – So, Fei 11 – 17 Uhr. **Preise:** 6,50 €; Kinder 3 €; Gruppen ab 10 Pers je 5 €, Kinder 2 €.

▶ 500 Puppen, 60 Puppenhäuser und zahlreiche Bildnisse von Kindern mit ihren Puppen hat Elke Dröscher zusammengetragen. Der Rundgang durch ihre Sammlung wird zu einer Zeitreise vom 18. bis ins 20. Jahrhundert. Die Puppen spiegeln mit ihrer Mode, ihrem Material, aber auch der Art ihrer Anfertigung immer die Epoche wieder, aus der sie stammen. Ebenso ist es mit den Miniwelten der Puppenstuben. Da gibt es Biedermeiersalons, Wohnzimmer der Kaiserzeit, Kaufmannsläden und Küchen der 1950er Jahre.

?! *Das Puppenmuseum befindet sich in einer 1924 im Stil des Neuen Bauens errichteten Villa.*

Schiffe, Schmuggler & Seemannsgarn

Rickmer Rickmers

St. Pauli Landungsbrücken, Brücke 1a, 20359 HH-St. Pauli. ℂ 040/3195959, www.rickmer-rickmers.de. **HVV:** S1, 3, U3 bis Landungsbrücken. **Zeiten:** 10 – 18 Uhr. **Preise:** 6 €; Kinder 4 – 12 Jahre 4 €; Familie (2 Erw, Kinder bis 14 Jahre) 15 €.

▶ Das große, grüne Segelschiff an den St. Pauli-Landungsbrücken besitzt eine besondere **Galionsfigur:** Keine Nixe und kein Ritter schmücken den Bug, sondern ein kleiner Junge. Es ist der dreijährige Enkel des Reedereibesitzers, der hier nicht nur bildlich verewigt wurde, sondern nach dem gleich das ganze Schiff benannt wurde: *Rickmer Rickmers* (1893 – 1974).
1896 lief das Schiff vom Stapel und transportierte in den nächsten Jahren Reis, Bambus, Kohle oder Salpeter nach Asien und Südamerika. Seit 1987 dient der Frachtsegler als Museumsschiff. So dürft ihr in die Kombüse und den Maschinenraum, die Kabinen der Mannschaft oder die des Kapitäns schauen. Im

?! *Eine **Galionsfigur** ist eine geschnitzte Figur auf Segelschiffen. Vorne am Bug soll sie den Kurs des Schiffes überwachen und vor Unglücken schützen.*

Restaurant auf der Rickmer Rickmers, St. Pauli-Landungsbrücken, Brücke 1a, Hamburg. ℂ 040/3196373. www.rickmerrickmers-gastronomie.de. Täglich 11 – 18 Uhr. Für Kinder gibt es Kartoffelpuffer, ein kleines Kalbsschnitzel oder Fischstäbchen.

ehemaligen Frachtraum erfahrt ihr in der 2019 neu gestalteten Ausstellung alles über die „vier Leben" der Rickmer Rickmers. Außerdem könnt ihr einen **Escape-Room** buchen und zum Beispiel Neptuns Fluch lösen (www.hidden.games, 4 Personen 160 €). Die Schiffsbesichtigung ist dann inklusive.

U-Boot 434

St. Pauli Fischmarkt 10, 20359 HH-St. Pauli. ℂ 040/32004934, www.u-434.de. **HVV:** S1 – 3, 21 bis Reeperbahn. **Auto:** Parkplatz Große Elbstraße. **Zeiten:** Mo – Sa 9 – 20, So 11 – 20 Uhr, Führungen alle 30 Min bis 19 Uhr. **Preise:** 9 €; Kinder 6 – 12 Jahre 6 €; Familie (2 Erw, 2 Kinder) 22 €, Führung 5 €.

▶ Friedlich liegt das U-Boot 434 heute in der Hamburger *Elbe* vor dem *Fischmarkt*. Bis April 2002 gehörte es jedoch zur russischen Nordmeerflotte und unterstand höchster Geheimhaltung. Wie die Matrosen der russischen Marine in der Enge lebten, wird

DER HAMBURGER HAFEN

▶ Der Hamburger Hafen ist der größte in Deutschland und der drittgrößte in Europa (nach Rotterdam und Antwerpen). Gegründet wurde er am 7. Mai 1189, was alljährlich mit dem Hafengeburtstag mehrere Tage lang gefeiert wird. Er ist ein Tidehafen, d.h. der Wasserstand der Elbe fällt und steigt mit den Gezeiten der nahen Nordsee. Im Durchschnitt beträgt der Unterschied zwischen Hoch- und Niedrigwasser im Hamburger Hafen 3,63 m.

Ein Freihafen, in dem keine Zölle erhoben werden, ist der Hamburger Hafen seit 2013 nicht mehr. Der Großteil des Warenumschlags erfolgt in Containern. 2020 waren es mehr als acht Millionen Container. Auf den Werften werden Schiffe gebaut, auch wenn ihre Anzahl in den letzten Jahrzehnten stark zurückging. Die letzte große Schiffswerft ist *Blohm + Voss*.

beim Gang durch das Boot bedrückend deutlich. Ihr erfahrt auch, wie die Technik des Schiffes funktionierte und wie die 87 Mann starke Besatzung arbeitete und lebte. Zu den sieben Abteilungen des U-Bootes gehören Maschinenräume, Torpedoraum und Unterkünfte. Nur mit einer Führung zu besichtigen ist die Kommandozentrale. Dann erfahrt ihr auch spannende Hintergründe zur Spionage, für die das U-Boot eingesetzt wurde.

Seit 2022 muss das U-Boot in einem neuen Licht gesehen werden. Denn Russland setzt in seinem Angriffskrieg gegen die Ukraine auch U-Boote ein, von denen mit Raketen geschossen wird.

?! *Traurig: Nach mehr als 70 Jahren Frieden begann in Europa wieder ein Krieg, als am 24. Feb 2022 Russland seinen Nachbarn Ukraine angriff. Infos findet ihr hier: www.hanisau-land.de/wissen/lexikon/grosses-lexikon/u/ukraine-krieg.*

Von Zöllnern und Schmugglern: Das Zollmuseum

Alter Wandrahm 16, 20457 HH-HafenCity. © 040/300876-11, www.museum.zoll.de. **Lage:** Speicherstadt. **HVV:** U1 bis Meßberg, Bus 4, 6 bis Brandstwiete. **Zeiten:** Di – So 10 – 17 Uhr. **Preise:** 2 €; Kinder bis 17 Jahre frei.

▶ Tabletten im Kinderbuch, Zigaretten im Autoreifen, Tiere im Koffer – Schmuggler kommen auf die verrücktesten Ideen, um unverzollte Waren oder verbotene Gegenstände ins Land zu bringen. Der Zöllner muss einfallsreich sein, um diese Verstecke zu finden! Was der Zoll sonst noch so macht, ist im ehemaligen Zollamt Kornhausbrücke zu erfahren. Das Obergeschoss des Museums widmet sich der Geschichte des Zolls. Unter den Dienstmützen dürft ihr Geschichten lauschen. Modelle zeigen, welche Arten von Zöllen es im Mittelalter gab. Ihr erfahrt auch, warum Kinder nach dem Zweiten Weltkrieg zu Kaffeeschmugglern wurden. Im Erdgeschoss geht es um die heutigen Aufgaben des Zolls. An den interaktiven Stationen dürft ihr nach Schmuggelware suchen, zollfrei einkaufen und unter Beweis stellen, wie gut ihr euch mit Spürhunden auskennt. Vor dem Museum ist außerdem der Zollkreuzer „Oldenburg" zu besichtigen.

♫ Unter dem Motto „Zoll ist toll" bietet das Zollmuseum Führungen für Kinder an, auch zum Kindergeburtstag. Das Angebot ist, bis auf den Eintritt für Erw, kostenlos und eignet sich für Kinder bis 10 Jahre, Di – Fr nach Voranmeldung, ab 10 Pers.

MUSEEN & BETRIEBE

129

Kurioses in Harrys Hafenbasar

Harrys Hamburger Hafenbasar & Museum, Sandtorhafen, Ponton 2, 20457 HH-HafenCity. www.hafen-
basar.de. **HVV:** U3 bis Baumwall, Bus 2, 111 bis Am Kaiserkai. **Zeiten:** Sa, So 10 – 15 Uhr. **Preise:** 5 €; Kinder 6 –
12 Jahre 3 €; Familien 15 €.

▶ Haigebisse, afrikanische Masken, **Kissi Pennys**
und vieles mehr erwarten euch in Harrys Hafenbasar. Der Seemann *Harry Rosenberg* eröffnete den Laden 1954 mit all den Dingen, die ihm Seeleute von
ihren Reisen mitbrachten. Nach mehreren Um-
zügen hat die Sammlung im Traditionsschiffhafen
in der HafenCity ein neues Zuhause gefunden. In
dem historischen Schwimmkran von 1958 wurden
die vielen Raritäten und Kuriositäten thematisch
neu geordnet. Bei eurem Rundgang kommt ihr zu
Zahlungsmitteln aus aller Welt, zu Schmuck und
Waffen, in den Gang der Masken und natürlich auch
zu den berühmten Schrumpfköpfen. In Deutschland sind sie nur an wenigen Orten zu sehen und nir-
gends in so großer Anzahl wie hier. Könnt ihr auch
die Chinesische Wollhandkrabbe hervorlocken?

?! *Kissi Pennys waren
ein Zahlungsmittel
in Sierra Leone, einem
Land in Westafrika.*

?! *Indios im Amazo-
nasgebiet (Südame-
rika) fertigten im 16. – 19.
Jahrhundert Schrumpf-
köpfe an. Sie galten als
Trophäe, wenn ein Feind
besiegt war.*

Schiff ahoi

Internationales Maritimes Museum, Koreastraße 1,
20457 HH-HafenCity. ✆ 040/3009230-0, www.imm-
hamburg.de. **Lage:** Kaispeicher B. **HVV:** U4 bis Überseequartier, Bus 6 bis Bei St. Annen, Bus 111 bis Osakaallee
oder mit ⬈ Maritime Circle Line. **Zeiten:** 10 – 18 Uhr.
Preise: 15 €, ab 16.30 Uhr 7 €; Schüler 11 €; Familie
(1 Erw, 4 Kinder 6 – 17 Jahre) 17,50 €, (2 Erw, 4 Kinder)
32 €, Audio-Guide 3,50.

▶ Rund um Schiffe und Schifffahrt dreht sich alles
im historischen **Kaispeicher B.** Seit 2008 befindet
sich hier das Internationale Maritime Museum. Wer
alles entdecken will, kann auf den neun „Decks"
viele Stunden zubringen. Nehmt an der Kasse die
kostenlose Schatzkarte mit, die euch mit Quizfragen
durch die Ausstellung führt! Für Kinder besonders

interessant ist Deck 1. Dort geht es um die großen Entdecker der Erde und um Navigation, also die Steuerung der Schiffe zum richtigen Ziel. Im Kinderbereich könnt ihr selbst Schiffe aus Lego konstruieren, nachdem ihr den Nachbau der „Queen Mary 2" aus 780.000 Legosteinen bewundert habt. Ihr könnt in Büchern zum Thema schmökern oder in der gläsernen Modellbauwerkstatt zuschauen, wie Schiffsmodelle entstehen. Alles übers Segeln erfahrt ihr auf Deck 2, um Handelsschifffahrt und Kreuzfahrten geht es auf Deck 6, Meeresforschung ist Thema auf Deck 7. Auf Deck 8 geht es in die Schatzkammer. Hier gibt es ein Schiff ganz aus Gold!

Wenn ihr technisch interessiert und mindestens 8 Jahre alt seid, dürft ihr unter Anleitung der Fachleute des Museums das Ruder eines **Schiffssimulators** bedienen. Dann manövriert ihr z.B. ein Containerschiff von Wedel in den Hamburger Hafen (Mi, So 13 und 14.30 Uhr, nur mit Anmeldung, 5 €, Familien 10 € zzgl. Eintritt).

*Ein **Kaispeicher** ist ein Lagerhaus (oder Speicher), das direkt am Kai liegt. Waren konnten somit direkt vom Schiff aus gelagert werden. Auf dem Kaispeicher A entstand die Elbphilharmonie, im Kaispeicher B befindet sich das Maritime Museum.*

Kennt ihr Kater Rubens? Mit der Bordkatze könnt ihr schon zu Hause zehn Quizfragen lösen: www.imm-hamburg.de/kater-rubens.

Hafenmuseum

Australiastraße 50a, 20457 HH-Kleiner Grasbrook.
☎ 040/73091184, www.hafenmuseum-hamburg.de.
Lage: Kopfbau des Schuppens 50a. **HVV:** S3, 31 bis Veddel, Fähre 73 bis Argentiniabrücke, weiter mit Bus 256 bis Hafenmuseum, ↗ Maritime Circle Line. **Auto:** Veddeler Damm, Schildern „Schuppen 50 – 52" folgen. **Zeiten:** April – Okt Mo, Mi – Fr 10 – 17, Sa, So 10 – 18 Uhr.
Preise: 6,50 €; Kinder bis 17 Jahre frei.

▶ Die Arbeit im modernen Containerhafen unterscheidet sich grundlegend von der Hafenarbeit, wie sie bis in die 1960er-Jahre üblich war. Hautnah könnt ihr das im Hafenmuseum selbst erleben. Zahlreiche Exponate sind im **Schuppen 50a** ausgestellt, vor allem aber gibt es draußen am **Bremer Kai** jede Menge zu sehen. Ihr dürft den Schutensauger genauso besichtigen wie den Schwimmkran Saatsee, die im Hansahafen vor Anker liegen. Am Hafenmuseum

Beim Kindergeburtstag könnt ihr die Schiffbauwerkstatt besuchen oder das Kleine Hafenpatent erwerben. 3 Std 140 €.

Dampfkids im Hafenmuseum Hamburg
© SHMH, Susanne Dupont

befindet sich das letzte geschlossene Kaiensemble aus der Kaiserzeit.

Besonders am Wochenende lohnt sich der Besuch. Dann sind nämlich die Hafensenioren da und erklären euch, was der Tallymann zählte oder wozu ein Van-Carrier diente. Wechselnd geht es um die Themen Hafentaucherei, Schifffahrt auf der Elbe, Ewerführerei, Dampf und Hafenumschlag. Jeden Sonntag gibt es 14 – 17 Uhr den **Grundkurs Hafen** für Kinder ab 6 Jahre. Dabei geht es um Berufe im Hafen, z.B. den Lotsen, den Schiffbauer oder den Maschinisten. Samstags um 14 Uhr treffen sich zudem die **Dampf-Kids.** Wer hier mitmachen möchte, sollte dann regelmäßig teilnehmen. Ihr dürft beim Betrieb der Dampfmaschinen helfen oder baut Schiffsmodelle aus Papier.

?! *Seit September 2020 liegt ein imposanter Viermaster am Bremer Kai: die Peking. Sie gehört zum Hafenmuseum und kann von der Kaikante aus bewundert werden – vielleicht auch schon besichtigt, wenn ihr da seid. Sie wird auch Teil des neuen Deutschen Hafenmuseums, das bis 2025 auf dem Kleinen Grasbrook entstehen soll.*

Cap San Diego

Überseebrücke, 20459 HH-Neustadt. ✆ 040/364209, www.capsandiego.de. **Lage:** An der Elbpromenade. **HVV:** U3 bis Baumwall (Elbphilharmonie). **Zeiten:** 10 – 18 Uhr, außer bei Fahrten, Termine im Internet. **Preise:** 9,50 €; Kinder bis 14 Jahre 2,50 €; Familie (2 Erw, Kinder bis 14 Jahre) 21 €, Audio-Guide 3 €; Theater oder Lesung: 10 €, Kinder 8 €; Fahrten: ab 129 €.

▶ Die 1961 erbaute Cap San Diego ist ein **Stückgutschiff.** In den 1960er- und 1970er-Jahren fuhr es wie seine fünf Schwesterschiffe zwischen Hamburg und Südamerika hin und her. Fahrtüchtig ist die Cap San Diego übrigens noch immer – die Anmeldung zu einer der Fahrten zwischen Mai und September erfolgt über die Internetseite.

?! *Stückgutschiffe transportieren Stückgut: Kisten, Fässer, Ballen oder Säcke. Sie wurden abgelöst durch die Containerschiffe. Die können mit einer großen Anzahl der genormten Container beladen werden.*

Meist aber liegt sie an der Überseebrücke und steht dann zur Besichtigung offen. Am schönsten ist die Erkundung mit einem der Audioguides, der zu 20 Hörstationen führt und für Kinder ab etwa 8 Jahre geeignet ist. So erfahrt ihr, was der Ruf „Warschau" bedeutet, warum es in Luke 1 früher nicht besonders gut roch und was da so alles hin- und hertransportiert wurde. Die Ausstellung „Ein Koffer voller Hoffnung" erzählt von einer Zeit, in der viele Menschen von Europa nach Amerika auswanderten.

Die Cap San Diego lädt außerdem zu besonderen Veranstaltungen ein. In den Sommer- und Herbstferien wird das **MitMachStück** „Capt'n Diego" für Kinder ab 4 Jahre aufgeführt (www.captn-diego.de). Vor Weihnachten lauschen Kinder ab 8 Jahre bei der „eiskalten Lesung" einer spannenden Geschichte – eingemummelt in Hängematten.

Schöne Künste & fremde Kulturen

Museum der Illusionen

Lilienstraße 14 – 16, 20095 Hamburg. ✆ 040/30707105, www.hamburg.museumderillusionen.de. **Lage:** Beim Hauptbahnhof. **HVV:** U1, 3 bis Hbf-Süd, U2, 4 bis Hbf-Nord, Ausgang Glockengießerwall/Spitaler Straße oder Bus 3, 6, 37, 112 bis Hbf/Spitaler Straße, dann rechts den Glockengießerwall Richtung Kunsthalle, an der Kreuzung links in Georgsplatz, geradeaus weiter in die Lilienstraße. **Zeiten:** Mo – So 10 – 18 Uhr. **Preise:** 13 €; Kinder 6 – 17 Jahre 9 €; Schüler, Studenten, Senioren ab 65 Jahre 11 €.

▶ Ein lebendiger Kopf auf einem Servierteller? Eine Person in einem Raum wachsen und schrumpfen sehen, innerhalb von Sekunden? Mit sich selbst am Tisch sitzen und Karten spielen? Das geht doch alles gar nicht, denkt ihr? Na klar geht das! Mit optischen Täuschungen, wie ihr sie im Museum der Illusionen kennen lernen könnt. Selbst erleben, dann erklärt bekommen: Das ist das Prinzip des Museums, bei dem ihr sicher mehr als einmal lachen müsst. Am Ende traut ihr euren eigenen Augen kaum noch.

Das Hamburger Kinderzimmer – ein Kunst-Spiel-Erlebnis-Raum

Kunsthalle, Galerie der Gegenwart, Glockengießerwall, 20095 HH-Altstadt. ✆ 040/428131200, www.hamburger-kunsthalle.de. **HVV:** alle Linien zum Hbf. **Auto:** Tiefgarage Galerie der Gegenwart. **Zeiten:** Kinderzimmer Di – Fr 15 – 18, Sa, So 10 – 18 Uhr, Kunsthalle Di – So 10 – 18, Do bis 21 Uhr. **Preise:** 14 €; Kinder bis 17 Jahre frei; Gruppen ab 10 Pers 10 €, Pers bis 25 Jahre frei.

▶ Der dänische Künstler *Ólafur Elíasson* (geb. 1967) gestaltete für die Hamburger Kunsthalle einen Raum, in dem Kinder (6 – 12 Jahre) und auch Erwachsene auf besondere Weise schöpferisch mit Kunst umgehen können: das Hamburger Kinderzimmer. Wahre Wunderwerke dürft ihr aus den bunten Stäben und weißen Kugeln bauen. Eure Konstruktionen dürft ihr dann ausstellen. Ihr solltet aktuell allerdings vorab fragen, ob dies die pandemiebedingten Auflagen jeweils erlauben. Daneben gibt es viele Spiel- und Hörstationen wie z.B. eine Hörhöhle oder einen Wackeltisch. Mit Spiel- und Infokarten, die ihr kostenfrei an der Kasse oder direkt im Hamburger Kinderzimmer bekommt, könnt ihr dann noch großartige Kunstwerke – von ganz alt bis ganz modern – in der Kunsthalle bewundern. Dazu gibt es jährlich wechselnde Ausstellungen im Kinderzimmer.

Hubertus Wald Kinderreich

Museum für Kunst und Gewerbe Hamburg, Steintorplatz, 20099 HH-Altstadt. ✆ 040/428134-303, www.mkg-hamburg.de. **HVV:** U1, 3 bis Hbf Süd. **Zeiten:** Kinderreich Sa, So, Ferien außer Mo 10 – 18 Uhr; Museum Di – So 10 – 18 Uhr, Do bis 21 Uhr. **Preise:** 12 €; Kin-

☀ Die Kunsthalle hat noch viele weitere Angebote für Kinder: Jeden 2. Sa gibt es von 11 – 13 Uhr die Führung Familienzeit (ab 5 Jahre, 1 € pro Person zzgl. Eintritt Erw). In den Sommerferien könnt ihr an einwöchigen Workshops teilnehmen (68 € pro Woche). Und auch Kindergeburtstage lassen sich hier kunstvoll feiern!

🎵 Beim Kindergeburtstag im MK&G könnt ihr z.B. einen Lego-Trickfilm drehen! 3 Std 155 €.

der bis 17 Jahre frei;
Schüler 8 €.

Ganz schön groß,
diese Wäscheklammer!
© Henning Rogge

▶ Wie in einem Garten dürft ihr im **Hubertus Wald Kinderreich** eure Ideen sprießen lassen. Der Design-Spielplatz lädt euch zum Erfinden, Fotografieren, Formen und Verkleiden ein. Ihr könnt Trickfilme drehen oder Schattenspiele ausprobieren. Eine Kamera von oben ermöglicht das Fotografieren ungewöhnlicher Szenen. Ein überdimensionaler Blumentopf, eine sprechende Gießkanne oder ein kopfüber hängender Tisch lassen euch die Welt neu und anders sehen.

Das Kinderreich ist Teil des **Museums für Kunst und Gewerbe.** Das könnt ihr natürlich auch besuchen. Zu sehen gibt es Kunst und Kunsthandwerk von der Antike bis zur Gegenwart. Am meisten Spaß macht die Erkundung mit der Eulen-Tour, einer kostenlos an der Kasse erhältlichen Spielführung für Kinder ab 6 Jahre. Mit Such- und Ratespielen wandert ihr durchs alte Ägypten, in die Antike und ins mystische Mittelalter.

?! *Das Kinderreich entstand 2008 mithilfe der Stiftung von* **Hubertus Wald** *(1913 – 2005), einem Hamburger Kaufmann und Kunstförderer.*

MARKK – zu den Kulturen und Künsten der Welt

Museum am Rothenbaum – Kulturen und Künste der Welt, Rothenbaumchaussee 64, 20148 HH-Rothenbaum. ✆ 040/428879-0, www.markk-hamburg.de.
HVV: S11, 21, 31 bis Dammtor oder U1 bis Hallerstraße.
Auto: Parkplätze vor dem Museum (kostenpflichtig).
Zeiten: Di – So 10 – 18, Do bis 21 Uhr. **Preise:** 8,50 €; Kinder unter 18 Jahre frei.

▶ Aus dem ehemaligen Völkerkundemuseum wurde das MARKK: Museum am Rothenbaum – Kultu-

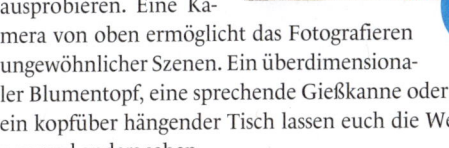

Regelmäßig finden im MARKK Kinder- und Familienführungen statt (2 €).

Hinter dem Museum befindet sich der Yu Garden mit einem chinesischen Teehaus. Im Wasser schwimmen Fische und Schildkröten.

✗ **Museumsrestaurant Okzident,** Rothenbaumchaussee 64, Hamburg. ✆ 040/43091362. www.okzident-hh.de. Di – So 10 – 16 Uhr. Kuchen, Kinderkarte mit Chicken Nuggets und Fischstäbchen.

Ihr könnt euch kostenlos einen Audioguide für den Gang durchs Panoptikum ausleihen.

ren und Künste der Welt. Hier könnt ihr über Europa hinausschauen! Ihr seht z.B. ein Maori-Haus, Gold und Silber aus den Anden, Mumien aus dem alten Ägypten, ein Auslegerboot aus Papua-Neuguinea oder ein Prinzenhaus aus Bali. In der Inka-Galerie und bei den Masken der Südsee liegen Suchspiele für euch aus. Nehmt darum einen Stift mit!

Bis zum geplanten Umbau solltet ihr euch unbedingt auch die **Ausstellung** über *Rudolf Duala Manga Bell* ansehen. Woher er kam und was mit ihm geschah, erfahrt ihr in dieser ungewöhnlichen Ausstellung, die wie ein Comic aufgebaut ist. An der Kasse erhaltet ihr eine kostenlose Broschüre, mit der ihr euch auf die Suche nach Wasserfiguren begeben könnt, die in der Ausstellung versteckt sind! Tipps für den Besuch mit Kindern sind ebenfalls an der Kasse erhältlich oder auf der Webseite zum Download zu finden.

Das Panoptikum

Wachsfigurenkabinett, Spielbudenplatz 3, 20359 HH-St. Pauli. ✆ 040/310317, www.panoptikum.de. **Barrierefrei:** nein. **HVV:** U3 bis St. Pauli, Bus 16, 17, 37, 112 bis U St. Pauli. **Zeiten:** Mo – Fr, So 10 – 20 Uhr, So 10 – 22 Uhr. **Preise:** 7,50 €; Kinder bis 18 Jahre 6 €; Schüler, Studenten und Senioren 7 €, Gruppe ab 15 Pers Erw 6 €, Kinder 5 € und eine Person frei.

▸ Auge in Auge mit der Queen! Im Panoptikum werden seit 140 Jahren Wachs-Doppelgänger berühmter und kurioser Persönlichkeiten ausgestellt, Charlie Chaplin und Elvis, genauso wie der „Nashornmann" oder die „größte Frau der Welt". Bevor ihnen später Kinos Konkurrenz machten, waren diese Museen in der Bevölkerung sehr beliebt. Ein fester Magen ist aber an manchen Stellen durchaus angebracht: Schon immer war Gruseliges und Absurdes eine Sensation. Für Kinder und Jugendliche gibt es kostenlose Rallyes, mit denen ihr euch durchs Panoptikum rätseln könnt. Fragt die Aufsicht, wenn ihr daran Interesse habt.

Museen zum Mitmachen

Hamburg Dungeon

Kehrwieder 2, 20457 HH-HafenCity. ✆ 040/36005500, www.thedungeons.com/hamburg. **Lage:** Speicherstadt. **Altersempfehlung:** ab 10 Jahre. **HVV:** U3 bis Baumwall, Bus 6 bis Auf dem Sande. **Zeiten:** Do, Fr 12 – 17, Sa 10 – 18, So 11 – 16 Uhr. **Preise:** 25,50 €; Schüler 20,50 €; Online-Ermäßigungen.

▶ Einmal durch die Geschichte Hamburgs, Gänsehaut inklusive? Das ist möglich im Hamburg Dungeon. Allerdings solltet ihr mindestens 10 Jahre alt sein. Elf Stationen, zwei Fahrattraktionen und gruslig zurechtgemachte Schauspieler lehren euch dann das Grauen. Ihr begegnet Plünderern beim Großen Brand, einem Pestdoktor, dem Klabautermann und natürlich dem berühmten Seeräuber *Klaus Störtebeker*. Aus dem Gefängnis Santa Fu kann euch nur der Sprung in die Freiheit retten und im Labyrinth müsst ihr den richtigen Weg finden – viel Spaß!

Dialog in Hamburg: Im Dunkeln und im Stillen

Alter Wandrahm 4, 20457 HH-HafenCity. ✆ 040/309634-0, www.dialog-in-hamburg.de. **Lage:** Speicherstadt. **HVV:** U1 bis Meßberg, Fußweg über Wandrahmsteg. **Zeiten:** Kernzeit Di – Sa 10 – 16 Uhr, weitere Zeiten über Webseite. **Preise:** je Tour 19,50 €; Kinder bis 14 Jahre 13,50 €. **Infos:** Voranmeldung wird empfohlen.

🎵 Kindergeburtstag im Dunkeln feiern, 165 € für bis zu 8 Pers. Kindergeburtstag im Stillen 247 € bis 12 Pers.

▶ Eine Ausstellung, in der es nichts zu sehen gibt? Das ist das Besondere am **Dialog im Dunkeln.** Blinde oder sehbehinderte Menschen führen Sehende durch mehrere komplett dunkle Räume. Plötzlich sind die, die sich sonst mit ihren Augen orientieren,

MUSEEN & BETRIEBE

hilflos und auf die Blinden angewiesen. Gleichzeitig schärfen aber auch die Sehenden ihre anderen Sinne. Was nehmt ihr wahr? Das ist ziemlich spannend! In Gruppen von maximal 8 Personen werdet ihr durch die Räume geführt. Räume? Es gibt hier einen Park, eine Großstadt und eine Bar, an der ihr etwas zu trinken bestellen könnt. Aber wie bezahlt man im Dunkeln? Findet es heraus!

Der zweite Bereich nennt sich **Dialog im Stillen.** Wer diese Tour bucht, hört nichts. Schalldichte Kopfhörer ermöglichen, dass ihr nachempfindet, wie es gehörlosen Menschen ergeht. Wie werdet ihr euch verständigen?

Spicy's Gewürzmuseum

Gleich nebenan findet ihr das ⬈ Speicherstadtmuseum, das auch tolle Entdeckertouren anbietet (⬈ Kapitel Hamburg kreuz & quer)!

Am Sandtorkai 34, 20457 HH-HafenCity. ✆ 040/367989, www.spicys.de. **Lage:** Speicherstadt. **HVV:** U3 bis Baumwall, Bus 6 bis Auf dem Sande. **Zeiten:** Mo – So 10 – 17 Uhr. **Preise:** 5 €; Kinder 4 – 14 Jahre 2 €; Familien (2 Erw, 2 Kinder) 10 €. **Infos:** Ein kostenloser Audioguide steht auf der Webseite per QR-Code zum Download bereit.

▶ Hier ist Schnuppern angesagt! Wisst ihr, wie Zimt riecht? Wie Nelken aussehen? Was Curry eigentlich ist? Im Gewürzmuseum Spicy's dürft ihr eine Vielzahl an Gewürzen riechen, anfassen und probieren. Insgesamt erzählen 900 Ausstellungsstücke die Geschichte der Gewürze. Ihr erfahrt, wie die Gewürze angebaut, geerntet und transportiert werden. Passend dazu befindet sich das Museum in einem Lagerhaus in der Speicherstadt. Neben Teppichen, Kaffee und Tee wurden hier nämlich früher auch riesige Mengen an Gewürzen gelagert.

Auf Spurensuche im Polizeimuseum

Carl-Cohn-Straße 39, 22297 HH-Winterhude. ✆ 040/4286-68080, www.polizeimuseum.hamburg.de. **Altersempfehlung:** ab 4 Jahre. **HVV:** U1 bis Alsterdorf, Bus 19 bis Alsterdorfer Straße. **Zeiten:** Di – Do und So

Während die Kommissarinnen noch die Profile der Turnschuhe untersuchen ...

11 – 17 Uhr. **Preise:** 8 €; Kinder bis 18 Jahre frei; Schüler, Studenten, Senioren 6 €, Audioguide 2 €. **Infos:** Besucher ab 16 Jahren müssen sich ausweisen können, da sich das Museum auf dem Gelände der Polizeiakademie befindet.

▶ Das Mini-U-Boot von Kaufhauserpresser Dagobert, die gefälschten Hitler-Tagebücher und echte Tatwaffen gehören zu den Ausstellungsstücken, die im Polizeimuseum zu sehen sind. Acht spektakuläre Kriminalfälle werden spannend erzählt. Ihr erfahrt, wie die Polizei Spuren sichert und wie sich ihre Aufgaben im Laufe der letzten 200 Jahre verändert haben. Ihr dürft sogar in einem Peterwagen und in einem Polizeihubschrauber Platz nehmen und so hautnah bei einem Einsatz dabei sein.

... weiß sie schon längst die Lösung!
beide © Polizeimuseum Hamburg

Kinder ab 4 Jahre wandern mit einem **Bilderbuch-Suchspiel** durch das Museum. Kinder ab 7 Jahre können bei der **Polizeirallye** acht Aufgaben lösen und erhalten dann ihren eigenen Polizeiausweis. Wer schon 10 Jahre alt ist, kann sich mit **Audioguide** und **Rallyebogen** auf den Weg machen. Beim **Kriminal-Ermittlerspiel** (ab 12 Jahre) dürft ihr sogar selbstständig Kriminalfälle lösen! Ihr untersucht Fasern und nehmt Fingerabdrücke unter die Lupe. Wer findet den Täter?

Für Fußballfans: Das HSV-Museum

Sylvesterallee 7, 22525 HH-Bahrenfeld. ✆ 040/4155-1550, www.hsv-museum.de. **Lage:** Eingang Nord-Ost. **HVV:** S3 bis Diebsteich, dann Bus 180 bis Arenen. **Zeiten:** 10 – 18 Uhr, an Heimspieltagen nur für Spielbesucher ab Stadionöffnung bis 15 Min vor Spielbeginn. **Preise:** 6 €; Kinder 6 – 14 Jahre 3 €; Familie (2 Erw und eigene Kinder bis 14 Jahre) 15 €.

▶ Für kleine und große HSV-Fans ist das Museum des Hamburger Sportvereins ein absolutes Muss. Der Rundgang führt durch die Geschichte des Vereins. Dabei sind Erinnerungsstücke an HSV-Legenden genauso zu bewundern wie die großen Pokale in der Schatzkammer.

Der Besuch kann mit einer **Stadionführung** kombiniert werden. Mehrmals im Monat werden für alle Kinder bis 10 Jahren spezielle Kinderführungen angeboten (6 €, Erw 12 €).

KL!CK, das Mitmach-Museum

KL!CK Kindermuseum Hamburg, Achtern Born 127, 22549 HH-Osdorf. ✆ 040/41099777, www.kindermuseum-hamburg.de. **Barrierefrei:** ja. **HVV:** Bus 3, 21 oder Schnellbus 37 bis Achtern Born Kindermuseum, dann 200 m direkt durch das Born Center. **Auto:** Kostenlose Parkplätze hinter dem Museum. **Zeiten:** Mo – Do 9 – 14, Fr 9 – 18, So 11 – 18 Uhr, Sa nur Kindergeburtstage. **Preise:** 5 €; Kinder bis 3 Jahre 4 €; Familien 18 €.

▶ Woran erkennt man Falschgeld? Wie sah früher das Geld in China aus? Was ist der „6. Sinn"? Diese und andere Fragen beantworten euch die Ausstellungen des Kl!ck Kindermuseums: Geld – und gut!, Treffpunkt Körper, Urgroßmutters Alltagsleben, Minus 10.000/Steinzeit und – draußen im Sommer – Baustelle – betreten erbeten! Herumlaufen, anfassen und experimentieren ausdrücklich erwünscht! Und während ihr den menschlichen Körper und seine inneren Organe auseinandernehmt, können kleine Geschwister bis 2 Jahre im Kleinkindbereich spielen oder sich ausruhen. Die Ausstellungen werden ständig ergänzt. Lasst euch überraschen.

Ein Ort zum Spielen und Staunen

Wunderkammer im Altonaer Museum, Museumsstraße 23 (im Altonaer Museum/2. Stock), 22765 HH-Altona. ✆ 040/4281350, www.shmh.de. **HVV:** S2, 31, Bus 1, 2, 15, 20, 25, 111 – 113, 115, 150, 215 bis Bhf Altona. **Zeiten:** Sa, So 10 – 18 Uhr. Zur Zeit Mo, Mi – Fr 10 – 17 Uhr nur für angemeldete Gruppen. Im Internet findet ihr die aktualisierten Öffnungszeiten **Preise:** 8,50 €; Kinder bis 17 Jahre frei; Gruppen ab 10 Pers 6 € pro Person, Schüler und Berufsschüler ab 18 Jahren, Auszubildende, Studenten bis 30 Jahre, Arbeitslose, Sozialhilfeempfänger, FSJler, Schwerbehinderte, Hamburg Card 5 €.

▶ Hier in der **Wunderkammer** seid ihr Entdecker, Sammler und Philosophen. Auf zwei Stockwerken findet ihr allerlei Kurioses und Besonderes, Alltägliches und Lustiges: eine Kugelbahn mit Glöckchen und Trompeten, Tiere in vielerlei Größen, Zerrspiegel und einen Raum, der euch größer oder kleiner machen kann. Habt ihr das große Einhorn an der Wand gefunden? Zu Beginn der Ausstellung könnt ihr euch einen Eimer mitnehmen, in dem ihr alles, was nicht hinter Glas oder besonders hoch angebracht ist, zum Spielen und Untersuchen sammeln könnt.

In der **2. Etage** der Ausstellung findet ihr Sitz- und Malgelegenheiten, Verkleidungssachen, Platz zum Spielen, Bücher zum Lesen.

Wer schon lesen kann, findet überall in der Ausstellung Denkanstöße, Fragen und Aufgaben zu den großen Themen des Lebens wie Mut und Angst, Freundschaft, Glück und Erkenntnis.

Und wer dann noch weiter stöbern möchte, der macht noch einen Abstecher in die **Trickkiste,** die Filmwerkstatt des Museums, oder besucht das **Kinderbuchhaus.** Wenn ihr Glück habt, findet dort sogar gerade eine Lesung statt.

Habt ihr etwas, das ihr gern in einer Vitrine im Museum ausstellen möchtet? Etwas, das ihr gemalt, gebastelt, gefunden oder gesammelt habt und das ihr gerne anderen zeigen möchtet? Dann sprecht doch einen Mitarbeiter in der Wunderkammer an und erzählt ihm von eurer Idee. Mithilfe der Museumsmitarbeiter könnt ihr nach Voranmeldung eine eigene kleine Ausstellung aufbauen.

Kinderbuchhaus, Museumsstraße 23, Hamburg. ✆ 040/4281351543. www.kinderbuchhaus.de. Mo, Mi – Fr 10 – 17 Uhr, Sa, So 10 – 18 Uhr.

KREUZ & QUER & KREATIV

MISTER X UND DIE MUSE

In diesem Kapitel geht es auf Rundgängen kreuz und quer durch Hamburg. Spannend, denn ihr müsst den Weg mit Hilfe von Rätselfragen selbst herausfinden! Mal seid ihr als Pirat im Hafen unterwegs, mal ermittelt ihr wie die Pfefferkörner oder platscht mit Gummistiefeln durch die Großstadt! Schaut ihr gerne Theater oder wollt ihr vielleicht sogar selbst auf der Bühne stehen? Für die Kreativen unter euch haben wir die schönsten Tipps zu Bühne, Leinwand & Aktionen zusammengetragen. So könnt ihr Musik lauschen, Puppentheater sehen oder selbst zur Zirkustänzerin werden! Bücher und Medienwelten bringen Würze in den Alltag.

Verflixt, wo ist Mister X? Von den Landungsbrücken aus entdeckt ihr ihn vielleicht im Hafen

HAMBURG KREUZ & QUER ERKUNDEN

Sehenswerte Bauten

Im Hamburger Rathaus

Rathausmarkt 1, 20095 HH-Altstadt. ☎ 040/42831-2064, 42831-2008. www.hamburg.de/rathausfuehrung. **Barrierefrei:** ja. **HVV:** U3 bis Rathaus. **Zeiten:** Führungen halbstündlich Mo – Fr 11 – 16, Ferien ab 10, Sa 10 – 17, So 10 – 16 Uhr, jedoch nicht täglich, Führungstage über Webseite, 11.15, 13.15 und 15.15 Uhr auf Englisch, Gebäude zugänglich (nur Halle) täglich 7 – 20 Uhr. **Preise:** Führung 5 €; Kinder bis 14 Jahre frei.

▶ Unglaubliche 647 Zimmer besitzt das Hamburger Rathaus! Ein paar von ihnen bekommt ihr während einer Führung zu sehen. Der eine Flügel des Rathauses ist der Sitz der Bürgerschaft, der andere der des **Senats** der Stadt Hamburg. Die Führung beginnt im imposanten Treppenhaus der **Bürgerschaft**, von wo es zum Kaisersaal, dem Turmsaal und dem Bürgermeisteramtszimmer mit dem Goldenen Buch geht.

Warum das Waisenzimmer diesen Namen trägt, wieso der Sitzungssaal des Senats keine Fenster besitzt und wie viele Glühlampen die Kronleuchter im Großen Festsaal tragen, werdet ihr nach der Führung wissen!

Auch ohne Führung dürft ihr die „Diele" betreten, die große Eingangshalle. An den Sandsteinsäulen finden sich Porträts von Bürgern, die sich um die Stadt verdient gemacht haben. Findet ihr z.B. *Johannes Dalmann*?

Beeindruckend ist das Rathaus natürlich auch von außen. 1886 – 1897 wurde es erbaut. Das alte Rathaus war beim Großen Brand 1842 zerstört worden. Nun musste ein neues her und das sollte prunkvoll strahlen. Mit einer Breite von 111 m und einem 112 m hohen Turm ist es wirklich imposant. Am Rathaus könnt ihr auch einen ↗ **Rundgang durch die Altstadt** beginnen.

Mit dem gläsernen Aufzug nach oben

Mahnmal St. Nikolai, Willy-Brandt-Straße 60, 20457 HH-Altstadt. ✆ 040/371125, www.mahnmal-st-nikolai.de. **Altersempfehlung:** ab 10 Jahre. **HVV:** U3, Bus 3 bis Rödingsmarkt, S1, S3 bis Stadthausbrücke.
Zeiten: Mi – Mo 10 – 18 Uhr. **Preise:** Aufzug und Ausstellung 5 €; Kinder 6 – 16 Jahre 3 €.

▶ Die **Nikolaikirche** war schon im Mittelalter eine der fünf großen Hauptkirchen Hamburgs. Beim Großen Brand 1842 wurde sie zerstört, aber wiederaufgebaut. Doch 1943 wurde sie erneut zerstört, bei einem Bombenangriff im Zweiten Weltkrieg. Diesmal baute man St. Nikolai nicht wieder auf, sondern ließ den schwarzen Kirchturm und die Ruine als Mahnmal stehen. So soll sie daran erinnern, wie schrecklich Kriege sind. 1998 befreite man die alte Krypta vom Schutt und schuf hier ein **Dokumentationszentrum**. Im Museum wird die Geschichte der Kirche erzählt und was bei der **Operation Gomorrha** geschah.

?! *Die **Bürgerschaft** ist das Parlament oder die Volksvertretung von Hamburg. Ihre Abgeordneten werden in der Landtagswahl gewählt. Aus der Bürgerschaft bildet sich dann der **Senat**, das ist die Regierung.*

?! *Johannes Dalmann war ab 1857 Wasserbaudirektor und sorgte für den Ausbau des Tidehafens.*

?! *Die Ausstellung ist geeignet für Kinder ab 10 Jahre in Begleitung Erwachsener.*

?! *Im einstigen Kirchenschiff und drum herum mahnen mehrere Kunstwerke zum Frieden. Wie heißen sie?*

?! *Mit **Operation Gomorrha** werden die Bombenangriffe auf Hamburg im Sommer 1943 bezeichnet.*

Das ist aber noch nicht alles: Ein **gläserner Aufzug** bringt euch auf den Turm, der mit seiner Höhe von 147 m der dritthöchste Kirchturm in Deutschland ist (nach dem Ulmer Münster mit 161 m und dem Kölner Dom mit 157 m). 1874 war der Kirchturm von St. Nikolai bei seiner Fertigstellung sogar der höchste der Welt! In 40 Sekunden geht es zur Plattform in 76 m Höhe – und einem tollen Ausblick!

Der Michel

St. Michaelis Kirche, Englische Planke 1a, 20459 HH-Neustadt. ℂ 040/37678-0, www.st-michaelis.de. **HVV:** U3 bis Rödingsmarkt oder Baumwall, S1, S3 bis Stadthausbrücke, Bus 16, 17, 37 bis Michaeliskirche. **Auto:** Parkhaus Michel-Garage. **Zeiten:** Mai – Sep 9 – 20, April, Okt 9 – 19, Nov – März 10 – 18 Uhr, Turm und Krypta 9.30 – 18.30, Einlass bis 18 Uhr. **Preise:** Kirche frei, Turm 6 €, Krypta und HIStory 5 €, alles 8 €; Kinder 6 – 15 Jahre Turm 4 €, Krypta und HIStory 3 €, alles 5 €.

▶ Weithin sichtbar ist der Turm der St. Michaelis Kirche ein Blickfang der Hansestadt – und ihr **Wahrzeichen.** Für die Seeleute war er das Erste, was sie von Hamburg sahen. Die Turmuhr des Michel ist übrigens die größte in Deutschland. Ihr Durchmesser beträgt 8 m. So kann man auch von weit weg noch die Uhrzeit erkennen. Aber auch andersherum, von oben nämlich, habt ihr einen weiten Blick. 132 m ragt der Turm mit seiner markanten Kupferhaube auf, die Plattform befindet sich in 106 m Höhe. 452 Stufen sind zu bezwingen. Wer seine Füße schonen will, nimmt den Fahrstuhl.

Bevor ihr die Höhenluft schnuppert, werft doch einen Blick ins **Kircheninnere,** wo ihr norddeutschen Barock mit viel Gold bestaunen könnt. Etwas gruslig ist es in der Gruft, in der reiche Hamburger ihre letzte Ruhestätte fanden. Zudem ist hier eine Ausstellung über die Geschichte der Kirche zu sehen. 1000 Jahre Geschichte Hamburgs lassen sich dann noch in der Multivisionsshow „HIStory" verfolgen.

☀ Abends auf die beleuchtete Stadt zu schauen, hat seinen besonderen Reiz. Der „Nachtmichel" öffnet im Anschluss an die regulären Zeiten bis 22.30 Uhr, Fr, Sa bis 23.30 Uhr, Zugang über Portal 2. Infos unter www.nachtmichel.de. 10,50 €, Kinder 3 – 15 Jahre 8,50 €.

☀ Mo – Sa um 21 Uhr hat der Turmbläser seinen Auftritt!

HafenCity InfoCenter

Am Sandtorkai 30, 20457 HH-HafenCity. ℂ 040/36901799, www.hafencity.com. **HVV:** U3 bis Baumwall, U4 bis Überseequartier, Bus 3 bis Auf dem Sande. **Zeiten:** Di – So 10 – 18 Uhr. **Preise:** Eintritt frei.

▶ Seit einigen Jahren entsteht in Hamburg ein ganz neuer Stadtteil: die HafenCity. Wie alles einmal aussehen wird, zeigt das InfoCenter im Kesselhaus, der ehemaligen Energiezentrale der Speicherstadt. Ein riesiges Modell veranschaulicht jeden Baufortschritt, und zwar im Maßstab 1:500. Auf 8 x 4 m sind die Gebäude und Gewässer dargestellt. Hier starten auch kostenlose Touren durch die HafenCity (Sa 15 Uhr, April – Okt auch Do 18 Uhr und Radtour 1. und 3. So im Monat 11 Uhr). Ihr könnt euch aber auch im Café niederlassen, auf der Terrasse direkt am Fleet sogar mit Blick auf die Backsteinbauten der Speicherstadt.

Der Alte Elbtunnel

St. Pauli Landungsbrücken 1, 20359 HH-St. Pauli. **HVV:** S1, 3, U3 bis Landungsbrücken. **Zeiten:** für Fußgänger und Radfahrer durchgehend geöffnet. **Preise:** kostenlos. **Infos:** Hamburg Tourist Information im Hauptbahnhof, Kirchenallee, 20099 Hamburg, ℂ 040/30051300, info@hamburg-tourism.de, www.hamburg-tourism.de.

▶ Als der **Alte Elbtunnel** 1911 eröffnet wurde, war er eine technische Sensation. Endlich konnten die vielen Hafenarbeiter unabhängig von den Fähren auf die Werftinsel Steinwerder ge-

Den Michel im Blick: Ausblick vom südlichen Ausgang des Elbtunnels
© Kirsten Wagner

?! *Zwischen 2011 und 2019 wurde die Oströhre des alten Tunnels aufwendig saniert. Nun ist die Weströhre an der Reihe. Bis zu ihrer Neueröffnung werden wohl noch ein paar Jahre vergehen.*

*Der **Neue Elbtunnel** wurde 1975 eröffnet.*

langen. Denn die Fähren waren viel zu klein und fuhren zudem bei Schnee und Eis nicht mehr. Und viel schneller ging es nun sowieso. 426,5 m ist der Tunnel lang. Ihr gelangt über Treppen oder einen Fahrstuhl nach unten. Auch mit dem Fahrrad könnt ihr hindurchfahren. Nur zu Fuß werdet ihr aber die schönen Reliefs ausgiebig bewundern können, die den Tunnel schmücken. Fische und Muscheln verweisen symbolisch auf die Elbe 24 m über euch. Auf der anderen Seite habt ihr einen schönen Blick auf den Hamburger Hafen und die Landungsbrücken. Folgt dort den Hinweisschildern zum Aussichtspunkt. Das Eingangsgebäude auf der Südseite hat keine so schöne Kuppel mehr wie das an den Landungsbrücken: Es wurde im Zweiten Weltkrieg zerstört und mit einem Flachdach wiederaufgebaut.

Autos dürfen übrigens vorerst nicht mehr durch den Alten Elbtunnel fahren. Sie wurden mit einem der großen Fahrstühle in den Tunnel transportiert. An jeder Seite gibt es vier solcher Fahrkörbe.

Bunker in Hamburg

▶ In Hamburg befinden sich noch etwa 650 Bunker von einst 1051 Anlagen. Sie alle wurden im Zweiten Weltkrieg errichtet. Viele liegen unterirdisch, aber manche ragen noch immer unübersehbar in die Höhe, etwa der Rundbunker an der Straße Vorsetzen oder der Bunker am Heiligengeistfeld. Der wird zu einem Grünbunker umgestaltet, während der Flakturm in Wilhelmsburg schon zum ⬈ **Energiebunker** umgebaut wurde. Von den ursprünglich elf Rundbunkern gibt es in Hamburg noch neun. Sie wurden zwischen 1939 und

Man sieht ihm seine frühere Bestimmung noch an: Der Energiebunker
© Kirsten Wagner

1941 erbaut. Innen gibt es eine ansteigende Rampe rund um einen Zylinder mit Waschräumen. Außen sind sie meist verklinkert.

Durch die Hamburger Unterwelten

Burchardstraße 22, 20095 Hamburg. ✆ 040/20933864, 20933865. www.hamburgerunterwelten.de. **HVV:** Tiefbunker: Hbf. **Preise:** 8 €; Kinder ab 12 Jahre 6 €.

▶ Führungen durch den **Tiefbunker** am Steintorwall beim Hauptbahnhof bietet der Verein Hamburger Unterwelten an. Kinder dürfen ab 12 Jahre teilnehmen. Der Tiefbunker wurde 1941 – 1942 als Luftschutzbunker erbaut und 1969 als Zivilschutzanlage wieder in Betrieb genommen, um im Falle eines Atomkrieges Schutz zu bieten. Ganz schön spannend, durch die unterirdischen Räume und Gänge zu laufen!

Weitere Führungen bietet der Verein im **Hilfskrankenhaus Wedel** an, ebenfalls einem Tiefbunker. Nicht unterirdisch, aber nicht weniger spannend sind die Führungen auf den Spuren der Rohrpost und in Altona zu den Themen Fischfang oder Kalter Krieg.

Weitere Bunkerführungen bietet der Verein **Unter Hamburg** an, z.B. im Kaufmann-Bunker in Pöseldorf oder im Tiefbunker am Berliner Tor. Infos unter www.unter-hamburg.de oder ✆ 040/68267560. 6 €, Kinder 4 €.

Das Bunkermuseum in Hamm

Stadtteilarchiv Hamm e.V., Wichernsweg 16, 20537 HH-Hamm. ✆ 040/18151493, www.hh-hamm.de/bunkermuseum. **Lage:** Auf dem Grundstück der Wichernkirche. **HVV:** U2, Bus 116 bis Rauhes Haus. **Auto:** Hammer Landstraße stadtauswärts, an der U Bahnstation Rauhes Haus rechts. **Zeiten:** Do 10 – 12 und 15 – 18 Uhr, Termine Bunker im Dunkeln auf der Webseite. **Preise:** 3 €; Kinder bis 12 Jahre 1,50 €; Bunker im Dunkeln 8 €, Kinder 4 €.

▶ Wie mögen sich die Menschen gefühlt haben, wenn während des Zweiten Weltkriegs Bombenalarm ausgelöst wurde und sie in einem der Bunker Zuflucht suchten? Ein bisschen lässt sich das bei einem Besuch im Bunkermuseum in Hamm nachempfinden. Der Bunker besteht aus vier unterirdischen Röhren. Solche Röhrenbunker waren in Hamburg weitverbreitet. Originalgetreu hat das Stadtteilarchiv Hamm das Innere wieder hergerichtet. Texte, Fotos, Ausstellungsstücke und Dokumente erzählen, wie Menschen damals die Angriffe erlebt haben.

Wer mutig ist, nimmt an einer **Taschenlampenführung** teil, die das Bunkermuseum regelmäßig anbietet. Beim Bunker im Dunkeln bleibt das Licht aus! Eine Anmeldung per eMail ist dafür notwendig.

Streifzüge durch die Stadt

Mit Ausblick durch die Altstadt

20095 Hamburg. **Start:** Rathaus, Zentrum. **Länge:** 1,5 km. **HVV:** U3 bis Rathaus. **Infos:** St. Petrikirche, Mo – Sa 11 – 16.30, So 11.30 – 16.30 Uhr, 4 €, Kinder 2 €, Familien 10 €, www.sankt-petri.de.

▶ In der Altstadt bewegt ihr euch auf geschichtsträchtigem Boden. Irgendwo hier stand einst die *Hammaburg*, der die Stadt ihren Namen zu verdanken hat. 845 wurde sie von den Wikingern zerstört. Los geht es am ↗ **Rathaus**, das bei einer Führung vorweg auch von innen besichtigt werden kann. Vom großen Rathausmarkt aus lässt sich der 111 m lange Bau von 1897 gut betrachten. 20 Kaiser schmücken die Fassade. Wer findet Kaiser Barbarossa?

Durch die Eingangshalle gelangt ihr in den Innenhof (falls das Rathaus geschlossen ist, geht außen herum). Hier steht der **Hygieia-Brunnen**. Er wurde zur Erinnerung an die Cholera-Epidemie von 1892 errichtet. Die große Figur in der Mitte ist die *Hygieia*, eine griechische Göttin der Gesundheit. Sie hat einen Drachen besiegt, der symbolisch die Cholera darstellt. Durch das Tor zur Großen Johannisstraße verlasst ihr den Hof und wendet euch nach rechts. Lauft an der Seite der Börse entlang, überquert an der Ampel die Straße und folgt der Börsenbrücke, bis es rechts zur Trostbrücke geht. Sie führt über den **Nikolaifleet** und verband früher die Altstadt mit der Neustadt. Die beiden Statuen stehen symbolisch für diese Verbindung: *Bischof Ansgar* begründete die Altstadt, *Graf Adolf III. zu Schauenburg* ließ die erste Siedlung der Neustadt errichten. Die beiden prächtigsten Gebäude sind rechts der **Globushof** (1907/08 für die Globus-Versicherung erbaut) und links der **Laeiszhof** (1897/98 für die Reederei Laeisz erbaut, man spricht es „Leiß" aus). Wenn ihr euch traut, schaut doch einmal durch die große Eingangstür. Dann seht ihr einen Paternoster aus dem Jahr 1950 seine Runden drehen.

Wenige Meter weiter seht ihr schon die Ruine der ↗ **Nikolaikirche.** Den Turm könnt ihr mit dem gläsernen Aufzug befahren. Geht nun zur Trostbrücke zurück und Bei der Alten Börse rechts, dann links über Brodschrangen und die Kleine Johannisstraße, am

Mama Trattoria, Schauenburgerstraße 44, Hamburg. ☏ 040/36099993. www.mama.eu. Täglich 11.30 – 23.30 Uhr. Pizza und Pasta für Kinder. Wie wäre es mit einem Pizzaburger oder einer Pizza Bianca? Alle Pastagerichte auch mit Zucchini-Spaghetti.

> Wie die Perlen beim Rosenkranz, der christlichen Gebetskette, sind die Kabinen an einer starken Kette aufgehängt. Und wie beim „Vater unser", auf lat. **Pater noster,** bewegen sie sich immer weiter.

PATERNOSTER

Hamburg war durch seine vielen Kontorhäuser eine Hochburg der **Paternoster.** Diese Aufzüge sind offen und fahren ständig im Kreis. Auf der einen Seite kann man nach oben fahren, auf der anderen nach unten. Weil das Ein- oder Aussteigen zu Unfällen führen kann, wurde die Inbetriebnahme neuer Paternoster in der Bundesrepublik 1974 verboten. Die alten Paternoster dürfen aber weiterhin fahren. In Hamburg sind noch etwa 30 der „Personen-Umlaufaufzüge" in Betrieb, manche von ihnen sind öffentlich zugänglich. Wenn ihr also mal Paternoster fahren wollt (aber nur mit einem Erwachsenen), könnt ihr es hier probieren: im **Bezirksamt Eimsbüttel** (Grindelberg 62 und 66), im **Bezirksamt HH-Nord** (Kümmellstraße 7), im **Laeiszhof** (Trostbrücke 1) oder im **Paulsenhaus** (Neuer Wall 72).

KREUZ & QUER & KREATIV

Nachwuchsförderung: Bei Melanie Meyers Führungen für Kinder werden alle zum Piraten
© Melanie Meyer

Ende noch einmal rechts. Der Kirchturm, der sich hier erhebt, gehört zur **St. Petrikirche** und kann erklommen werden. Nach 544 Stufen steht ihr 123 m hoch und seht durch die Bullaugen die Stadt unter euch.

Piratenprüfung mit Schirm und Charme

Melanie Meyer, 20095 Hamburg. ✆ 0152/03398636. www.schirmundcharme.hamburg. Start und Länge nach Vereinbarung. **Altersempfehlung:** ab 3 Jahre. **Kinderwagen geeignet:** ja. **Zeiten:** nach Vereinbarung, Dauer 1 – 2 Stunden. **Preise:** 25 €; Kinder bis 12 Jahre 15 €, Mindestbuchung 80 €; Verlängerung oder individuelle Strecke zzgl. 25 €.

▶ Stadtführungen für Erwachsene hat Hamburg viele im Angebot. Sucht man nach speziellen Touren für Familien, wird die Auswahl schon deutlich kleiner. Eine richtig tolle bietet *Melanie Meyer* an: die Familientour mit **Piratenprüfung** nämlich. Je nach Alter der Kinder wird die kleine (3- bis 6-Jährige) oder die große (6- bis 12-Jährige) Prüfung abgelegt. Während die Kinder unterwegs rätseln und Aufgaben lösen, erhalten die Eltern spannende Infos über Hamburg. Dabei geht es zu den beliebten Sehenswürdigkeiten wie Rathaus, Hafen oder Speicherstadt. Die Tour ist auch mit Kinderwagen möglich.

Hafentour mit Jasper: Auge in Auge mit den Giganten

Adenauerallee 78, 20097 Hamburg. ✆ 040/72594137, www.jasper.de. **Lage:** Treffpunkt: U HafenCity Universität. **HVV:** U4. **Zeiten:** Termine auf der Webseite. **Preise:** 37 €; Kinder 4 – 12 Jahre 17 €.

▶ Den Hamburger Hafen darf man normalerweise nicht betreten. Mit dem Busunternehmen Jasper dürft ihr zumindest auf das Gelände hinauffahren. So kommt ihr den riesigen Containerterminals ganz nah und steht „Auge in Auge mit den Giganten". Nachdem ihr schon bei der Fahrt durch die Speicherstadt und über die Köhlbrandbrücke einiges über die Arbeit im Hafen erfahren habt, seht ihr dann, wie die Van-Carrier und Krananlagen auf dem Burchardkai, in Altenwerder, am O'Swaldkai oder im Hansaport arbeiten. Welches Terminal angefahren wird, entscheidet sich vor Ort.

Das magische Portal von CityEscape

Heidenkampsweg 51, 20097 HH-Hammerbrook. ✆ 01520/3347107. www.adventurerooms-hamburg.de. **HVV:** S3, 31 bis Hammerbrook, 550 m zu Fuß oder Bus 154, 160 bis Wendenstraße, 100 m zu Fuß. **Zeiten:** Mo – So 9 – 22 Uhr, täglich mehrere Startzeiten. **Preise:** Escape Room (Indoor): 2 Spieler 35 € pro Person, 3 Spieler 30 €, 4 Spieler 27,50 €, 5 Spieler 25 €, 6 Spieler 22,50 €, Duellmodus 20 € pro Person, City Escape (Outdoor) 2 – 3 Pers 99 €, 4 – 6 Pers 149 €.

🎵 Das Magische Portal eignet sich nicht nur für Familien, sondern auch wunderbar für den Kindergeburtstag!

▶ *Escape-Rooms* haben in den letzten Jahren einen riesigen Boom erfahren. Auch ältere Kinder haben viel Spaß daran, sich aus einem geschlossenen Raum herauszurätseln. Noch schöner ist es aber, wenn man das Ganze draußen spielen kann. Bei **AdventureRooms** ist beides möglich. Drei klassische Escape-Rooms mit unterschiedlichem Schwierigkeitsgrad stehen zur Auswahl. Alle lassen sich auch im Duellmodus spielen, bei dem zwei Teams gegeneinander antreten.

Als Outdoor-Abenteuer lässt sich Hamburg auf besonders spannende Art und Weise mit **CityEscape** erkunden. Für Kinder ab 10 Jahre besonders geeignet ist die **Mission Magisches Portal.** Ihr müsst Kristalle sammeln, um ein solches magisches Portal, durch das Monster und Trolle die Stadt bedrohen, wieder zu schließen. Mit einem iPad, einem Action-Pack und mehreren Hilfsmitteln erledigt ihr euren Auftrag.

Auf der Jagd nach Mister X

Heiser Events, Jungfernstieg, 20354 Hamburg. ℡ 04105/6678477, www.heisertouristik.com. **Start:** Jungfernstieg Alster Touristik, **Länge:** 2 Std. **HVV:** U2, 4, S1 – 3 bis Jungfernstieg. **Zeiten:** So 9.30 Uhr, Sondertermine auf der Webseite und nach Absprache. **Preise:** 15 €; Familie (3 – 4 Pers) 39 €.

▶ Wo ist Mister X? Begebt euch in Hamburgs Innenstadt auf die Suche! Mister X ist eine reale Person, die ihr als Detektive finden müsst – ähnlich wie in dem Brettspiel Scotland Yard, nur ganz in echt. Ihr erhaltet Hinweise aufs Handy, wo sich Mister X gerade aufhält, und müsst kleine Aufgaben lösen. Dabei kommt ihr auch an ganz vielen Sehenswürdigkeiten vorbei. Die Jagd nach Mister X eignet sich für Kinder ab 6 Jahre, ab 12 Jahre auch ohne Begleitperson. Die Hinweise sind altersentsprechend, jede Tour ist anders und an die Gruppe angepasst.

Auf Sinnes-Streifzug mit dem Rosinenfischer

Susan Prahl, Auf dem Sande 1, 20457 Hamburg. ℡ 040/36091983, www.rosinenfischer.de. **Lage:** Speicherstadt. **HVV:** Bus 6 bis Auf dem Sande. **Zeiten:** Sa 14 Uhr, weitere Termine Fei und Ferien, Dauer 90 Min. **Preise:** 24 €; Kinder 7 – 14 Jahre 12 €.

▶ Nicht nur Augen und Ohren sollten bei dieser Tour weit geöffnet sein. Beim Sinnes-Streifzug wird auch kräftig geschnüffelt, probiert und gefühlt. Die Familienführung beginnt am Rosinenfischer-Kontor in der Speicherstadt. Von den alten Backsteinbauten hier geht es in die HafenCity mit ihren modernen Bauten. So erfahrt ihr ganz viel über das alte und das neue Hamburg – so manche Überraschung inklusive.

Die Jagd auf Mister X ist auch als Kindergeburtstag buchbar: 160 € für bis zu 10 Kinder.

Mit Kindern ab 12 Jahre können Gruppen ab 10 Pers auch die Sinnes-Radtour buchen. Pro Fahrrad 46 €, 4 – 4,5 Std, 22 km.

Tour zu den Pfefferkörnern

Elbsüchtig-Stadtführungen, Kornhausbrücke, 20457 Hamburg. ✆ 040/34994971, www.pfefferkoerner-erleben.de. **Treffpunkt:** Kornhausbrücke, Ecke St. Annen und Neuer Wandrahm. **HVV:** U1 bis Meßberg, Bus 6, 602 bis Brandstwiete. **Zeiten:** Termine auf der Webseite. **Preise:** 18 €; Kinder 6 – 16 Jahre 16 €.

▶ Die Kinder-Krimiserie „Die Pfefferkörner" hat seit der ersten Folge 1999 ihre Fans. Während Mama und Papa womöglich noch von der ersten Staffel schwärmen, habt ihr vielleicht die 17. Staffel 2021 gespannt verfolgt. Bei einer Pfefferkörner-Tour erlebt ihr die Original-Schauplätze und erfahrt ganz viel über die Dreharbeiten – mit Insiderwissen aus der Filmcrew! 100 Minuten dauert der Rundgang durch Speicherstadt und HafenCity. Entdecken und rätseln dürft ihr auf der Mitmachtour auch!

Pfefferkörnchen Laura: So ein Rundgang macht doch Spaß!
© Stefanie Wülfing

Spaziergang in der HafenCity – klettern und hüpfen inklusive

20457 HH-HafenCity. Start: U HafenCity Universität, **Länge:** ca. 2 km. **HVV:** U4 bis HafenCity Universität.

▶ Seit 2008 wird in der HafenCity gebaut und ein Ende ist nicht in Sicht. Wer mehrere Wochen nicht da war und wieder herkommt, reibt sich so manches Mal verwundert die Augen. Spannende neue Architektur lässt sich bei einem Rundgang entdecken. Aber auch die Ankunft in der futuristischen U-Bahnstation ist schon ein Erlebnis. Die **U-Bahn-Station Universität** ist nämlich mit Lichtcontainern ausgestattet, die ihre Farbe regelmäßig ändern, an Samstagen und Sonntagen zur vollen Stunde (11 – 17 Uhr) sogar mit Musik. Überquert von hier aus die Überseeallee und marschiert in den **Lohsepark**. Zahlreiche Spielmöglichkeiten warten hier auf euch.

Für Kinder bis 10 Jahre gibt es einen eingezäunten Bereich mit tollen Kletter- und Versteckplätzen. Klasse sind auch die vertieften Trampoline, die Slacklines und die hohen Schaukeln.

Am Ende des Parks folgt ihr der Koreastraße nach links. Am ↗ **Maritimen Museum** vorbei überquert ihr die Brücke über den Magdeburger Hafen und seht rechts schon das **Störtebeker-Denkmal**. Man vermutet, dass der berühmte Pirat hier 1401 hingerichtet wurde. Dreht euch um und lauft nun wieder Richtung Süden, an der Osakaallee entlang. Dort, wo sie wieder auf die Überseeallee trifft, steht an der Ecke ein Hotel, das 25hours Hotel. Das ist nicht nur ein toller Ort zum Übernachten, sondern sieht mit seiner spitzen Ecke auch noch ungewöhnlich aus. Ein paar Meter weiter findet ihr das ↗ **Museum of Popcorn**. Folgt der Überseeallee weiter bis zur San-Francisco-Straße, an der ihr euch nach links wendet. An der Kreuzung findet ihr die **Trdlo Factory.** Was das sein soll? Dieses Gebäck stammt eigentlich aus Tschechien und ist in Prag an jeder Ecke zu haben. Ihr habt hier die einmalige Gelegenheit, es in Hamburg zu probieren! Trdlo oder Trdelník wird auf einer Rolle gebacken und dann mit Creme, Sahne, Schokolade und Nüssen gefüllt, je nach Geschmack auch herzhaft (Am Sandtorpark 14, www.trdlo-factory.de, täglich 12 – 19 Uhr).

Wandert nun bis zum ↗ **Grasbrookpark** mit dem tollen ↗ **Piratenspielplatz.** Am Großen Grasbrook habt ihr einen tollen Blick auf den Marco-Polo-Tower. Manche bejubeln ihn, andere finden ihn potthässlich – was meinst du? Die gegeneinander verschobenen Stockwerke erregen auf jeden Fall Aufsehen. An den Marco-Polo-Terrassen lädt z.B. **Surfkitchen** zur Einkehr ein. Am Grasbrookpark findet ihr die U-Bahn-Station Überseequartier, die einer Unterwasserlandschaft nachempfunden ist – mit entsprechenden Geräuschen – und von der ihr wieder mit der U4 zurückfahren könnt.

Auf Entdeckertour mit dem Speicherstadtmuseum

Am Sandtorkai 36, 20457 HH-Hafen-City. ✆ 040/ 321191, www.speicher-stadtmuseum.de. **Lage:** Speicherstadt. **Altersempfehlung:** ab 6 Jahre. **HVV:** U3 bis Baumwall, Bus 6 bis Auf dem Sande. **Zeiten:** Museum April – Okt Mo – Fr 10 – 17, Sa, So 10 – 18 Uhr, Nov – März Mo – So 10 – 17 Uhr, Entdeckertour: Schulferien Mi 13 Uhr, So 10.30 Uhr, Termine über Webseite. **Preise:** Museum 4,50 €; Kinder ab 6 Jahren 2 €; Entdeckertour 9 €, Kinder 6 – 12 Jahre 7,50 €.

Begreifen erlaubt: Tau betasten im Speicherstadtmuseum
© SHMH, Sinje Hasheider

▶ Wer hat Lust, auf eine Entdeckertour zu gehen? Regelmäßig in den Ferien bietet das Speicherstadtmuseum diese Rundgänge für Kinder zwischen 6 und 12 Jahre in Begleitung ihrer Eltern an. Wer waren eigentlich die Quartiersleute und wie haben sie hier in der Speicherstadt gearbeitet? Wo hat der Pirat *Klaus Störtebeker* seinen Schatz wohl versteckt? Und wie schmecken eigentlich Kakaobohnen? All das und vieles mehr wird bei der Führung durch die Speicherstadt und das Museum geklärt. Wer nur das Museum besuchen möchte, begibt sich mit dem an der Kasse kostenlos erhältlichen Fragebogen auf die Suche nach dem kleinen Quartiersmann Kalle. Löst die Aufgaben und werdet selbst kleine Quartiersleute!

?! *Quartiersleute arbeiteten früher in den Hamburger Speichern, also den Lagerhäusern. Sie zählten, wogen und trugen die schweren Säcke und kontrollierten, ob die Nüsse, die Gewürze oder der Kakao auch noch gut waren.*

Auf eigene Faust durch die Speicherstadt

20459 Hamburg. **Start:** U Baumwall. **Länge:** 3 km. **HVV:** U3 bis Baumwall. **Auto:** Parkhaus Am Sandtorkai oder Parkhaus Baumwall.

▶ Die Lagerhäuser der Speicherstadt wurden ab 1883 aus rotem Backstein erbaut und stehen seit

Speicher rechts und links vom Fleet: Die Speicherstadt steht unter Denkmalschutz
© Kirsten Wagner

1991 unter Denkmalschutz. Seit 2015 gehören sie zum UNESCO-Welterbe. Vor allem Kaffee, Tee, Gewürze und Teppiche lagerten die Kaufleute hier, ehe sie die Waren weiterverkauften. Sechs Fleete, ursprünglich Mündungsarme von Alster und Bille, durchziehen die Speicherstadt. So haben die Lagerhäuser jeweils einen Zugang vom Land und einen vom Wasser. Die Speicherstadt gehört seit 2008 zu dem neuen Stadtteil *HafenCity,* wo ganz neue Wohngebiete entstehen. Der Rundgang durch dieses Viertel führt zu alten Schiffen, moderner Architektur und einem tollen Spielplatz. Von mehreren Museen dürft ihr euch eins aussuchen.

Los geht es an der **U-Bahnstation Baumwall.** Über die **Niederbaumbrücke** kommt ihr direkt in die Speicherstadt. Noch einmal über eine Brücke und rechts erhebt sich die riesige **Elbphilharmonie.** Erbaut wurde sie auf einem alten Kaispeicher. Mit einem Plaza-Ticket (kostenlos vor Ort oder mit Reservierung 2 €) dürft ihr über die imposante Rolltreppe auf die Aussichtsplattform fahren, von der ihr rundum einen Blick auf die Elbe und die Stadt werfen könnt.

Geht ein Stück zurück und folgt dann der Straße Am Sandtorkai. Biegt dann rechts ab, hinunter zur Promenade am Sandtorhafen. Dieser Traditionsschiffhafen ist die Heimat verschiedener Schiffe. In einem alten Ladekran findet ihr ⚓ **Harrys Hafenbasar.**

Habt ihr Lust, Pirat zu spielen? Dann stattet doch dem ⚓ **Grasbrookpark** noch einen Besuch ab! Dafür geht ihr am Großen Grasbrook nach rechts. Dieser

Straße folgt ihr dann auch wieder zurück bis zum Sandtorkai, wo ihr links abbiegt und dann das ⚲ **Speicherstadtmuseum** und das ⚲ **Spicy's Gewürzmuseum** findet. Ganz nah sind außerdem der ⚲ **Hamburg Dungeon** und das ⚲ **Miniatur Wunderland** (über die Straße Am Sande, dann links Kehrwieder). Von dort geht es jeweils zum Ausgangspunkt zurück.

Mit Stattreisen in den Hafen

Kuhberg 2, 20459 Hamburg. ✆ 040/8708010-0, www.stattreisen-hamburg.de. **Lage:** Treffpunkt Hafen für Kinder: Ecke Deichstraße/Steintwiete. **HVV:** Bus 3, 16, 17 bis Rödingsmarkt. **Zeiten:** Mai – Okt Sa 11 Uhr, weitere Termine über die Webseite. **Preise:** 12 € pro Person; Kinder mit Ferienpass 10 €.

▶ Eine Vielzahl von Stadtrundgängen, aber auch Barkassenfahrten und Fahrradtouren hat Stattreisen im Programm. Speziell an Kinder zwischen 6 und 10 Jahre richtet sich die Familienführung: „Der Hafen für Kinder". Ihr erfahrt, wie ein Schiff ins Trockendock gelangt und warum die Häuser der Kaufleute im Wasser stehen. Zu der Führung gehört auch ein Gang in den Alten Elbtunnel und eine Fahrt mit der Hafenfähre. Die Tour ist genauso wie „Stadt für Kinder" auch für Gruppen buchbar (125 € für bis zu 20 Kinder).

Stadterlebnis.hamburg: Auf, Matrosen, ohé!

Bernd Duckstein, Osterkamp 5, 22043 Hamburg. ✆ 0157/50171259. www.stadterlebnis-hamburg.de. Treffpunkt je nach Führung. **Preise:** je nach Tour 12 – 18 €; Kinder ab 6 Jahre 6 – 10 €.

▶ Das Besondere an den Führungen von stadterlebnis.hamburg ist, dass alle aktiv werden dürfen. Hier kommt keine Langeweile auf! Alle Touren sind geeignet für Kinder ab 6 Jahre. Schnuppert Kaffee, bastelt einen Kompass oder versucht euch an See-

 Feiert doch den Geburtstag auf der Rickmer Rickmers und im Hafen. 6 – 12 Jahre, 2,5 Std, nicht Sa buchbar, 13 € pro Person.

mannsknoten. Mal geht es auf ein altes Segelschiff, mal durch den Alten Elbtunnel, mal durch die Speicherstadt oder über viele Brücken.

Die Gummistiefeltour

Sandra Latussek, Bärenhof 37, 22419 Hamburg. ✆ 0163/3771779. www.vergangenundvergessen.de. Start: Elbphilharmonie, Haupteingang, 2,5 Std. **HVV:** U3 bis Baumwall, Bus 2, 111 bis am Kaiserkai. **Zeiten:** mehrere Termine im Jahr. **Preise:** 13 € plus Eintritt Zollmuseum 2 €; Kinder bis 10 Jahre 11,50 €.

▶ Rein in die Gummistiefel und ab durch die Pfützen! Das ist bei dieser Tour ausdrücklich erlaubt. Da es an 133 Tagen im Jahr in Hamburg regnet, ist die Wahrscheinlichkeit nicht so gering, dass ihr auch tatsächlich welche vorfindet. Nebenbei erfahrt ihr dann noch, wofür eigentlich die vielen Speicher in Hamburg erbaut wurden, ihr besucht den Piraten Klaus Störtebeker und schleicht schnuppernd durch dunkle Gassen.

Im ↗ **Zollmuseum** begebt ihr euch auf die Spuren von Schmugglern und bei der **Schnitzeljagd-Tour** für 8- bis 12-Jährige sucht ihr die Piraten und ihren Wortschatz in der Speicherstadt.

Ausflug nach Blankenese

22587 HH-Blankenese. **Start:** S-Bahnhof Blankenese, von dort Bus 488 zur Strandtreppe. **HVV:** S1 bis Blankenese. **Auto:** Elbchaussee.

▶ Wer Blankenese erkunden will, braucht flinke Beine, denn im Treppenviertel geht es bergauf und bergab! Blankenese bedeutet eigentlich „glänzende Nase". Wie eine solche sah nämlich die Landzunge aus, die hier in die Elbe ragte und bei Flut überspült wurde. Dann glänzte ihr Sand in der Sonne. Sie wurde aber schon im 17. Jahrhundert weggerissen. Vom Elbstrand zieht sich das elegante Stadtviertel einen Hang hinauf. Früher lebten hier Fischer, Lotsen und Kapitäne in den schmucken weißen Häuschen.

Sandra Latussek bietet auch für Erwachsene spannende Touren an auf der Suche nach Vergangenem und Vergessenem.

Ponton Op'n Bulln, Strandweg 30, Fähranleger, Hamburg. ✆ 040/86645127. www.pontonopnbulln.de. März – Okt täglich ab 10 Uhr, Okt – März Sa, So 11 – 18 Uhr, bei Sonne auch Mo – Fr ab 12 Uhr. Hier könnt ihr Pannfisch und Labskaus probieren! Es gibt aber auch leckeren Kuchen.

Beginnt eure Erkundung an der **Strandtreppe.** Ihr wandert ein Stück bergab und biegt dann rechts in den Paarmanns Weg ein und folgt dann Am Hang bis nach unten zur **Elbe.** Geht auf dem Strandweg nach Westen, wo sich der Strand dann weit dahinzieht. Ihr könnt eure Wanderung hier fortsetzen oder im Sand buddeln und Ball spielen. Zur Einkehr geht es auf den **Ponton Op'n Bulln.**

Von den Haltestellen Krumdal oder Falkentaler Weg fahrt ihr mit der „Bergziege" zum S-Bahnhof zurück. So werden die Busse der Linie 488 nämlich genannt. Sie sind kleiner und wendiger als die normalen Stadtbusse, damit sie überhaupt durch Blankenese fahren können.

Musik & Theater hören & sehen

Pauken und Trompeten in der Elbphilharmonie

Platz der Deutschen Einheit 4, 20457 Hamburg. ✆ 040/3576660, www.elbphilharmonie.de. **HVV:** U3 bis Baumwall, Bus 2, 111 bis am Kaiserkai. **Auto:** Parkhaus Elbphilharmonie. **Zeiten:** Termine auf der Webseite. **Preise:** Workshop 5 €.

▶ Wie klingt eigentlich eine Harfe? Wie bekommt man einen Ton aus der Querflöte oder aus dem Akkordeon? Das könnt ihr bei einem der Workshops in der Elbphilharmonie herausfinden! Bei *Klassiko* werden z.B. verschiedenste Instrumente eines Orchesters vorgestellt, dann dürfen sie ausprobiert, erfühlt und erlauscht werden. Beim *Bläsertag* lernt ihr Blasinstrumente kennen und bastelt euch am Ende selbst eins. Schlaginstrumente von der Karibik bis nach Indien werden bei *Kosmos Percussion* vorgestellt und ausprobiert. Ausgiebig könnt ihr euch bei einem *Ferienworkshops* damit beschäftigen, Posaune zu spielen oder auf die Pauke zu hauen.

?! *Glitzerndes Glas auf einem alten Backsteinspeicher – so ist die Elbphilharmonie schon von Weitem zu sehen. Im Januar 2017 wurde das Konzerthaus mit der außergewöhnlichen Akustik eröffnet. Die Hamburger nennen sie liebevoll „Elphi".*

Opernloft im alten Fährterminal Altona

Van-der-Smissen-Straße 4, 22767 HH-Altona. ℰ 040/
25491040, www.opernloft.de. **Altersempfehlung:** ab 9
Jahre. **HVV:** Bus 111 bis Große Elbstraße, Fähre 62 bis
Dockland. **Preise:** 39 – 48 €; Kinder, Schüler 31 – 38 €.

▶ Wer mit Oper bisher nichts am Hut hatte, wird im
Opernloft eines Besseren belehrt! Frisch und
fröhlich und mit einem Angebot, das auch Kinder
ab etwa 9 Jahren interessiert, wendet sich das
Theater auch an Operneinsteiger. Vor allem die Kri-
miopern sind spannend – etwa „Spuk auf Steuer-
bord"! Ältere Kinder mögen vielleicht auch mit in
die „Oper in kurz" kommen: Kurzfassungen von
„Carmen" oder dem „Fliegenden Holländer". Aus-
gelassene Stimmung herrscht auch beim **Poetry
Slam** für Kinder sowie für Jugendliche. Wer die Runde für sich entscheiden konnte, entscheidet der Ap-
plaus.

Harry-Potter-Theater

Mehr! Theater am Großmarkt, Banksstraße 28, 20097
HH-Hammerbrook. ℰ 040/377072-100, Handy
01806/934934. www.harry-potter-theater.de. **Altersempfehlung:** ab 10 Jahre. **HVV:** U1 bis Steinstraße, S3,
31 bis Hammerbrook, je 800 m Fußweg. **Auto:** Tor Nord
über Amsinckstraße oder Tor West über Banksstraße,
Theaterparkplatz 10 €. **Zeiten:** Mi – So. **Preise:** 99,90 –
348,90 €; Kinder bis 14 Jahre.

?! *Das Mehr! Theater
gibt es seit 2015. Es
wurde in die Großmarkt-
halle hineingebaut und ist
weltweit das einzige Theater in einem bestehenden
Großmarkt. Es gab hier
schon Rockkonzerte, Zau-
bershows und Aufführun-
gen von Tour-Musicals.*

▶ Schon seit 2016 wird die Fortsetzung der Harry-
Potter-Geschichte in London mit großem Erfolg als
Theaterstück aufgeführt. In Deutschland hatte „Harry Potter und das verwunschene Kind" seine Premiere in Hamburg im Dezember 2021. Eigens für die
Aufführungen wurde das Theater Mehr! am Großmarkt aufwendig umgebaut. Dort könnt ihr nun
mindestens bis September 2022, vielleicht aber auch
länger, Harry, Hermine, Ron und ihre Kinder live erleben. Das Stück wird in zwei Teilen aufgeführt, die
man entweder als Nachmittags- und Abendvorstel-

lung buchen kann oder
aber an zwei Abenden
hintereinander.

Theater Zeppelin auf dem HoheLuftschiff

Kaiser-Friedrich-Ufer 27,
20253 HH-Hoheluft.
☎ 040/4223062,
www.theaterzeppelin.de.
HVV: U3 bis Hoheluftbrü-
cke. **Preise:** 12 €; Kinder
2 – 18 Jahre 8,50 €; Familie (3 Pers) 25 €, Theater-
kurse 52 € im Monat.

Im Theater Zeppe-
lin könnt ihr „Drei dicke
Freunde" sehen
© Theater Zeppelin, Mia Grau

▶ Kindertheater auf dem Wasser gibt es im
Theater Zeppelin. Schon die Spielstätte ist etwas
ganz Besonderes, nämlich das HoheLuftschiff, eine
ehemalige Getreideschute, die im Isebekkanal vor
Anker liegt. Das ist die Heimat des schwimmenden
Theaters. „Drei dicke Freunde" oder „Der Bär und
die Bienen" begeistern sowohl kleine als auch große
Gäste. Neben dem regulären Spielplan des Hohe-
Luftschiffs gibt es auch immer wieder Theater von
Kindern und Jugendlichen: Die **Junge Theaterschu-
le Hamburg** ist Kooperationspartnerin und bringt
immer neue, interessante Stücke auf die Bühne.

Fundus Theater

Sievekingdamm 3 – Platz der Kinderrechte, 20535
Hamburg. ☎ 040/2507270, www.fundus-theater.de.
HVV: U2, 4 bis Burgstraße, Bus 25, 31, X35, 261 bis U
Burgstraße. **Preise:** 10 €, Premiere 12 €; Kinder bis 16
Jahre 8 €, Premiere 12 €. **Infos:** Das Fundus Theater ist
gerade umgezogen und öffnet seine Türen wieder im
Sep 2022.

▶ Seit 1980 gibt es das Fundus Theater für Kinder.
Inszeniert und gezeigt werden Stücke für Kinder von
4 – 12 Jahre. Einzigartig ist das sogenannte For-

?! *Wer das Fundus
Theater unterstüt-
zen möchte, kauft eine
Freundschaftskarte für
Erwachsene und Kinder je
13 €, Premiere 15 €.*

?! *Freie Platzwahl!
Achtet bei den
Kindervorstellungen da-
rauf, dass die Kleinen einen Platz vorne finden!*

KREUZ & QUER & KREATIV

163

schungstheater, in dem Künstlerinnen und Wissenschaftlerinnen gemeinsam mit Kindern Ideen für Theaterstücke suchen und so einen ganz neuen Blick auf die Wirklichkeit entwickeln. Neueste Produktion des Forschungstheaters: „Auf Zucker. Ein Selbstversuch in sieben Süßigkeiten". Zucker ist ein perfektes Thema für das Forschungstheater: Er sorgt für Streit zwischen Kindern und Erwachsenen, hat eine bewegte, vom Kolonialismus geprägte Geschichte und auch eine interessante naturwissenschaftliche Seite. Das Publikum wird drei Tage vor dem Vorstellungsbesuch gebeten, keinen Zucker mehr zu essen, und dann gehen alle gemeinsam in den Selbstversuch: Zuckerrausch im Theaterlabor!

Puppentheater Die Sterntaler

im Kulturzentrum Elbdeich, Moorburger Elbdeich 249, 21078 HH-Moorburg. ℡ 040/7401226, www.die-sterntaler.de. **HVV:** Bus 157 ab S-Bahn Harburg Rathaus bis Alte Schule Moorburg. **Preise:** je nach Veranstaltungsort, auch kostenlos.

@ Im Kulturzentrum Elbdeich werden auch Workshops für Kinder, z.B. Arbeit mit Metall, oder Familienlesungen angeboten. Guckt mal ins Programm unter www.elbdeich.org.

▶ Märchen aus aller Welt spielen *Die Sterntaler* auf Festen, in Kindergärten und Schulen und natürlich an ihrer Spielstätte im Kulturzentrum Elbdeich. Im halbjährlich wechselnden Spielplan kommen die selbst gebauten Puppen und Marionetten auf die Bühne, z.B. in „Rumpelstilzchen" oder „Der Mäuserich und seine Tochter". Häufig wird das Puppenspiel live von Geige und Flöte begleitet. Nach dem Auftritt dürft ihr gern zu Francis Kenzler und Sabine Braun, die Die Sterntaler sind, kommen und selbst einmal eine der Puppen in die Hand nehmen.

Hamburger Puppentheater im Haus Flachsland

Bramfelder Straße 9, 22305 HH-Barmbek. ℡ 040/334650780, www.hamburgerpuppentheater.de. **Lage:** Am Osterbekkanal. **HVV:** Bus 37, 213 bis Flachsland, Bus 213 bis Langenrehm. **Preise:** Vorverkauf 8,20 €, Tageskasse 9,50 €; Kinder 2 – 16 Jahre 7,10 €, Tageskasse 8,50 €.

▶ Tischpuppen, Handpuppen, Marionetten – die Vielfalt am Hamburger Puppentheater ist groß. Gezeigt werden Stücke für Kinder ab 3 Jahre, aber auch für Jugendliche und Erwachsene. Bei den Vorstellungen für die Kleineren sind die vorderen Plätze stets für die Kinder reserviert.

Selbst spielen oder zuschauen: Das Theaterdeck

Maurienstraße 19, 22305 HH-Barmbek-Nord. ✆ 040/ 6321322, www.theaterdeck.de. **Altersempfehlung:** ab 7 Jahre. **HVV:** U3 bis Barmbek. **Auto:** Oberaltenallee stadtauswärts, links Fuhlsbüttler Straße, 1. links. **Zeiten:** Kurse nach Plan, Weihnachtsmärchen im Advent. **Preise:** Kurse ab 20 € pro Monat, Theater 13 €; Kinder bis 12 Jahre 9,50 €.

▶ Kinder ab 7 Jahre dürfen in die **Theaterschule** des Theaterdecks. In den Einsteigerkursen **Startdeck I** (7 – 9 Jahre) und II (10 – 12 Jahre) lernt ihr zu improvisieren, Monologe zu halten oder wie ihr Mimik und Gestik einsetzt. Auf der Bühne dürft ihr dann alles Gelernte umsetzen. Wer dann weitermachen will, geht ins **Spieldeck.** Wenn ihr nicht selbst auf die Bretter, die die Welt bedeuten, treten wollt, hat das Theaterdeck trotzdem etwas für euch zu bieten: Jedes Jahr wird nämlich ein **Weihnachtsmärchen** auf die Bühne gebracht, z.B. nach Büchern von Astrid Lindgren.

Junges SchauSpielHaus

Wiesendamm 18, 22305 HH-Barmbek-Nord. ✆ 040/ 248710, www.schauspielhaus.de. **HVV:** U3, S1, 11, 31 bis Barmbek, 450 m zu Fuß. **Preise:** 14 €; Kinder und Schüler 8 €; Familien ab 3 Pers: 1 Erw zahlt voll, alle anderen 7,50 €.

▶ Erst 2021 hat das Junge SchauSpielHaus, der „junge" Ableger des **Deutschen SchauSpielHauses,** eine

♫ Eine eigene Theaterpuppe zum Geburtstag – selbst gebaut! Bei einer Geburtstagsfeier im Hamburger Puppentheater könnt ihr eure eigenen Puppen bauen: Workshop 2 Std, 150 € plus Fahrtkosten und 4 € Materialkosten/ Kind.

eigene Spielstätte bekommen. Auf zwei Bühnen, eine davon sogar mit einer Drehbühne ausgestattet, wird hier nun Theater für das junge Publikum geboten. Da könnt ihr nun „Pinocchio", „Tiere im Theater" oder „Alles nur aus Zuckersand sehen".

Theaterschule Junge Mimen

Ebersteinweg 1, 22455 HH-Niendorf. ℂ 040/442972, www.junge-mimen.de. **Lage:** Kurse und Workshops z.B. in der Kunstklinik Eppendorf (Martinistraße 44), im Bühnenstudio Hamburg (Marktstraße 24) oder im Hamburghaus (Doormannsweg 12). **Preise:** pro Monat 40 – 65 €.

▶ Schauspielunterricht könnt ihr bei den Jungen Mimen nehmen. Für Kinder ab 5 Jahre bis zu Jugendlichen werden Kurse angeboten. Die Jüngeren beschäftigen sich mit Bewegungsspielen und Wahrnehmungsübungen, die Größeren befassen sich mit Improvisationstheater oder entwickeln eigene Stücke.

Theater für Kinder im AlleeTheater

Max-Brauer-Allee 76, 22765 HH-Altona. ℂ 040/382538, www.theater-fuer-kinder.de. **HVV:** S21, 31 bis Holstenstraße, Bus 15, 20, 25, 183 bis Gerichtstraße. **Preise:** Musicals für Kinder ab 3 Jahre 10,50 – 14,50 €, Theater für Kinder 14,50 – 18,50 €.

▶ Kindgerechte Fassungen bekannter Schauspiel- und Opernklassiker sind das Markenzeichen des Theaters für Kinder. Ihr könnt Mozarts „Die kleine Zauberflöte" (ab 5 Jahre) oder „Den Zauberer von Oz" sehen (ab 6 Jahre). Für die kleinen Zuschauer

Theater für Kinder im AlleeTheater: Szene aus „Die kleine Zauberflöte"
© Joachim Flügel

ab 3 und 4 Jahre wurden die Musiktheaterstücke „Kleiner Dodo" und „Der Karneval der Tiere" entwickelt. Zum AlleeTheater gehört auch die Kammeroper, in der ältere Kinder z.B. mit in das Märchenspiel „Hänsel und Gretel" gehen können.

Kindertheater Wackelzahn

Hoftheater Ottensen, Abbestraße 33, 22765 HH-Ottensen. ✆ 040/29812139, www.norddeutsches-tournee-theater.de. **HVV:** S3, 31 bis Altona, Bus 2, 283, 288 bis Fabrik, Bus 37, 150 bis Friedensallee. **Preise:** 8 € pro Person.

▶ Kennt ihr die Geschichte von den Sterntalern? Wisst ihr, warum die Prinzessin auf der Erbse nicht schlafen konnte? Oder welches Rätsel Rumpelstilzchen der Müllerstochter gab? Kommt ins Kindertheater Wackelzahn, dann lernt ihr all die Märchenfiguren kennen! Seine Spielstätte hat das Theater im Hoftheater Ottensen.

Aktionen in Hamburg

Manege frei im Circus Abrax Kadabrax

Bornheide 76, 22549 HH-Osdorf. ✆ 040/35772910, www.abraxkadabrax.de. **Altersempfehlung:** ab 3 Jahre. **HVV:** Bus 21, 37 X3 bis Achtern Born. **Zeiten:** Mo – Fr feste Termine für die Zirkusgruppen, außerdem offene Angebote, z.B. Fr Spielfieber, Sa, So Workshops. **Preise:** teils kostenlos, teils kostenpflichtig.

▶ Manege frei! Ein Zirkuszelt und mehrere Zirkuswagen erwarten euch beim Circus Abrax Kadabrax. Vor allem aber dürft ihr hier selbst zu Artisten werden. **Zirkustraining** wird für alle Altersgruppen angeboten: für Familien mit Knirpsen bis 3 Jahre, für Kinder zwischen 3 und 12 Jahre, für Jugendliche und sogar generationenübergreifend. Neben festen Zirkusgruppen gibt es auch offene Angebote und Feriencamps.

pmv Öko-Tipp!

Reinspaziert zu den Rotznasen

c/o Theodor-Haubach-Schule, Haubachstraße 55, 22765 HH-Altona. © 040/43251255, www.circus-rotz-nasen.de. **Altersempfehlung:** ab 4 Jahre. **HVV:** S11, 21, 31 bis Holstenstraße, 600 m Fußweg. **Zeiten:** Kurse Rotzküken Mi 15.30 – 17, Rotzlöffel Mo 15.30 – 17, Rotznäschen Di 15.30 – 17, Cirque Mix Mi,Do 18.30 – 20, Rotzlümmel Mi 17 – 18.30, Rotznasen Mi, Do 17 – 18.30 Uhr.

▶ Ihr wollt jonglieren, Einrad fahren, auf dem Seil tanzen und euch dabei noch nachhaltig für die Natur und Umwelt einsetzen? Dann solltet ihr zu den Rotznasen gehen! In den Aufführungen der **Zirkusschule** dreht sich nämlich alles um Themen wie Klima, Wald, Atomkraft und vieles mehr, je nachdem, was euch interessiert und beschäftigt. Dabei kommt aber natürlich auch der Spaß nicht zu kurz. Je nach Alter geht ihr in einen der Kurse für 4- bis 6-Jährige (Rotzküken), für 6- bis 8-Jährige (Rotznäschen, Rotzlümmel oder Rotzlöffel), für 9- bis 13-Jährige (Rotznasen) oder für 13- bis 18-Jährige (Cirque Mixe). Aufgetreten wird im eigenen Zirkuszelt, aber auch bei Festivals oder Veranstaltungen. Einmal im Jahr geht es sogar auf Zirkustournee!

Switch – in vier Tagen um die Welt

Kulturbrücke Hamburg e.V., Papendamm 23, 20146 Hamburg. © 040/375173-73, www.switchdeutsch-land.de. **Altersempfehlung:** ab 8 Jahre. **Zeiten:** 4 Termine im Jahr: zu Beginn und Ende der Sommerferien, in den Herbst- und Winterferien, jeweils vier Tage. **Preise:** kostenlos.

▶ In Hamburg wohnen Menschen aus 180 Nationen. Wie aber leben Familien aus Italien, der Türkei, Indonesien oder Russland? Das könnt ihr bei einer Weltreise in vier Tagen erfahren und erleben. An jedem Tag seid ihr bei einer Familie und somit in ihrem Land zu Gast. Immer in Gruppen von vier Kin-

@ Switch wird organisiert von der Kulturbrücke Hamburg: www.kulturbruecke-hamburg.de.

 Wer an den Switch-Reisen nicht teilnehmen kann, hat vielleicht Spaß an **Switch Kids Art:** Ihr begleitet mehrere Hamburger Künstler und Künstlerinnen.

dern besucht ihr euch gegenseitig. Ihr erfahrt, wie man in dem Herkunftsland des jeweiligen Kindes „Guten Tag" sagt, was man gern isst, wie man in dem Land musiziert oder tanzt und vieles mehr. Ihr entdeckt eine neue Kultur und stellt eure eigene Kultur vor. Mitmachen könnt ihr, wenn ihr zwischen 8 und 14 Jahre alt seid.

Ludothek: Gemeinsam spielen

Bramfelder Chaussee 189, 22179 HH-Bramfeld. ✆ 040/300608892, www.ludothek-hamburg.de. **HVV:** Bus 8, 17, 26, 37, 118, 173, 617 bis Steilshooper Allee. **Zeiten:** Di 16 – 19, Fr 14 – 17, Sa 9.30 – 14 Uhr. **Preise:** Ausleihe 0,50 € für kleine Spiele bis 3 € für große Spiele, Aufnahmegebühr 5 €.

▶ Ihr spielt gern Karten oder andere Gesellschaftsspiele? Ihr wollt Mitspieler finden und neue Spiele kennen lernen? Dann geht doch in die Ludothek. Zu den Öffnungszeiten könnt ihr dort mit alten oder neuen Freunden würfeln, rätseln und natürlich Spaß haben. Es ist auch möglich, die Spiele auszuleihen.

Foto, Film & Bücher

Selfies im Museum of Popcorn

Überseeboulevard 5, 20457 HH-HafenCity. ✆ 040/300619361, www.museumofpopcorn.de. **HVV:** U4 bis Überseequartier. **Zeiten:** Mi – Sa 11 – 21, So 10 – 19 Uhr. **Preise:** 29 €; Kinder 7 – 17 Jahre 19 €; Familien (2 Erw, 2 Kinder) 64 €, 4 für 3 87 €.

▶ Ein Museum für Popcorn? Weit gefehlt! Das Museum of Popcorn ist ein *Selfie- und Content-Museum,* in dem ihr selbst zum Kunstobjekt werdet. Auf 800 qm findet ihr 23 Themenräume, in denen ihr euch gegenseitig fotografieren oder filmen könnt. Ob im pinken Bällebad, im Dunkelraum, im Ventilatorschacht oder vor einem riesigen Mond – hier

MEDIEN-WELTEN

KREUZ & QUER & KREATIV

könnt ihr eurer Kreativität freien Lauf lassen. Die Sets werden übrigens immer mal ausgetauscht oder jahreszeitlich angepasst. Ob ihr eure Fotos später in den sozialen Netzwerken postet oder ins Familienalbum klebt, bleibt euch überlassen. Im Übrigen gibt's dort trotzdem **Popcorn** und zwar mehr als sechs verschiedene Sorten aus einer Hamburger Manufaktur, wie z.B. Salzkaramell oder weiße Schokolade und Himbeere.

Popartig: In den bunten Kulissen und auf dem übergroßen Stuhl dürft ihr euch fotografieren und filmen
© Wim Jansen

Kinderbibliothek Hamburg (Kibi)

Hühnerposten 1 – in der Zentralbibliothek, 20097 Hamburg. ℂ 040/426060, www.buecherhallen.de.
Lage: 5 Min vom Hbf. **Barrierefrei:** ja. **HVV:** S1 – 3, 11, 21, 31, U1 – 4 bis Hbf und U1 bis Steinstraße, Bus 3, – 6, 31, 34 – 37, 109 bis Hbf-Mönckebergstraße, Bus 3, 34, 112, 124, 120 bis U Steinstraße. **Zeiten:** Mo – Fr 9 – 19 Uhr, Sa 10 – 19 Uhr, So 13 – 18 Uhr.

▶ Bücher, Comics, Hörbücher, Filme oder Spiele: Insgesamt gibt es rund 65.000 Medien in 40 Sprachen! Hier in der Kinderbibliothek könnt ihr nach Herzenslust stöbern, lesen und spielen. Wer zum ersten Mal kommt, lernt die Kibi über den Forscherweg kennen. Er führt euch zum Traumhaus, in dem es immer mal wieder Bilderbuchkino gibt, und zum Marktplatz, auf dem ihr euch für Veranstaltungen trefft. Im Goldfischbecken nebenan können kleine Geschwister hopsen, krabbeln und mit den Eltern Bücher anschauen. In den Ferien bietet die Kibi zudem Workshops für Kinder an, von Handlettering bis hin zu Robotik.

?! *Die Kibi in der Zentralbibliothek ist die größte der Kinderbibliotheken in Hamburg. Aber jede der 32 Bücherhallen in Hamburgs Stadtteilen hat eine gut ausgestattete Kinderabteilung, organisiert kostenlose Lesungen und Spielenachmittage.*

Kinderkino im Abaton

Allendeplatz 3, 20146 HH-Rotherbaum. ✆ 040/41320-320 (Kasse), www.abaton.de. **Lage:** Ecke Grindelhof. **HVV:** S11, 21, 31 bis Dammtor, Bus 4, 5 bis Grindelhof. **Auto:** Grindelallee, Parkplätze an der Talmud-Tora-Schule (Binderstraße 34). **Zeiten:** meist 15 Uhr, teils auch So 13 Uhr. **Preise:** pro Person 5,50 €.

▶ Täglich wird im Abaton ein Kinderfilm gezeigt, und das ganz ohne Werbung. Wenn der Vorhang sich öffnet, seht ihr so tolle Filme wie „Die Olchis", „Hilfe, ich habe meine Freunde geschrumpft" oder „Ostwind". Ende September zeigt das Abaton Filme des **Kinderfilmfestes „Michel".**

K Beim **Kinderfilmfest Michel** werden Im Herbst 5 Tage lang Filme aus aller Welt für Kinder 4 – 16 Jahre gezeigt, www.filmfest-hamburg.de/michel.

Märchenforum Hamburg

Margarete Johanna Schilling, Husumer Straße 12, 20251 Hamburg. ✆ 040/478895 (Margarete Johanna Schilling), ✆ 0173/7328537 (Gabriele Zeitler). www.maerchenforum-hamburg.de. **Zeiten:** Termine auf der Webseite. **Preise:** Eintritt ab 5 €.

▶ Liebt ihr die Geschichten von Dornröschen, Rapunzel oder der Schneekönigin? Die Erzähler des Märchenforums sind das ganze Jahr über in Hamburg unterwegs und lesen sie euch vor: Märchen der Gebrüder Grimm und solche von Hans Christian Andersen, Volksmärchen aus aller Welt, alte und neue Märchen. So wird die Tradition mündlicher Erzählung fortgeführt. Gelesen wird in Museen, Kirchen, Bürgerhäusern oder auch im Wald oder Park. Die Märchenerzählerinnen können auch für private Veranstaltungen gebucht werden.

Vom Herbst bis zum Frühling erzählt euch jemand vom Märchenforum in der Kate des Altonaer Museums So um 12 Uhr ein Märchen!

HABA Digitalwerkstatt

Eppendorfer Weg 279, 20251 HH-Eppendorf. ✆ 0151/65474095. www.digitalwerkstatt.de. **Altersempfehlung:** ab 6 Jahre. **HVV:** Bus 114 bis Haynstraße, dann 5 Min zu Fuß. **Zeiten:** Workshops am Nachmittag, Wochenende, Ferienaktionen. **Preise:** Workshops, Aktionstage oder fortlaufende Kurse 39 – 99 €.

So geht das also: In der Digitalwerkstatt werdet ihr zu Regisseurinnen
© Alex Schelbert

♪ Mit deinen Freunden Roboter bauen, ein Spiel programmieren, einen Stop-Motion-Film drehen oder zusammen eine neue Minecraft-Welt gestalten, das kannst du auf einer Geburtstagsfeier in der HABA Digitalwerkstatt. 3 Std, Preis nach Anfrage.

▶ Worauf hast du Lust? Roboter bauen und mit anderen Rennen fahren? Einen eigenen Song am Tablet aufnehmen und ihn dann präsentieren? Oder am Computer einen eigenen Comic zusammenbasteln? Einen Stop-Motion-Film drehen, mit Lego, Playmobil oder sogar Schauspielern, ihn vertonen und anschließend mit anderen zusammen eine Filmvorführung machen? Ein neues Spiel mit Scratch programmieren und es dann mit anderen spielen? Oder gemeinsam in der Gruppe eine neue große Minecraft-Welt erstellen? In der HABA **Digitalwerkstatt** lernst du bauen, tüfteln, programmieren und kannst am Computer kreativ werden. Mit anderen Kindern zusammen macht das viel Spaß! Und bei Problemen helfen dir die Trainer weiter.

Kinderkino des Kinderfilmrings

In Kooperation mit dem Jugendinformationszentrum Hamburg (JIZ), Dammtorstraße 14, 20534 Hamburg. ✆ 040/428234827, www.kinderfilmring.net. **Preise:** Eintritt frei.

▶ An insgesamt 20 Spielorten in vielen Stadtteilen Hamburgs wird das Kinderkino des Kinderfilmrings angeboten. In Zusammenarbeit mit dem Jugendinformationszentrum (JIZ) bringen die Einrichtungen Filme für euch auf die Leinwand. So könnt ihr zusammen mit Gleichaltrigen bekannte Filme sehen, aber auch unbekannte, die in den großen Kinos gar nicht gezeigt werden.

Filme machen lernen!

Jugendfilm e.V., Am Felde 28, 22765 HH-Altona.
℡ 040/393479, www.jugendfilm-ev.de. **Lage:** Kurse in
der Kurt-Tucholsky-Schule, Eckernförder Straße 70
(Altona). **HVV:** Bus 115, 183 bis Augustenburger Straße.
Zeiten: Ferien HH und nach Absprache. **Preise:** Kinder
ab 10 Jahre 100 €; 50 € für Vereinsmitglieder, 80 € mit
Ferienpass, Vereinsmitgliedschaft 20 € pro Jahr.

▶ Einen eigenen Film dreht ihr in einem der Workshops von Jugendfilm e.V. Echte Profis entwickeln
mit euch eine Idee, zeigen, wie die Videotechnik
funktioniert, und geben Tipps für die, die vor der Kamera stehen. Das gesamte Equipment wird euch gestellt. Im kreativen Team entsteht so schließlich euer
Film! Wer mitmachen will, sollte mindestens 10 Jahre alt sein. Die Filme von Jugendfilm e.V. haben übrigens schon einige Preise und Auszeichnungen erhalten.

Kinder-Uni

Claussen-Simon-Stiftung, Große Elbstraße 145f,
22767 Hamburg. ℡ 040/42838-7822, www.kinderuni-
hamburg.de. **Lage:** Veranstaltungsort: Audimax der Universität, Von-Melle-Park 4, 20146 Hamburg. **HVV:** S11,
21, 31 bis Dammtor. **Zeiten:** Okt – Nov Mo 17 Uhr,
Abschlussveranstaltung So. **Preise:** kostenlos, Anmeldung nicht erforderlich.

▶ Warum können Eulen im Dunkeln sehen? Wie
lange lebt ein Stern? Und wie überführt man Ver-
brecher? Kinder zwischen 8 und 12 Jahre kommen
in der Kinder-Uni spannenden Fragen auf die Spur.
Wie richtige Studenten geht ihr in die Vorlesung im
großen Hörsaal, dem **Audimax.** Neugierige Eltern
dürfen die Vorlesung per Videoübertragung in einem anderen Hörsaal verfolgen. Ihr bekommt sogar
einen eigenen Studentenausweis. Wer mindestens
vier Stempel darin sammelt, darf kostenlos zur Abschlussveranstaltung, einer tollen **Wissenschafts-
Show,** ansonsten zahlt ihr 6,50 €.

RAUS AUS
HAMBURG

WILDE WELTEN RUND UM HAMBURG

Nicht nur Hamburg selbst hat viel für Familien mit Kindern zu bieten, sondern auch die Region rund um die Stadt. Für ein besonderes Schwimmbad lohnt es sich genauso aufzubrechen wie für einen tollen Naturausflug. Beobachtet Basstölpel auf Helgoland, streichelt Ziegen oder beobachtet Rehe im Wildpark Schwarze Berge. Ihr könnt mit der historischen Eisenbahn fahren und in Bad Segeberg ins Freilichttheater gehen. Wer weiß, vielleicht begegnet ihr sogar Ulf, dem treuen Begleiter von Kirsten …

Auf dem Klippenrandweg: Ulf hat es auf Helgoland gut gefallen
© Kirsten Wagner

IM & AM WASSER MIT SAM

 Minigolf, Werftstraße, Geesthacht. ✆ 0173/4655270. www.elbe-eis.de. April – Okt Mo – Fr 12 – 19, Sa, So 11 – 20 Uhr. 4,50 €, Kinder 4 €. Hier gibt es auch selbstgemachtes Eis.

Frei- und Strandbäder

Freibad mit Abenteuerfelsen

Freizeitbad Geesthacht, Elbuferstraße 1, 21502 Geesthacht. ✆ 04152/3100, www.freizeitbad-geesthacht.de. **HVV:** S2, 21 bis Bergedorf, Bus 12 bis Geesthacht ZOB, Bus 539, 8800, 8896 bis Freibad. **Auto:** A25 Richtung Geesthacht, B404, Ausfahrt Richtung Geesthacht/Altengamme, links Am Schleusenkanal, rechts Steinstraße. **Zeiten:** Mai – Sep Mo 10 – 20, Di – Fr 6.30 – 20, Sa, So 7 – 20 Uhr. **Preise:** 1. und 2. Stunde je 1,50 €, 3. Stunde 2 €; Kinder ab 6 Jahre je Stunde 1 €.

▶ Schwimmen und dabei Schiffe beobachten? Das geht im Freibad von Geesthacht, weil es direkt an der Elbe liegt. Zwei 50 m lange Becken laden im Sommer zum Baden, Tauchen und Springen ein. Zum Schwimmerbecken gehört eine Sprunganlage, an der ihr aus 1, 3 und 5 m Höhe eintauchen könnt. In das eine Ende des Nichtschwimmerbeckens mündet die 65 m lange Wasserrutsche, am anderen Ende erwartet euch der Abenteuerfelsen. Dazu kommt eine Freefall- und Breitwellenrutsche. Und an Land?

Da könnt ihr kickern, in der Sandkiste buddeln, Volleyball, Tischtennis oder Riesenschach spielen.

Arriba Strandbad im Stadtpark Norderstedt

Stormarnstraße 55, 22844 Norderstedt. ℘ 040/521984-72, www.arriba-strandbad.de. **HVV:** U1 bis Norderstedt-Mitte, Bus 293, 393 bis Stadtpark. **Auto:** B432, links Langenhorner Chaussee, links Stormannstraße, Parkplätze am Haupteingang am Kulturwerk am See. **Zeiten:** Mai – Sep Mo – Fr 12 – 20, Sa, So 9 – 20 Uhr. **Preise:** 3,50 €; Kinder 2,50 €.

▶ Zur Landesgartenschau 2011 eröffnet, ist das Strandbad im Stadtpark von Norderstedt nun jeden Sommer ein Ziel für alle, die das Baden im See und das Buddeln im Sand lieben. 4000 qm stehen für den Burgenbau zur Verfügung. Im Wasser gibt es einen großen, abgeteilten Bereich für Nichtschwimmer.

Kein Badewetter? Dann wandert doch einmal um den See. Der „Seeloop" ist 2 km lang.

Rutschspaß im Arriba Norderstedt

Am Hallenbad 14, 22850 Norderstedt. ℘ 040/521984-0, www.arriba-erlebnisbad.de. **HVV:** U1 bis Garstedt, Bus 178, 393 bis Arriba. **Auto:** A7 Ausfahrt 23 HH-Schnelsen-Nord, B432 bis Norderstedt, links Ulzburger Straße, kostenlose Parkplätze. **Zeiten:** Mo – Do 11 – 22, Fr 11 – 23, Sa 9 – 23, So 9 – 22 Uhr, Sportbad und Kleinkinderbereich Mo – Fr ab 6.30 Uhr, Strandbad Juni – Aug 9 – 20 Uhr (nach Wetterlage), Fishpipe nur Mo – Fr 11.30, 13.30, 17.30 und 20.30, Sa, S0 11.30, 13.30, 15.30 und 18.30 Uhr. **Preise:** 3 Std 8,50 €, Zuschlag Sa, So 1 €; Kinder bis 15 Jahre 4,50 €, Zuschlag Sa, So 0,50 €; Familie (1 Erw, 3 Kinder) 16,50 €, Sa, So 18,50 €, (2 Erw, 3 Kinder) 20,50 €, Sa, So 23 €.

▶ 14 Becken warten im Arriba auf euch. Euer Favorit ist sicher das Wellenbecken mit dem Rutschenberg. Ein 124 m langer Wildwasserkanal gehört ebenso zum Bad wie eine Reifenrutsche (110 m), eine Turborutsche (46 m), eine Riesenrutsche (72 m) und zwei Familienrutschen (10 m). Extrakosten fal-

Schwimmschule Thieme, im Arriba, ℘ 04192/8759900. www.schwimmschule-thieme.de. Baby- und Kleinkinderschwimmen und Schwimmkurse ab 5 Jahre, auch Ferienkurse.

len für die Fishpipe an (1 Person 3 €, 2 Pers 5 €).
Nicht zu vergessen ist auch das Erlebnisbecken mit
Wasserfall, Steilwandrutsche, Wasserpilz und Hangelnetz. Im Außenbereich befinden sich ein weiteres
Erlebnisbecken und ein Solebad.

Aufs Piratenschiff in der Badebucht Wedel

Am Freibad 1, 22880 Wedel. ☎ 04103/9147-0,
www.badebucht.de. **HVV:** S1 bis Wedel. **Auto:** B431 bis
Wedel. **Zeiten:** Mi – Fr 6.30 – 20, Sa, So 10 – 20 Uhr.
Preise: Tageskarte 8,50 €, Sommertarif Mo – Fr 7,50 €;
Kinder 3 – 16 Jahre 5,50 €, Sommertarif Mo – Fr 4,50 €;
Familie 19 €.

Babyschwimmen
und Schwimm-
kurse für Kinder gehören
ebenso zum Angebot
der Badebucht wie die
Ausrichtung von Kinder-
geburtstagen.

▶ Eine 90 m lange Wasserrutsche mit Zeitmessung
und ein Piratenspielschiff sind die Attraktionen in
der Badebucht Wedel. Ihr könnt auch im Kinderbecken planschen, das Spielhaus erobern oder im
Sportbad aus 1 oder 3 m Höhe ins Wasser hüpfen.
Ganzjährig lädt das Außenbecken zum Schwimmen
unter freiem Himmel ein. Bei euren Eltern punktet
das Bad durch seine Lage in einer schönen Auenlandschaft. Die lässt sich durch die Panoramaglasscheibe betrachten und im Sommer vom Freibad
aus genießen. Wie ein gewundener Fluss fügt sich
das mit ungewöhnlicher Form in die Gestaltung ein.
In den Sommerferien werden dort Actionspiele und
Rallyes angeboten.

Schiffstouren

Mit der Uhu durchs Schiffshebewerk

Reederei Helle, Elbstraße 117, 21481 Lauenburg.
☎ 04153/5928-48, ☎ 0171/9945396. www.reederei-
helle.de. **Anleger:** Scharnebeck, Unterhafen. **HVV:** Bahn
bis Lüneburg, Bus 5110 ab ZOB bis Schulzentrum
Scharnebeck, 900 m zu Fuß. **Auto:** A1 bis Maschener
Kreuz, A 39 Richtung Lüneburg, weiter auf B4, Erbstor-

fer Landstraße bis Schiffshebewerk. **Zeiten:** Mai – Anfang Okt Di, Do, Sa, So 15 Uhr, Sa, So auch 11 Uhr. **Preise:** 9 €; Kinder 6 – 12 Jahre 5,50 €.

▶ **Uhu II** heißt die ehemalige Hafenbarkasse, mit der ihr durch das ↗ **Schiffshebewerk Scharnebeck** schippern könnt. Nach der Einfahrt in den Trog werdet ihr 38 m in die Höhe befördert – in nur 3 Minuten. Oben angekommen habt ihr einen wunderbaren Blick in die Elbtalaue. Die Fahrzeit beträgt insgesamt etwa eine Stunde.

Die Reederei Helle ist in Lauenburg ansässig und bietet auch von dort Fahrten zum Schiffshebewerk an.

Tidenkieker-Fahrten

Verein zur Förderung von Naturerlebnissen e.V., Am Sande 2, 21682 Stade. ✆ 04141/126770, www.verein-naturerlebnisse.de. **Anleger:** Die Tiedenkieker Tour startet am Schiffsanleger Krautsand, der ca. 1,5 Std hinter Stade an der Elbe liegt. Bitte kontrolliert noch mal die Abfahrts- und Umsteigezeiten, wenn ihr mit den öffentlichen Verkehrsmitteln hinfahrt. **Länge:** 3 Std. **HVV:** S3 bis Stade, dann Bus 2026 bis Drochtersen Schule (Kehre), dann Bus 2073 bis Krautsand, Fünfhausen. Danach ca. 500 m die Straße entlang, am Campingplatz vorbei, dann rechts zum Schiffsanleger Krautsand. **Auto:** A1 Ausfahrt 44, auf B3 und B73 Richtung Stade an Buxtehude vorbei, auf A26 Ausfahrt Stade-Ost Richtung Drochtersen, rechts auf Buxtehuder Straße, dann weiter auf Obstmarschenweg, durch Drochtersen Richtung Krautsand, dann rechts zum Anleger abbiegen. **Zeiten:** Apr – Okt. **Preise:** 17 €; Kinder 4 – 16 Jahre 11 €. **Infos & Buchung:** Stade Tourismus GmbH, Hansestraße 16, 21682 Stade, ✆ 04141/ 7769811.

▶ Ebbe und Flut – auch **Tide** genannt – haben bei der Elbe und ihren Nebenflüssen eine einzigartige Landschaft geschaffen, mit Inseln und Sandbänken, die wie Atlantis nur manchmal aus dem Wasser emporsteigen, aber auch wieder verschwinden können. Die Tiere, die hier leben, haben lernen müssen, sich an diese Umgebung anzupassen. Auf den Tiedenkieker-Fahrten könnt ihr mit einem speziellen Flach-

Spaß gehabt? Für die, die ein wenig weiter fahren möchten, bietet der Verein auch Moorkieker- und Vogelkieker-Fahrten an. Erwachsene 9 bzw. 10 €, Kinder 4 €.

bodenschiff diese Inselwelt kennen lernen. Angeboten werden verschiedene Touren: Waterkant, Inselwelten und Schilfparadiese. In den Sommerferien werden auch spezielle Touren nur für Kinder angeboten. Vergesst euer Fernglas nicht!

Mit dem Katamaran nach Helgoland

FRS Helgoline, Norderhofenden 19 – 20, 24937 Flensburg. ✆ 0461/86444, www.frs-helgoline.de. **Anleger:** Landungsbrücken. **HVV:** U3, S1, 3 bis Landungsbrücken. **Zeiten:** Mai – Okt täglich ab 9 Uhr. **Preise:** Tagesticket ab 76,10 €; Kinder 4 – 14 Jahre ab 38,10 €; Familien (2 Erw, 2 Kinder) ab 184,60 €.

▶ Direkt von Hamburg könnt ihr nach Helgoland starten – und das auch noch auf einem Katamaran. Der Halunder Jet wurde sogar extra für die Fahrten nach Helgoland gebaut. An den Landungsbrücken geht es los, die ganze Elbe hinunter. Was es da alles zu sehen gibt! Und wenn das Schiff aus Hamburg heraus ist, schaltet es den Turbo an – hui! Ihr steuert noch Cuxhaven an, dann geht es hinaus auf die Nordsee. Und dann ist auch schon bald die einzige **Hochseeinsel** Deutschlands erreicht. Keine andere deutsche Insel liegt so weit draußen im Meer. Der Katamaran fährt direkt in den Hafen, ein Ausbooten gibt es hier nicht. Ein **Rundwanderweg** führt euch über die Insel. Dabei kommt ihr an den hübschen bunten Hummerbuden vorbei, den früheren Schuppen und Werkstätten der Fischer. Heute könnt ihr dort leckere Fischbrötchen kaufen oder „Knieper", die Scheren eines Taschenkrebses. Das ist eine helgoländische Spezialität. Wandert dann über den

FRS Helgoline: Mit dem Katamaran geht es flugs nach Helgoland
© Kirsten Wagner

Invasorenpfad hinauf aufs Oberland und zu den beiden berühmten Felsen. Auf dem **Lummenfelsen** brüten unzählige Seevögel. Vor allem sind es Basstölpel, die man hier sieht, aber mit etwas Glück findet ihr auch ein paar der schwarz-weißen Trottellummen, die dem Felsen den Namen gaben. In Deutschland brüten beide Vogelarten nur hier. 200 m weiter erreicht ihr die **Lange Anna.** Vor der Küste ragt der 47 m hohe Felsen aus Buntsandstein in die Höhe. Er ist das Wahrzeichen von Helgoland. Auf dem Rückweg erreicht ihr wieder den Ort und gelangt über eine Treppe oder einen Fahrstuhl wieder ins Unterland.

Helgoland hat eine bewegte **Geschichte.** Ab 1714 gehörte die Insel zu Dänemark, 1807 wird sie britisch. 1890 tauschten die Briten Helgoland gegen deutsche Kolonialgebiete in Afrika. Im Ersten Weltkrieg diente die Insel als Seefestung und alle Bewohner mussten ihre Heimat verlassen. Auch im Zweiten Weltkrieg war Helgoland wieder ein Stützpunkt der Marine. Tief in die Felsen hinein wurden Bunkeranlagen gebaut. Bei Bombenangriffen wurde die Insel stark zerstört. 1947 sprengten die Briten die Militäranlagen, was weitere Zerstörungen hinterließ. Bis 1952 besetzten die Briten die Insel, dann wurde sie wieder deutsch und die Bewohner kehrten zurück.

 Das Emma James, Siemens-Terrasse 146, Helgoland. ✆ 04725/8006648. www.das-emma-james.de. 11 – 17 Uhr, Di Ruhetag. Café und Schokoladengeschäft.

RAUS AUS HAMBURG

NATUR & UMWELT MIT KARLOTTA

Erlebniswanderungen

Auf dem Märchenwanderweg

Lohof 1, 21266 Jesteburg. ℰ 04183/5363 (Tourist-Info), www.vv-jesteburg.de. **Länge:** 3,2 km. **Start:** Lohof, Wegmarkierung Zerbrochener Zauberstab. **Kinderwagen geeignet:** ja. **HVV:** Bus 4148 bis Lohof. **Auto:** L213 zwischen Bendestorf und Jesteburg, Parkplatz in Lohof ausgeschildert.

▶ Mitten im Wald steht ein Einhorn! Wollt ihr es suchen? Dann begebt euch auf den Märchenwanderweg im **Klecker Wald.** 15 Stationen leiten euch durch das Märchen vom Trickser. Dazu kommen noch fünf Kletterstationen. Die Vorgeschichte: Der Trickser hat den Zauberstab eines Dorfes zerstört. Nun streiten sich die Elfen, Kobolde und Zwerge nur noch. Die drei Freunde Pinki, Zipfel und Keril machen sich auf den Weg, um wieder Frieden herzustellen. Dabei begleitet ihr sie. Zunächst geht es zur weisen Schlange, die den Rat gibt, sieben Zutaten für einen neuen Zauberstab zu finden. Auf geht's! Ihr trefft nicht nur auf fliegende Tannenzapfen, das Eichhörnchen Coco und die Wassernymphen, sondern habt an mehreren Stationen auch die Möglichkeit zu balancieren und zu klettern.

Das Märchenbuch zum Wanderweg, Zauberstäbe und Märchentassen gibt es im ↗ **Hofcafé** direkt am Weg und in der Touristinformation Jesteburg zu kaufen.

Hofcafé im Lohofer Speicher, Jesteburg. ℰ 04183/7748975. Do, Fr ab 13, Sa, So ab 11.30 Uhr.

Das Himmelmoor

Himmelmoorchaussee 63, 25451 Quickborn. **Länge:** 6 km. **Start:** am Torfwerk. **Kinderwagen geeignet:** ja. **HVV:** Bhf Quickborn, 3 km Fußweg. **Auto:** A23 Ausfahrt 16 Pinneberg-Nord, Quickborner Straße, Pinneberger Straße, Dorfstraße, Schulweg, Parkplatz am Torfwerk.

▶ Einst war es das größte **Hochmoor** Schleswig-Holsteins: das Himmelmoor bei Quickborn. Durch den Abbau von Torf seit 1780 wurde es nach und nach zerstört, allerdings begann man dann auch, es zu renaturieren. Der natürliche Zustand sollte also wiederhergestellt werden. Dafür vernässte man es zum Beispiel. Seit 2018 wird kein Torf mehr abgebaut.

Der **innere Moorweg** bringt euch federnden Schrittes durch diese wunderschöne Landschaft. Vom **Torfwerk** aus startet ihr und folgt dabei dem Moorlehrpfad. 17 Erlebnisstationen zum Rätseln, Balancieren oder Lauschen bringen euch das Moor näher. Mal geht es über Bohlen, mal durch einen Birkenwald. Die vier **Aussichtsplattformen** solltet ihr auch erklimmen, der Ausblick ist immer anders und immer herrlich. Könnt ihr Vögel entdecken? Haltet auch Ausschau nach Wollgras und Sonnentau. Wer besonders ausdauernd ist, kann auch den **äußeren Moorweg** nehmen (14 km). Schön ist auch eine Fahrt mit der **Torfbahn**, die mehrmals im Jahr über die Schienen tuckert.

Hingetupft: Wie Wattebäusche sehen die Blüten des Wollgrases aus
© Lisa Pemmann

🚂 **Torfbahn Himmelmoor,** Himmelmoorchaussee 61, Quickborn. www.torfbahn-himmelmoor.de. Nach Fahrplan. 5 €, Kinder 6 – 16 Jahre 3 €.

pmv **Öko-Tipp!**
Unterwegs im Tister Bauernmoor
Hauptstraße 70, 27419 Tiste. www.tister-bauernmoor.de. **Lage:** Zugang zum Moor am Ortsausgang Tiste an der Straße Sittensen – Tostedt, beim Bahnhof der Moorbahn. **Länge:** Hin- und Rückweg 3,2 km. **Kinderwagen geeignet:** ja. **HVV:** Zug bis Tostedt, weiter mit Bus 3860 Richtung Zeven bis Tiste, Abzw. Burgsittensen, von dort 10 Min Fußweg. **Auto:** A1 Ausfahrt 47 Sittensen, über Tiste Richtung Tostedt. **Zeiten:** Moorbahn März – Okt Sa, So 13.30, April – Okt auch 15.30

MOORE

Moore sind nicht nur in der Lage, große Mengen CO_2 zu speichern, sondern bieten seltenen Arten ein Zuhause, so dem Wollgras, dem Sonnentau oder der Smaragdlibelle. Zum Erhalt der Moore kauft bitte nur torffreie Blumen- und Gartenerde. Moorschutz ist Klimaschutz.

▶ **Hochmoore** speisen sich aus Regenwasser. Sie sind nährstoffarm. Es bildet sich Torf, wodurch das Moor in die Höhe wächst. Durch die Nährstoffarmut leben hier nur spezielle und meist seltene Tiere und Pflanzen. Hochmoore sind stark gefährdet durch Torfabbau.

▶ **Niedermoore** sind hingegen nährstoffreich und speisen sich aus Bodenwasser, also z.B. aus Flüssen oder Quellen.

Wer nicht gut zu Fuß ist oder einen Rollstuhl benötigt, kann auch mit der Moorbahn fahren – mit Rollstuhl bitte anmelden.

Café im Haus der Natur, Hauptstraße 70, Tiste. ✆ 04282/ 911511. www.moor-bahn.de. Café Mi – So ab 9.30 Uhr. Kuchen, Torten, Flammkuchen.

Uhr, im Oktober zusätzliche Kranichfahrten. **Preise:** Zugang Moor kostenfrei, Moorbahn 6 €; Kinder 6 – 14 Jahre 3 €.

▶ Wollt ihr Moor erleben? Dann macht euch auf ins Tister Bauernmoor. Es bietet nicht nur besonders schöne und spektakuläre Landschaften, sondern ist auch äußerst kinderfreundlich. Am schönsten ist es, wenn ihr direkt durch das Moor lauft. Ein breiter Weg mit Rindenmulch führt bis zu einer Aussichts-plattform (barrierefrei) und zu einem Aussichts-turm. Von diesem Weg zweigen aber Wege direkt ins Moor ab, wo ihr dann über schmale Pfade oder Boh-len lauft. Wegweiser machen auf diesen Heideweg und **Schwingrasenweg** aufmerksam. Sie verlaufen parallel zu dem breiten Weg, auf den ihr immer wie-der kommt. Spürt ihr, wie der Boden federt? Legt euch in die Hängematte und lauscht! Hört ihr den Seeadler oder die Kranichfamilie? Am Wegesrand findet ihr überall Hinweise zu den Pflanzen, die hier wachsen, und kleine Spiele. Ihr könnt sogar Vogel-stimmen zum Erklingen bringen. Traut ihr euch über den Schwingrasensteg? Am **Aussichtsturm** könnt ihr über die weiten Wasserflächen schauen – beeindruckend und wunderschön! Im Herbst rasten hier Tausende Kraniche. Tagsüber suchen sie Futter auf den Feldern, in der Dämmerung kehren sie im Moor ein, um hier geschützt vor Feinden zu schlafen. Danke an Lisa für diesen tollen Tipp!

Rätselspiel: Findet ihr die versteckten Vögel im Tister Bauernmoor?
© Kirsten Wagner

Zu den Fledermäusen im Kalkberg

Noctalis Welt der Fledermäuse, Oberbergstraße 27, 23795 Bad Segeberg. ℂ 04551/80820, www.noctalis.de. **Lage:** Am Kalkberg. **HVV:** Bahn über Bad Oldesloe nach Bad Segeberg, 700 m Fußweg. **Auto:** A1 Ausfahrt 19 Bargteheide, A 21 Ausfahrt 12 Bad Segeberg Nord, weiter über B206, Bahnhofstraße, Oldesloer Straße, Parkplätze ausgeschildert. **Zeiten:** Di – Fr, So 10 – 18 Uhr, Höhle nur Mai – Sep, Touren alle 30 Min. **Preise:** Noctalis 9 €, Kalkberghöhle 9 €; Kinder 4 – 14 Jahre je 7 €.

▶ Habt ihr in der Dämmerung schon mal eine Fledermaus fliegen sehen? Sie sind so schnell, dass man eigentlich nur einen Schatten wahrnimmt. In Bad Segeberg könnt ihr nicht nur alles über die fliegenden Säugetiere erfahren, sondern sie auch einmal aus der Nähe betrachten.

In der Höhle im **Kalkberg**, der sich mitten in der Stadt erhebt, haben etwa 30.000 von ihnen ihr Winterquartier, und das in sieben Arten. Da lag es nahe, gleich nebenan ein Fledermaus-Zentrum zu eröffnen. Dort könnt ihr die nachtaktiven Tiere nicht nur ganz aus der Nähe beobachten, sondern auch alles über sie und ihre Lebensweise erfahren. Ihr wandert

☐ Nehmt eine Taschenlampe mit – die könnt ihr sowohl im Noctalis als auch in der Kalkberghöhle gut gebrauchen! Da in der Höhle ganzjährig 10 Grad herrschen, zieht am besten eine Jacke an!

wie durch eine dunkle Höhle, kommt durch einen Nachtwald und könnt an vielen Stationen selbst aktiv werden. Ihr lernt außerdem Foxi Flatterinchen kennen, einen indischen Flughund, und könnt im Noctarium viele weitere Fledermäuse beobachten. Anschließend solltet ihr noch die Kalkberghöhle besuchen. Es handelt sich um eine Gipshöhle. Haltet während der Führung Ausschau nach den Fledermäusen, vielleicht findet ihr eine in einer der Felsspalten. Wer noch Energie hat, erklimmt hinterher noch den Kalkberg selbst und wird mit einer tollen Aussicht belohnt.

♫ Öko-Tipp!
ErlebnisWald Trappenkamp

Tannenhof, 24635 Daldorf, ℅ 04328/170480, www.erlebniswald-trappenkamp.de. **HVV:** Bahn bis Rickling, dann Bus 7922 bis Daldorf, Fußweg 2 km. **Auto:** A1 Ausfahrt 19 Bargteheide, A21 Ausfahrt 9 Trappenkamp. **Zeiten:** täglich 10 – 16 Uhr, Gelände bis 20 Uhr. **Preise:** Gelände 8 €, Nov – Feb 6 €; Kinder 1 – 15 Jahre 5 €, Nov – Feb 4 €; Familien 21 €, Nov – Feb 16 €.

▶ Waldbaden liegt im Trend. Wie erholsam der Aufenthalt zwischen Bäumen ist, lässt sich wunderbar im Erlebniswald Trappenkamp erfahren. Dort hat man nämlich zahlreiche Angebote geschaffen, den Wald und die Natur kennen zu lernen. Freut euch auf die **WaldWasserWelt**, den **WichtelWald**, den **Schmetterlingsgarten** und das **Western-Fort**.

♫ Der Kindergeburtstag im Erlebniswald kostet 50 € zzgl. Eintritt. Ihr könnt auf Schatzsuche gehen, Ronjas Räuberwald erkunden oder zu Waldentdeckern werden.

So nah! Die Wildschweine sind eine der Attraktionen im Erlebniswald
© Stefan Polte

Zahlreiche **Grill- und Picknickplätze** laden zum gemeinsamen Speisen ein. Zwischen März und Oktober könnt ihr außerdem täglich um 11 und 15 Uhr in der **Arena der Adler** die Greifvögel fliegen sehen und um 14 Uhr bei der **Wildschweinfütterung** zuschauen – im begehbaren Gehege. Durch das könnt ihr am Wochenende auch mit der **Kutsche** fahren (25 Min, 4 € pro Person).

Schnucken streicheln in Schneverdingen

29640 Schneverdingen. www.naturpark-lueneburger-heide.de. **HVV:** Bahn über Buchholz nach Wintermoor, Bus H1 bis Höpen Mitte. **Auto:** Parkplatz am Heide-Kiosk. **Rad:** Nähe Leine-Heide-Radweg und Wümme-Radweg. **Zeiten:** Ostern – Okt Austrieb täglich 10.30 Uhr, Eintrieb gegen 17 Uhr. **Preise:** Eintritt frei.

▶ Am unteren Schafstall im Höpen in Schneverdingen zieht die **Heidschnuckenherde** von Ostern bis Herbst los, um die Heide abzuknabbern. Ihr könnt beim Austrieb oder am späten Nachmittag beim Eintrieb dabei sein. Natürlich lässt sich dann auch eine Heidschnucke streicheln und ihr könnt den Schäfer etwas fragen, z.B. wie viele Schnucken zu seiner Herde gehören oder warum er immer einen Hund dabeihat.

Heide-Kiosk, An der L171, Schneverdingen. ℰ 05193/9821780. www.heidekiosk.de. April – Okt täglich 10 – 18 Uhr. Heidjer-Erbsensuppe, Buchweizentorte, Souvenirs wie Heidehonig und kleine Heidschnucken.

ρmν Öko-Tipp!
Walderlebnis Ehrhorn

Niedersächsische Landesforsten, Ehrhorn 1, 29640 Schneverdingen-Ehrhorn. ℰ 05198/9871-20, www.ehrhorn-heide.de. **HVV:** Ab Schneverdingen Bhf Bus HS1 bis Ehrhorn Abzw. Heimbuch, Saison auch Heide-Shuttle 1 ab Schneverdingen oder Bispingen. **Auto:** A7 Ausfahrt 43 Bispingen, L211 über Behringen. **Rad:** Radweg von Niederhaverbeck oder Undeloh, Wümme-Radweg. **Zeiten:** Mai – Mitte Okt Sa, So 10 – 17 Uhr, Außengelände und Erlebnispfad frei zugänglich. **Preise:** Eintritt frei.

▶ Mitten im Wald liegt die alte Siedlung Ehrhorn. Hier lässt sich die heimische Natur wunderbar erforschen und entdecken. In einem der alten Bauernhäuser des Walderlebniszentrums dürft ihr Ehrhorner Geschichten lauschen und die Waldbewohner kennen lernen. Draußen findet ihr ein Insektendorf, einen Bienenzaun und ein **Formicarium**. In ihm lassen sich Ameisen beobachten. Hier sowie im Gebäude liegen Broschüren aus für den 3,5 km langen **Erlebnispfad**, dessen erste Station nur wenige Meter weiter beginnt. Schnappt euch eine der Broschüren und begleitet Wezi, den Ameisenlöwen, durch den Wald zu insgesamt 18 Stationen. An Station 2, den Dünen, könnt ihr einen kleinen Abstecher zum **Barfußpfad** und zur **Trojaburg** machen, einem *Steinlabyrinth*. Auf eurem weiteren Weg dürft ihr springen wie ein Marder, heben wie eine Ameise und Schweine im Wald suchen. Ihr seht große Ameisenhügel, besteigt eine Aussichtsplattform, klopft auf Holz und pirscht wie ein Jäger. Wer findet alle zehn Tiere?

pmv Öko-Tipp!
Autos verboten – Ausflug nach Wilsede

Heidemuseum Dat Ole Hus, Wilsede 10, 29646 Bispingen-Wilsede. ✆ 04175/8029-33, www.verein-naturschutzpark.de. **HVV:** Bahn bis Buchholz (Nordheide), dann Bus 4631 bis Osterdiecksfeld, Undeloh, Fußweg zur Kutsche 500 m. **Rad:** Leine-Heide-Radweg, Wümme-Radweg. **Zeiten:** Mai – Okt täglich 10 – 16 Uhr. **Preise:** 3 €; Kinder bis 16 Jahre frei.

▶ Wilsede ist ein ganz besonders bezauberndes Örtchen. Es liegt mitten im **Naturpark Lüneburger Heide** und ist nicht mit dem Auto zu erreichen (außer man wohnt dort). Es bleiben die eigenen Füße, das Fahrrad und die Kutsche! Mit dieser startet ihr am besten am Kutschenparkplatz in Undeloh. Angekommen findet ihr schnell das Heidemuseum mit dem Namen **Dat ole Huus**. Das ist Plattdeutsch und bedeutet „Das alte Haus". 1742 wurde der Hof in

Hanstedt erbaut und 1907 vom Gründer des Museums nach Wilsede versetzt. Drinnen erfahrt ihr seitdem, wie die Bauern früher in der Heide lebten. Das typische Hallenhaus zeigt den Aufbau des Gebäudes: Rechts und links der Diele lagen die Ställe für Kühe, Pferde und Hühner, denn Mensch und Tier lebten unter einem Dach. Im Flett, der Küche, wurde über dem offenen Feuer gekocht. Ganz schön verraucht muss das gewesen sein! Hinten liegt das Kammerfach mit den Wohnräumen, einer guten Stube und den Schlafzimmern. Wenn ihr die Treppe hinaufgeht, könnt ihr selbst einmal weben und ihr dürft verschiedene Wollarten anfassen. Zum Museum gehört aber nicht nur das Bauernhaus, sondern noch weitere Gebäude auf der gegenüberliegenden Straßenseite: ein Erdkeller, ein Treppenspeicher und ein Schafstall. Im Bauerngarten seht ihr, welche Blumen und Gemüsesorten man anbaute.

Nach einer Stärkung in der ↗ **Milchhalle** oder im Gasthaus ↗ **Zum Heidemuseum** könnt ihr euch noch auf dem Spielplatz austoben. Der Weg links vom Museumsladen bringt euch zum Kletterbaumstamm und zur Sandburg mit Rutsche und Tunnel. Wer noch Energie hat, besteigt den **Wilseder Berg** oder besucht den **Totengrund** (jeweils ca. 1 km). Trotz des eher gruseligen Namens, ist es hier wunderschön. Der Totengrund war 1906 der erste Landankauf von Pastor *Wilhelm Bode,* um den Bau einer Vielzahl von Wochenendhäusern für vermögende Hamburger zu verhindern. So wurde er zur Keimzelle des Naturparks. Der Name bedeutet wohl so viel wie toter Boden, also unfruchtbares Land, auf dem sich nicht viel anbauen lässt.

Barfußpark Egestorf

Ahornweg 9, 21272 Egestorf. ✆ 04175/1516, www.barfusspark-egestorf.de. **HVV:** Bus 4207 von Buchholz bis Dorfpark, Heide-Shuttle 2 und 3 (Mitte Juli – Mitte Okt). **Auto:** A7 Ausfahrt 41 Egestorf, Lübberstedter Straße, im

 Milchhalle, ✆ 04175/8029-32. Täglich 10 – 17 Uhr. Snacks und Kuchen. Selbstbedienung, Plätze auch im Garten.

 Zum Heidemuseum, Wilsede 9, Bispingen-Wilsede. ✆ 04175/217. www.zum-heide-museum.eu. April – Okt täglich ab 8 Uhr bis zur Dämmerung, bei Regen eingeschränkt. Leckerer Kuchen. Großer Garten.

 Handtuch nicht vergessen!

Zu zweit ist es noch lustiger: Barfuß durchs Wasser!
© Barfußpark Egestorf

Ort rechts Schätzendorfer Straße, am Ortsausgang links. **Zeiten:** Mitte Mai – Ende Sep täglich Einlass 9 – 18 Uhr, geöffnet bis 20 Uhr. **Preise:** 7,50 €; Kinder 4 – 15 Jahre 5,50 €; Familien (2 Erw, 2 Kinder) 21 €. **Infos:** Schließfächer für Schuhe vorhanden.

▶ Im Barfußpark in Egestorf feiern eure Füße ein Fest. Zieht Schuhe und Socken aus und los geht's! Spürt genau, was sich da unter euch befindet. Ihr lauft über Korken, Kiesel, Tannenzapfen und sogar kleine Glasscherben! Es geht auch durch Lehm, Matsch und Torf. Es gibt drei Rundwege, die euch über insgesamt 2,7 km durch einen Buchenwald, aber auch über eine Wiese, durch Sand und einen Kiefern- und Fichtenforst führen. Doch damit nicht genug. Alle Sinne sind an den **Mitmachstationen** gefordert, die ihr überall am Wegesrand findet. Lauscht durch Hörrohre, tastet und riecht, balanciert und wippt, macht Musik am Xylofon, lasst einen Gong ertönen, spielt Windharfe, summt in einem Stein, bugsiert eine Kugel durchs Labyrinth und versetzt Pendel in Schwingung! Und wer traut sich auf die 45 m lange Hängeseilbrücke? Natürlich barfuß!

Naturium, Ahornweg 7, Egestorf. ✆ 04175 3739990. www.naturium.eu. Mitte Mai – Mitte Okt täglich 11 – 18 Uhr. Quiche, Kinderpasta, auch vegane Speisen.

Tierparks & Bauernhöfe

Wildpark Schwarze Berge

Am Wildpark 1, 21224 Rosengarten-Vahrendorf. ✆ 040/8197747-0, www.wildpark-schwarze-berge.de. **HVV:** S3 bis Harburg oder Neuwiedenthal, Bus 340 bis Eingang Wildpark. **Auto:** A7 Ausfahrt 34 HH-Marmstorf oder A261 Ausfahrt 3 Tötensen, Ausschilderung folgen. **Zeiten:** April – Okt 8 – 18 Uhr, Nov – März 9 – 16.30

Uhr. **Preise:** 11 €; Kinder 3 – 14 Jahre 9 €; Kombikarten mit ↗ Kiekebergmuseum 17 €, Kinder 9 €, Ausleihe Bollerwagen 4 €.

▶ Wisent, Wolf, Luchs, Braunbär und Elch sind Bewohner des Wildparks Schwarze Berge, die ihr bestimmt nicht verpassen wollt. Fuchs, Waschbär und so manch andere tierische Bewohner lassen sich besonders gut bei ihrer täglichen

So ein schönes Tier: Auch Wölfe leben im Wildpark

© Fotoschule Blende 2

Fütterung beobachten. Während der Flugschau erfahrt ihr Spannendes über Falke, Wüstenbussard und Seeadler. Nun aber noch ins Freigehege zum Damwild und zu den Ziegen im Streichelgehege. Ihr seht schon – ihr solltet Zeit mitbringen für euren Wildpark-Ausflug. Denn ihr wollt sicher noch die Aussicht über den Kiekeberg und den Hamburger Hafen vom inzwischen 45 m hohen **Elbblickturm** genießen. Bei Hunger und Durst wird es Zeit für einen Abstecher ins ↗ **Wildpark-Restaurant.** Gleich nebenan liegt der riesige **Abenteuerspielplatz.** Wusstet ihr, dass ihr für euren Kindergeburtstag oder den Familienausflug spannende Führungen oder eine Fahrt mit der Wildpark-Bahn buchen könnt? Merkt euch auch diese Termine: **Flugschau** täglich 12 und 15 Uhr, So auch 16.30 Uhr, Nov – Feb nur 14 Uhr. So 13 Uhr (März – Okt) Futtertour zum Wolf.

 Wildpark-Restaurant, Am Wildpark 1, Rosengarten. ☏ 040/8197747-40. www.wildpark-restaurant.de.

Unter Schmetterlingen

Alaris Schmetterlingspark, Zum Mühlenteich 2, 21244 Buchholz in der Nordheide-Seppensen. ☏ 04181/36481, www.alaris-schmetterlingspark.de. **HVV:** Bus 4103 bis Seppensen (Mitte), 200 m Fußweg. **Auto:** A1 Ausfahrt 42 Dibbersen, B75 über Buchholz.

?! *An sonnigen Tagen fliegen mehr Schmetterlinge als an trüben!*

Cafeteria, Zum Mühlenteich 2, Buchholz in der Nordheide-Seppensen. ✆ 04181/36481. www.alaris-schmetterlingspark.de. Geöffnet wie Schmetterlingspark, frei zugänglich. Mit Garten.

Rad: Leine-Heide-Radweg. **Zeiten:** April – Okt täglich 10 – 17 Uhr. **Preise:** 8 €; Kinder 3 – 17 Jahre 5 €.

▶ Viele bunte Schmetterlinge umflattern euch in Buchholz. In der Halle des Schmetterlingsparks leben über das Jahr verteilt mehr als 140 Arten zwischen den Grünpflanzen, die euch wie in den Tropen empfangen. Da seht ihr dann vielleicht Bananenfalter, leuchtende Passionsfalter, die Weiße Baumnymphe, den Monarchen oder den Glasflügler *Greta Oto* mit seinen durchsichtigen Flügeln. Sie landen auf den Blüten, an den bereitgestellten Futterplätzen und vielleicht auch auf euch! Der größte unter den Schmetterlingen ist übrigens der Atlasspinner, der eine Flügelspanne von 30 cm aufweist. Wenn er beide Flügel aufklappt, decken sie also locker ein A4-Blatt ab. Raupen und Puppen von ihm und vielen anderen seht ihr im Vorraum der Halle. Lauft also nicht achtlos an den Grünpflanzen vorbei, sondern guckt genau hin!

Garten der Schmetterlinge

Am Schlossteich 8, 21521 Aumühle-Friedrichsruh. ✆ 04104/6037, Handy 0172/4048626. www.gartenderschmetterlinge.de. **HVV:** S21 bis Aumühle, Bus 433 bis Bismarck-Museum, Fußweg 750 m. **Auto:** A24 Ausfahrt 4, Richtung Reinbek und Aumühle, Sachsenwaldstraße, links Am Mühlenteich, 1. rechts. **Zeiten:** April – Mitte Okt Mi – So 10 – 18 Uhr. **Preise:** 9,50 €; Kinder 3 – 14 Jahre 6,50 €; Familie (2 Erw, 2 Kinder) 28 €.

▶ Schmetterlinge sind faszinierende Lebewesen. Aus unscheinbaren Raupen und Puppen schlüpfen die farbenprächtigen Tierchen. Im Schmetterlingsgarten in Friedrichsruh könnt ihr das mit etwas Glück an den Schaukästen selbst beobachten. Im **Tropenhaus** umfliegen euch die hübschen Flatterer und lassen sich auf bunten Blüten nieder. Dabei könnt ihr sie wunderbar beobachten. Auf dem Gelände findet ihr auch einen **singenden Wassergarten** mit Koi-Karpfen, einen Libellenteich, einen Bienen-

?! *1763 erbaute Friedrich Karl August Graf zur Lippe-Biesterfeld (1706 – 1781) östlich von Hamburg ein Jagdschloss, das nach ihm benannt wurde. 1871 erhielt Reichskanzler Otto von Bismarck (1815 – 1898) das Anwesen als Geschenk von Kaiser Wilhelm I. Elisabeth von Bismarck eröffnete 1988 den Schmetterlingsgarten.*

schaukasten, ein Insektenhotel und ein Kaninchen-
gehege. Ein **Spielplatz** und das **Café Vanessa** laden
zum Verweilen ein.

Spaziergang mit Alpakas

Hof Wiedwisch, Waldweg 51, 25495 Kummerfeld.
✆ 0173/4330019. www.hof-wiedwisch,de. **HVV:** S3 bis
Pinneberg, dann Bus 185 bis Kummerfeld, Gemeinde-
haus, 12 Min Fußweg (1,1 km). **Auto:** A23 Ausfahrt 16
Pinneberg-Nord, Quickborner Straße, Elmshorner Straße, Bundesstraße bis Kummerfeld, rechts Dorfstraße,
rechts Waldweg. **Zeiten:** März – Dez nach Kalender auf
Webseite. **Preise:** 39 €; Kinder 12 – 17 Jahre 29 €.

▶ Wenn ihr schon 12 Jahre alt seid, könnt ihr mit
Alpakas (und euren Eltern) spazieren gehen. Die
kuschligen Kamele aus den Anden werden auch in
Deutschland immer beliebter. Sie bieten sich sogar
als Therapietiere an, weil sie so sanftmütig sind. Eine
schöne Umgebung für eine Alpaka-Wanderung bietet der Hof Wiedwisch. Zuerst werden euch die Alpakas vorgestellt und ihr erfahrt, wie ihr sie führen
müsst. Und dann geht es los, 90 Minuten durch Feld
und Flur. Lässt sich euer Alpaka streicheln? Die wei-
che Wolle ist besonders fein und hochwertig. Einmal
im Jahr werden die Alpakas geschoren. Danach sehen sie ganz schön dünn aus.

Eulen und Adler hautnah: Greifvogel-Gehege

Frigga Steinmann-Laage, An der Bundesstraße 209,
29646 Bispingen. ✆ 05194/7888, www.greifvogel-
gehege.de. Bei Kilometerstein 29,1. **Auto:** A7 Ausfahrt
42 Evendorf, über Hützel zur B209, links. **Zeiten:** Mai –
Okt Mi, Sa, So 15 Uhr. **Preise:** 10 €; Kinder bis 12 Jahre
6 €. **Infos:** Fotoerlaubnis 2 €.

▶ Habt ihr schon einmal einem Uhu ins Gefieder gefasst, einer Schleiereule über den Kopf gestreichelt
oder einem Adler die Brust gekrault? Möglich macht
das *Frigga Steinmann-Laage* in ihrem Greifvogel-Ge-

hege. Bei der spannenden und lustigen 90-minütigen Führung seht ihr nicht nur fast alle Eulenarten Europas und Greifvögel wie Falken, Habichte und Sperber, ihr werdet über so manches kleine Kunststück staunen und dürft einige der hübschen Vögel auch berühren. Vielleicht lässt sich sogar der Kolkrabe zu einem Schwätzchen hinreißen. Toll!

Museumsbauernhof Wennerstorf

Lindenstraße 4, 21279 Wennerstorf. © 04165/211349, www.museumsbauernhof.de. **HVV:** Bus 4038 ab Buchholz, Juli – Anfang Okt Regionalpark-Shuttle Sa, So ab Buchholz oder HH-Neugraben. **Auto:** A1 Ausfahrt 44 Rade, B3 Richtung Soltau, 600 m Abzweig Wennerstorf, Parkplatz am Museum, an Aktionstagen ausgewiesene Parkplätze am Dorfrand. **Zeiten:** Mai – Okt Di – Fr 10 – 15.30, So 10 – 18 Uhr. **Preise:** Eintritt frei, an Aktionstagen 3 €; Kinder bis 18 Jahre frei.

▶ Wie die Heidebauern in den 1930er-Jahren lebten, erfahrt ihr in Wennerstorf. Auf dem **Smedshof** lebten damals *Ludwig* und *Marie Bock* mit ihren Kindern, *Oma Eliese* und den Mägden und Knechten. In ihrem Wohnhaus ist heute das Haupthaus des Museums untergebracht, gleich nebenan in der Göpelscheune findet ihr den **Hökerladen** (Di – Fr 10 – 16.30 Uhr, Mai – Okt auch Sa, So 10 – 18 Uhr) und das **Hofcafé**, natürlich im Stil der 30er-Jahre. Überall gibt es für euch etwas auszuprobieren: Ihr könnt Sütterlin lesen, in einer Butze Probe liegen, weben, Schlagern lauschen, mit Backsteinen bauen und an Hörstationen mehr über das Leben damals erfahren. Im Garten gibt es eine Sandkiste, Holzpferde und ganz lebendige Schafe und Hühner.

Im **Backhaus** wird von Mai – Okt samstags der Ofen angefeuert und ihr könnt frisches Sauerteigbrot kaufen. Im Schafstall findet ihr noch eine Ausstellung zur Geschichte des Dorfes. Regelmäßig ist Waschtag, es wird auf dem Sparherd gekocht oder der Imker und der Schäfer kommen zu Besuch, außerdem gibt

Elieses Hofcafé, Lindenstraße 4, Wennerstorf. www.museumsbauernhof.de. Mai – Okt So 10 – 18 Uhr. Torten und Kuchen aus eigener Herstellung.

Butze nennt man im Plattdeutschen eine Bettnische oder einen Bettschrank. Ein anderes Wort ist Alkoven.

es ein **Ferienprogramm.** Jeden Sonntag 13 – 17 Uhr bietet der Hof wechselnde Mitmachaktionen für Kinder 5 – 10 Jahre.

Ein Bauernhof zum Anfassen

Gut Wulksfelde, Wulksfelder Damm 15 – 17, 22889 Tangstedt. ℂ 040/6442510, www.gut-wulksfelde.de. **HVV:** Mo – Fr Bus 378 bis Gut Wulksfelde, fährt selten, erkundigt euch daher vorher, Bus 276 bis Lohe, in Fahrtrichtung weitergehen und rechts in die Straße Lohe einbiegen, dann ca. 1 km weitergehen. **Auto:** B432 Richtung Duvenstedt, dann auf der Höhe von Tangstedt in den Wulksfelder Damm, kostenlose Parkplätze sind direkt am Gut. **Zeiten:** Tiergarten täglich 8 – 19 Uhr, Gutsgarten im Sommer bei gutem Wetter 12 – 18 Uhr. **Preise:** Eintritt frei. **Infos:** Die Tiere im Tiergarten dürfen nicht gefüttert werden. Hunde müssen draußen bleiben.

▶ Bio macht Spaß! Das zeigt euch das Gut Wulksfelde, in dessen kleinem **Tierpark** ihr neben den typischen Tieren eines Bauernhofs auch Esel und Meerschweinchen streicheln könnt – wenn sie es möchten. Außerdem gibt es einen **Bienenlehrstand,** an dem ihr echte Bienen bei der Arbeit zusehen könnt, Spielhäuser und -geräte zum Klettern und Toben, eine Matschpumpe und viel Platz zum Picknicken. Wollt ihr frische Erdbeeren pflücken oder Kartoffeln direkt vom Feld ernten? Das Gut bietet immer wieder solche Aktionen zum Mitmachen an.

Gut Wulfsdorf

Bornkampsweg 39, 22926 Ahrensburg. ℂ 04102/51109, www.gutwulfsdorf.de. **Lage:** Zwischen Hamburg und Ahrensburg. **HVV:** U1 Bis Buchenkamp, dann links in

Noch nicht an so viel Zuwendung gewöhnt: Zicklein auf Gut Wulksfelde
© Gut Wulksfelde/D. Antonio

☀ Im September könnt ihr samstags auf dem Gut Kartoffeln buddeln. Mitte September gibt es den Wulksfelder Kartoffelmarkt.

 Hofladen Gut Wulksfelde, www.gut-wulksfelde.de. Mo – Sa 8 – 19 Uhr. Großes Sortiment an Lebensmitteln aus biologisch-ökologischer Herstellung. Eigene Bäckerei.

Plätzchen ba-cken, Kräuter-führungen, Kartoffeln ausbuddeln und Kerzen gießen – im Gut Wulfs-dorf finden das ganze Jahr über interessante Veranstaltungen statt.

Hofladen mit Hofladencafé,
Bornkampsweg 39, Ah-rensburg. ✆ 04102/ 32587. www.gutwulfs-dorf.de. Mo – Fr 9 – 18.30, Sa 8 – 16 Uhr. Obst und Gemüse, Fleischprodukte aus der eigenen Metzgerei, Brot und Backwaren vom Hof.

den Moorbekweg, 2. Kreuzung nach rechts in den Wulfsdorfer Weg, nach ca. 100 m in der Rechtskurve links in den kleinen Feldweg (kein Winterdienst!) bis zum Gut. Insgesamt 15 – 20 Min Fußweg bis zum Bauernhof. **Auto:** Ehemalige B75 (Hamburger Straße) bis nach Wulfsdorf. Am Restaurant Rhodos links in den Born-kampsweg, nach ca. 1,5 km erreicht ihr das Gut. **Zeiten:** Mo – Fr 9 – 18.30, Sa 8 – 16 Uhr. **Infos:** Infos und Anmeldungen für Hofführungen bei Cornelia Wegner. ✆ 0176/ 67377465 oder eMail lernort@wulfsdorf.de.

▶ Das Gut Wulfsdorf an der Stadtgrenze Hamburgs wirtschaftet seit 30 Jahren als **Demeter-Bauernhof** biologisch-dynamisch. Das heißt, es wird beim An-bau von Obst und Gemüse und in der Tierhaltung auf Pestizide und Chemie verzichtet: Dünger liefern die Tiere, fressen tun sie wiederum frisches Gras und Getreide und Gemüse vom Hof. Bei diesem offenen Bauernhof könnt ihr als Familie immer zu den Öff-nungszeiten des Hofladens vorbeikommen und euch auch auf dem Hof umschauen. Denkt aber bitte daran, dass hier auch Menschen leben und ar-beiten. Bei vielen Fragen oder größeren Gruppen empfiehlt sich deshalb z.B. eine kleine Hofführung zu buchen (1,5 Std zu den Tieren oder auf die Äcker für 4,50 € pro Person).

Hoppelino – die Heuherberge am Sachsenwald

Tannenweg 5, 22929 Kasseburg. ✆ 04154/601645, www.hoppelino.de. **HVV:** Bus 333 bis Grande (Möllner Landstraße), Bus 533, 8882 bis Ödendorf, 500 m Fuß-weg. **Auto:** A24 Ausfahrt 6 Schwarzenbek/Grande, B404 Richtung Schwarzenbek. **Zeiten:** So, Fei 11 – 18 Uhr. **Preise:** 2,50 €; Kinder ab 3 Jahre 5 €, nach Abspra-che Ponyreiten 2,50 €, Traktorfahrt 3 €.

▶ Am Rand des wunderschönen Sachsenwaldes liegt Hoppelino. In der Heuherberge könnt ihr rustikal übernachten, aber der Hof bietet sich auch für einen Sonntagsausflug an. Ein riesiges Hüpfkissen, eine

Spielscheune, Gokarts und ein Fußballplatz lassen keine Wünsche offen. Während eure Eltern sich im Sonntagscafé niederlassen, besucht ihr dann die Hoftiere. Auch **Ponyreiten** und **Traktorfahrten** sind im Angebot.

Treckerfahren und Fußballgolf auf dem Almthof

Almtweg 37, 25482 Appen. ☎ 0176/23433546. www.almthof.de. **HVV:** S3 bis Pinneberg, dann Bus 6663 bis Appen, Schulstraße, 1,1 km zu Fuß. **Auto:** A23 Ausfahrt 16 Pinneberg-Nord, links Westring, rechts Mühlenstraße, über Hauptstraße bis Almtweg. **Zeiten:** Sa 13 – 18, So 10 – 18 Uhr. **Preise:** ab 3 Jahre 3,50 €, Treckertour 3 €, Almhof-Golf 4 €, für Besucher 3 €, Hofcafé Zutritt frei; Jahreskarte 35 €, Bonuskarte 6 für 5.

▶ Eine Runde auf dem Trecker? Neben Kühen in der Strohburg toben? Den Weg durchs **Maislabyrinth** suchen? Schafe, Ziegen, Esel und Ponys streicheln? Fußballgolf spielen? All das könnt ihr auf dem Almhof. Der Erlebnisbauernhof besitzt außerdem ein Hofcafé, wo ihr leckere Torten schmausen könnt, und eine Milchtankstelle. Dort könnt ihr frische Milch für zu Hause zapfen.

Radeln & Kutsche fahren

Mit der Kutsche durch die Heide

Finteler Straße 8, 29640 Schneverdingen-Zahrensen. ☎ 05193/6491, www.kutschenmeyer.de. **HVV:** ↗ Schnucken streicheln in Schneverdingen. **Zeiten:** nach Fahrplan, z.B. Höpen Fr 11.30 Uhr, Besuch beim Kutscher ab Heidegarten Mo 14 und 16 Uhr, Do 16 Uhr. **Preise:** 15 – 21 €; Kinder 2 – 8 Jahre 12 – 15 €.

▶ Vom Kutschenparkplatz am ↗ **Heide-Kiosk** und vom **Parkplatz Heidegarten** in Schneverdingen bringt euch Kutschenmeyer durch die Heidelandschaft, an manchen Tagen gibt es auch Butterkuchen

FIT & FIDEL MIT DEN 4 FREUNDEN

oder Erbsensuppe dazu. Beliebt bei Kindern ist die **Hits-für-Kids-Tour**. Oder wollt ihr lieber dem Schäfer in der Osterheide einen Besuch abstatten? Montags um 14 und 16 Uhr sowie donnerstags um 16 Uhr starten die **Kutschen** ab dem Parkplatz Heidegarten. Dann geht es zum Schäfer in die Osterheide!

Radausflug ins Alte Land

21635 Jork. **Start:** S-Bahn Blankenese **Länge** 14,5 km. **HVV:** S 1, 11 bis Blankenese. **Preise:** HADAG Fähre von Blankenese nach Cranz 4 €, Mo – Fr auch mit HVV Abo, Tages- oder Wochenkarte, Sa, So nur mit HADAG-Fahrkarte, HVV Abo oder ProfiCard; HADAG Fähre Kinder 4 – 15 Jahre 2 €. **Infos:** Infos zu den Fahrtzeiten der Fähre HBEL bekommt ihr auf www.hadag.de. Die Fahrradmitnahme kostet 1,50 € pro Rad.

▶ Kennt ihr das Alte Land? Es bezeichnet das Land auf der Südseite der Elbe, gegenüber des Stadtteils Blankenese. Seinen Namen hat es von den ersten Siedlern bekommen, den Holländern. Diese hatten im 12. Jahrhundert das fruchtbare Land an der Elbe trockengelegt und nutzbar gemacht. Das war eine lange und sehr mühsame Arbeit. Bearbeitetes Land wurde „Altes Land" genannt und das noch unbewohnbare Land war „Neues Land". Am Ende aller Arbeiten blieb der Name für die Region: Altes Land. Heute ist es eines der größten **Obstanbaugebiete** Deutschlands. Zur Erntezeit essen wir in ganz Deutschland Äpfel, aber auch Birnen, Kirschen und Pflaumen und anderes Obst, das dort angebaut wurde. Wer Lust hat, sich einen Altländer Obsthof einmal genauer anzuschauen, der besucht den ⚲ **Obsthof Mathies** und macht eine Fahrt mit dem Obsthof-Express. Ihr seht euch so den Betrieb an, erfahrt etwas über die Pflege der Bäume, aber auch die Ernte und die Lagerung der Früchte. Probieren könnt ihr die hofeigenen Früchte später im **Glashaus-Café** oder im **Hofladen**.

Appetit bekommen? Dann los! Die Radtour beginnt an der **S-Bahnstation Blankenese** und führt euch zunächst durch den Ortsteil runter an den **Fähranleger** an der Elbe. Haltet euch vor der S-Bahn links und fahrt vorsichtig den Erik-Blumenfeld-Platz entlang bis nach vorne zur Straße. Da links über die Ampel, rechts über die Straße und geradeaus weiter in die **Ole Hoop**. Folgt der Straße, bis es nicht mehr weitergeht. Biegt dann rechts in die Elbchaussee und folgt der kurvenreichen Straße durch den Ort bis unten an den Fluss. Rechts und links von euch seht ihr die zahlreichen Treppen, für die Blankenese berühmt ist. Und da ihr auf dem Weg an die Elbe seid, ist die Neigung an manchen Stellen der Straße sehr stark. Fahrt entsprechend vorsichtig. Unten an der Elbe angekommen, fahrt links am Strandweg entlang. Der Fähranleger liegt hinter einer kleinen Brücke am Fluss. Nehmt dort die **HADAG-Fähre** Richtung Cranz, das ist die Linie HBEL. Die Überfahrt dauert rund 20 Minuten. Denkt daran, euer Fahrrad auf der Überfahrt gut zu sichern. Eine Person sollte immer dort bleiben. In **Cranz** angekommen, fahrt ihr geradeaus über den Estedeich Richtung Elbe zurück und biegt am Ende der Straße links auf den Cranzer Hauptdeich. Folgt der Straße jetzt immer weiter geradeaus, sie führt euch geradewegs zum **Obsthof** Am Elbdeich 31 (über Hinterbrack, Kolehusen und Hinter der Mühle). Viel Spaß!

Die Fähre von Blankenese bis nach Cranz fährt nur, wenn es der Wasserstand der Elbe zulässt. Ist das Wasser zu hoch, fährt die Fähre bis nach Finkenwerder. Dann ist die Radtour etwas länger.

Spiel- & Erlebniswelten

Spiel und Spaß im Stadtpark Norderstedt

Stormarnstraße 34, 22844 Norderstedt.
☏ 040/3259930-00, www.stadtpark-norderstedt.de.
HVV: U1 bis Norderstedt-Mitte, Bus 293, 393 bis Stadtpark. **Auto:** B432, links Langenhorner Chaussee, links Stormannstraße, Parkplätze am Haupteingang am Kul-

Spotz Seeterrassen, Stormarnstraße/Schöne Aussicht 6, Norderstedt. ✆ 040/32040-140. www.spotznorderstedt.de. Mo – Fr ab mittags, Sa, So ab 9 Uhr. Currywurst, Flammkuchen oder Milchreis stehen auf der Karte. Spotz betreibt auch den Wakeboard-Park und Adventure Golf.

Abenteuer-Labyrinth, Gaußscher Bogen 4, Bispingen. ✆ 0159/01691913. www.abenteuerlabyrinth.de. Direkt am Verrückten Haus findet ihr ein Abenteuer-Labyrinth, durch das ihr euch den Weg mit Rallyes bahnen könnt.

turwerk am See. **Zeiten:** Park 5 – 22 Uhr. **Preise:** Eintritt frei.

▶ Auf **Riesenschaukeln** in die Lüfte fliegen, das nasse Element am **Wasserspielplatz** spritzen lassen und im **Kletternest** herumturnen, den Spielplatz der Schafe erobern, Tiere auf dem Bauernhof besuchen oder auf dem Kletterspielplatz hangeln – all das könnt ihr im Stadtpark von Norderstedt.

Drei Landschaften teilen das Gelände in See-, Feld- und Waldpark. Zum **Seepark** gehören ein Strandbad (www.arriba-strandbad.de) und eine Wasserskianlage. Im **Feldpark** findet ihr ein Arboretum mit 90 Baumarten, einen Slackline-Parcours, Adventure Golf und das Fitnessfeld mit sieben Stationen. Im **Waldpark** gibt es einen Hochseilgarten mit Kinderparcours (www.hochseilgarten-norderstedt.de). Langeweile kommt hier nicht auf!

Kopfüber – das Verrückte Haus

Horstfeldweg 1, 29646 Bispingen. ✆ 0160/92192676. www.dasverruecktehaus-bispingen.de. **HVV:** Bus 154, Heide-Shuttle-Ring 1. **Auto:** A7, direkt an der Ausfahrt 43 Bispingen, Parkplatz frei für Besucher. **Zeiten:** täglich März – Okt 10 – 18.30, Nov – Feb 11 – 17 Uhr, Heiligabend und Silvester geschlossen. **Preise:** 6 €; Kinder 4 – 14 Jahre 4 €; Familien (2 Erw, 1 Kind) 14 €. **Infos:** Karten gibt es im Café Kopfüber.

▶ Ja, steht denn heute alles kopf? Das kann man meinen, wenn man in Bispingen von der Autobahn abfährt. Dort befindet sich nämlich das Verrückte Haus. Drinnen kommen die Sinne ganz schön durcheinander, denn das Haus steht nicht nur auf dem Kopf, sondern ist dazu auch noch leicht geneigt. Die komplette Ausstattung ist natürlich ebenfalls falsch herum. Achtet auf die Details wie die schlafende Katze oder den Spiegel, in dem ihr kopfsteht. Ob der Künstler, der die Bilder gemalt hat, wohl auf dem Kopf stand? Vergesst nicht, lustige Fotos zu schießen!

Ski fahren und Modellbauwelten im Berg & Tal Abenteuerresort

Horstfeldweg 9, 29646 Bispingen. ✆ 05194/4311-0, www.abenteuer-resort.de. **HVV:** Bus 154, Heide-Shuttle-Ring 1. **Auto:** A7 Ausfahrt 43 Bispingen. **Zeiten:** Skihalle Mo – Fr 12 – 20, Sa, So 9 – 20 Uhr, Modellbauwelten Mo – Fr 11 – 18, Sa 10 – 19, So 10 – 18 Uhr. **Preise:** Skihalle 1 Std 19,50 €, Tag 37 €, Rodelticket 1 Std. 19,50 €, Modellbauwelten 10 €; Kinder 6 – 12 Jahre Skihalle 1 Std 13,50 €, Tag 23 €, Rodelticket 1 Std 13,50 €; Familie (2 Erw, 1 Kind) Skihalle Tag 75 €, jedes weitere Kind 17 €.

 Kindergeburtstag im Schnee mit Zipflbob-Rallye oder Mini-Olympiade 225 €, mit Skikurs 250 € (für 5 Kinder, jedes weitere Kind 36 €).

▶ Ski fahren lässt sich im Flachland in Hamburg nicht so gut. Wer trotzdem über den Schnee brettern möchte, besucht das **Abenteuerresort** in Bispingen, den ehemaligen Snow Dome. Skikurse sind für Anfänger und Profis im Angebot, das gesamte Material vom Ski bis zum Helm ist im Verleih erhältlich. Dreistündige Ski- und Snowboardkurse kosten 59 €, für Kinder (7 – 12 Jahre) 46 €. Den zweistündigen Minikurs für 4- bis 6-Jährige gibt es für 36 €. Dreitägige Ferienkurse sind ebenfalls buchbar (259 €, Kinder bis 6 Jahre 159 €, 7 – 12 Jahre 189 €). Auf der 300 m langen Piste gibt es auch einen Funpark für Snowboarder und eine Rodelbahn. Ein Zauberteppich bringt Ski-Neulinge wieder nach oben, Profis nehmen den Schlepplift oder den Sessellift. Wenn ihr gerade nicht Ski fahren wollt oder Mama und Papa noch im **Hofbräu Wirtshaus** mit Pistenblick entspannen, vergnügt ihr euch im Snowy Land. Dort gibt es eine Rutsche, ein Bällebad, Bobbycars und ganz viel Spielzeug.

Doch damit nicht genug: In den **Modellbauwelten** seht ihr auf 12.000 m² eine Modellbahnanlage, die es in sich hat. Im Maßstab 1:22,5 wurden hier 50 Themenwelten geschaffen, über die 500 Züge rattern. Austoben könnt ihr euch anschließend in der kostenlosen Outdoor-Abenteuerwelt: auf dem Spielplatz, auf der Hüpfburg oder beim Beachvolleyball.

Hofbräu Wirtshaus, Horstfeldweg 9, Bispingen. Täglich 10 – 22 Uhr. Mit Pistenblick, Apfelstrudel, Tiroler Käsepätzle, Kindergerichten.

Klettern

Der Kiekeberg von oben

Hochseilgarten am Kiekeberg, Am Kiekeberg 5, 21224 Rosengarten-Ehestorf. ✆ 040/74325589, www.hochseilgarten-kiekeberg.de. **HVV:** S3 bis Harburg oder Neuwiedenthal, Bus 340, 4244 bis Museum. **Auto:** A7 Ausfahrt 34 HH-Marmstorf, Ausschilderung Freilichtmuseum folgen. **Rad:** Radfernweg Hamburg – Bremen. **Zeiten:** März – Okt Sa, So, Ferien Nds Di – Fr 10 – 19 Uhr. **Preise:** 18,50 €; Kinder 10 – 14 Jahre 15 €, Miniparcours 5 – 10 Jahre 9,50 €.

▶ Eine **Wasserfalle** in 8 m Höhe und eine 71 m lange, in luftiger Höhe endende **Seilbahn** gehören zu den Attraktionen im Hochseilgarten am Kiekeberg. Auf dem **Niedrigseilparcours** kommen auch schon die Kleineren unter euch zu ihrem Klettervergnügen. Alle ab 10 Jahre erleben so manche Abenteuerstation auf dem Maxi-Parcours. Stolz auf eure Leistung könnt ihr anschließend Kuchen im ⚘ **Gasthaus zum Kiekeberg** verspeisen.

 Gasthaus zum Kiekeberg, Kiekeberg 5, Rosengarten-Ehestorf. ✆ 040/7905021. www.kiekeberg.de. Di – So 8 – 21 Uhr. Mit Kinderspielplatz und überdachter Terrasse.

Kletterwald Scharnebeck

Adendorfer Straße 31, 21379 Scharnebeck. ✆ 04136/911897, 04131/7277786 (Büro). www.kletterwald-scharnebeck.de. **HVV:** RE bis Lüneburg, Bus 5110 bis Scharnebeck, Adendorfer Straße oder Schulzentrum. **Auto:** Gegenüber Parkplatz ⚘ Schiffshebewerk. **Altersempfehlung:** Kinder 6 – 10 Jahre klettern in Begleitung eines Erwachsenen. Für die Parcours „Wagnis und Risiko" und „Seilrutsche" (435 m lang) ist eine Mindestgröße von 1,30 m erforderlich, für den „Extremparcours" 1,50 m. **Zeiten:** Mitte März – Anfang Nov Mi – Fr ab 14 Uhr, Sa, So, Sommerferien täglich ab 10 Uhr, Oster- und Herbstferien Mo – Fr ab 12, Sa, So ab 11 Uhr. **Preise:** 26 €; Kinder 6 – 9 Jahre 18 €, 10 – 17 Jahre 20 €.

▶ Mitten im Wald kraxelt ihr in Scharnebeck durch die Baumkronen. Acht Parcours bietet der Kletterwald, der mit dem Smart-Belay-System ausgestattet ist. Dabei lässt sich immer nur einer von zwei Karabinern öffnen, sodass ein versehentliches Aushängen unmöglich ist. Höchste Sicherheit also für euch. Klettern dürft ihr ab 6 Jahre und einer Mindestgröße von 1,10 m. Dann kann es losgehen über schwankende Balken, luftige Netze und schwingende Reifen. Die Stationen haben so tolle Namen wie „Twin Ladder", „Snake Walk" oder „Plate Cross". Sogar Skateboard fahrt ihr in luftiger Höhe. Besonders viel Spaß macht die Fahrt mit der Seilbahn – juhuuuu! Wer wagt noch den Sprung aus 15 m Höhe?

Im **Wald-Bistro** gibt es Snacks und Getränke. Wer nur zuschauen möchte, legt sich in einen Liegestuhl. Für kleine Geschwister gibt es einen Kletterspielplatz.

Ganz schön wackelig: Ben im Hochseilgarten
© Stefanie Wülfing

Hoch hinaus am Elbufer: Hochseilgarten Geesthacht

Elbuferstraße, 21502 Geesthacht. ✆ 0170/4899984. www.hoga-hochseilgarten.de. **Lage:** Gegenüber von Haus Nr. 48 (Stadtwerke). **HVV:** Bus 139, 8800 bis Pumpspeicherwerk. **Auto:** A25 Richtung Geesthacht, B404, Ausfahrt Richtung Geesthacht/Altengamme, links Am Schleusenkanal, rechts Steinstraße. **Zeiten:** April, Mai, Okt und Ferien Fr – So 10 – 18 Uhr, Juni – Sep Di – So 10 – 18 Uhr, letzter Einlass 16 Uhr. **Preise:** 20 €; Kinder 6 – 10 Jahre 15 €, 11 – 17 Jahre 17 €. .

▶ In einem Waldstück an der Elbe könnt ihr Höhenluft schnuppern. Gut gesichert überquert ihr schwankende Balken und schwingende Reifen. Insgesamt gilt es, 85 Elemente zu überwinden. Auf **Parcours 1 – 3** dürfen Kinder ab 6 Jahre klettern, die Höhe steigert sich von 1,5 auf 4 m Höhe. **Parcours 4** in 9 m Höhe ist für alle ab 11 Jahre geeignet. Zweimal dürft ihr per Seilbahn wieder zur Erde sausen. Der **Extrem-Parcours** ist erst ab 16 Jahre freigegeben. Im Sommer könnt ihr den Ausflug mit einem Sprung ins ⌁ **Geesthachter Freibad** verbinden.

Flohsprung im Kletterpark Sachsenwald

Holzhof 2, 21521 Aumühle-Friedrichsruh. ☏ 04104/90715-11, www.schnurstracks-kletterparks.de. **HVV:** S21 bis Aumühle, Fußweg 1,5 km (Emil-Specht-Allee, Alte Schulstraße). **Auto:** A24 Ausfahrt 4 Reinbek, Landstraße Richtung Reinbek, Ausfahrt Aumühle, Sachsenwaldstraße, Alte Schulstraße. **Zeiten:** März – Okt Fr 14 – 20, Sa, So 10 – 20 Uhr, Ferien HH/SH auch Di – Do 11 – 19, Fr 11 – 20 Uhr. **Preise:** 25 €; Kinder ab 1,20 m Größe bis 17 Jahre 21 €, nur Kinderparcours 11 €; Familien 64 – 84 € (nicht Sa, So 10.30 – 15.30 Uhr).

▶ So manche Überraschung wartet im Kletterpark Sachsenwald auf euch. Zwischen Buchen und Eichen könnt ihr auf einem Fahrrad übers Drahtseil fahren oder bei einem Flohsprung durch die Lüfte fliegen. Dabei seid ihr natürlich immer gut gesichert. Ein umlaufendes Sicherungssystem macht ein Umhängen unnötig. Schon ab 5 Jahre und einer Größe von 1,10 m dürft ihr dabei sein. Der **grüne** und der **blaue Parcours** in 6 m Höhe sind ab 8 Jahre (1,20 m Größe) geeignet. Wer 1,50 m groß ist, kann sich auf den **roten Parcours** wagen. Ganz Mutige trauen sich noch auf den **schwarzen Parcours**, der in mehreren Seilrutschen endet, und in die Frei-Fall-Anlage.

♫ Kindergeburtstag im Kletterwald 21 € pro Kind, mit Coach zzgl. 90 €. Kletterabenteuer 265 € für bis zu 8 Kinder, mit Lagerfeuer und Stockbrot 390 €.

TECHNIK & GESCHICHTE MIT MAULI MAU

Bahnen & Betriebe

Lokschuppen Aumühle

Verein Verkehrsamateure und Museumsbahn e. V., Am Gleise 5, 21521 Aumühle. ☏ 040/554211-0, www.vvm-museumsbahn.de. **Lage:** Zugang nur über Waldweg Aumühle – Friedrichsruh. **HVV:** S21 bis Aumühle. **Auto:**

A24 Ausfahrt 4 Reinbek, Landstraße Richtung Reinbek, Ausfahrt Aumühle, Sachsenwaldstraße, Alte Schulstraße, links Am Gleise. **Zeiten:** So 11 – 17 Uhr. **Preise:** Eintritt frei außer an Aktionstagen. **Infos:** Verein Verkehrsamateure und Museumsbahn e.V., Kollaustraße 177, 22453 Hamburg.

▶ Dampf- und Dieselloks, Triebwagen und ein Reisezugwagen gehören zum Bestand des Eisenbahnmuseums. Wie man zwischen 1870 und 1950 Bahn fuhr, könnt ihr euch hier genau ansehen. Einige Fahrzeuge sind auch von innen zu besichtigen. Es steht ein Mitarbeiter bereit, um euch in die Fahrt mit der Handhebeldraisine einzuweisen. Per Muskelkraft dürft ihr dann über die Gleise brausen. Fahrten mit dem Feldbahnwagen gehören ebenfalls zum Angebot am Sonntag. An vier Aktionstagen im Jahr gibt es ein zusätzliches Programm. Dann könnt ihr euch z.B. in der Modell-Straßenbahn als Fahrer betätigen. In Aumühle findet ihr außerdem einen ↗ **Hochseilgarten** und den ↗ **Garten der Schmetterlinge**.

Abfahrt! Ben und sein Freund haben Spaß im Lokschuppen Aumühle
© Stefanie Wülfing

?! *Mit Feldbahnen transportierte man bis in die 1950er-Jahre Material in Ziegeleien, Kiesgruben oder Industriebetrieben. Sie wurden durch Lastwagen oder Förderbänder ersetzt.*

Draisine fahren oder übers Wasser radeln

Erlebnisbahn Ratzeburg, Bahnhof, 23911 Schmilau. ✆ 04541/883216 (Büro, Mo – Fr 9 – 12 Uhr), 898074 (Erlebnisbahnhof). www.erlebnisbahn-ratzeburg.de. **Lage:** mehrere Startpunkte je nach Angebot: Bahnhof Schmilau, Bahnhof Ratzeburg (Bahnhof 1), Strandbad Ratzeburg (Schlosswiese 3). **Altersempfehlung:** je nach Angebot ab 7 – 9 Jahre. **HVV:** RE bis Ratzeburg. **Auto:** A24 Ausfahrt 7 Talkau, B207 bis Mölln, nach Schmilau über Ratzeburger und Schmilauer Straße, nach Ratzeburg auf B207 bleiben, dann B208 Richtung Ratzeburg, rechts Bahnhof. **Zeiten:** Saison Ende April – Anfang Okt, Termine nach Fahrplan. **Preise:** Fahrraddraisine 10 €, Kleindraisine 9,50 €, 6teambike 7 €, Hydrobike 8 €; Kinder bis 12 Jahre Fahrraddraisine 7,50 €, Kleindraisine 7 €, 6teambike 5,50 €, Hydrobike 6,50 €.

▶ Ungewöhnliche Gefährte sind das Markenzeichen der Erlebnisbahn Ratzeburg. Auf jeden Fall ist eure Muskelkraft gefragt! So bewegt ihr euch z.B. mit der Fahrraddraisine auf Schienen von Schmilau nach Hollenstedt. Zwischen Ratzeburg und Schmilau verkehren Kleindraisinen, die mit Armkraft vorangebracht werden. Die 6teambikes fahren rund um die Erdbeerfelder in Schmilau: Sechs strampeln im Kreis, einer lenkt! Übers Wasser geht es gar mit den Hydrobikes auf dem Ratzeburger See. Dort erhaltet ihr am Strandbad auch Schwimmschuhe, Kajaks und Kanus.

Ein Fahrstuhl für Schiffe: Schiffshebewerk Scharnebeck

Infozentrum WSA Uelzen, Am Unteren Vorhafen, 21379 Scharnebeck. ✆ 04136/90721, ✆ 0170/2470910. www.schiffshebewerk-scharnebeck.de. **HVV:** RE bis Lüneburg, Bus 5110 bis Scharnebeck, Schulzentrum, 850 m zu Fuß. **Auto:** A1 bis Maschener Kreuz, A39 bis Lüneburg, B4 Ausfahrt Moorfeld, Erbstorfer Landstraße bis Scharnebeck, am Kreisel geradeaus, Parkplätze rechts (2 €), Fußweg zur Plattform Richtung Adendorf, dann links Richtung Oberhafen und links die Treppe. **Zeiten:** Ausstellungspavillon April – Mitte Okt täglich 10 – 18 Uhr, Besucherplattform ganzjährig zugänglich. **Preise:** Ausstellung 3 €; Kinder 6 – 18 Jahre 1,50 €; Familie (2 Erw, 2 Kinder) 7,50 €.

▶ Nur eine Handvoll Schiffshebewerke gibt es noch in Deutschland. Eines davon steht in Scharnebeck und das ist gleich das größte. Es liegt am Elbe-Seitenkanal, der die Elbe mit dem Mittellandkanal verbindet. Dabei ist ein Höhenunterschied von 38 m zu überwinden. Das Schiffshebewerk Scharnebeck be-

Fahrten durch das Schiffshebewerk bietet die ↗ Reederei Helle an. Ein Besuch lässt sich auch gut mit einer Kletterpartie im ↗ Kletterwald Scharnebeck verbinden.

sitzt als Doppelhebewerk zwei Tröge. Von der Besucherplattform lässt sich das Geschehen wunderbar beobachten. Außerdem informiert eine Ausstellung über die Geschichte und Technik dieses beeindruckenden Bauwerks. Ein sehr großes, bewegliches Modell zeigt, wie das Hebewerk funktioniert. Zwei weitere Modelle vom Schiffshebewerk Henrichenburg und von der Schleuse Esterholz sind per Knopfdruck ebenfalls in Bewegung zu setzen. Außerdem seht ihr mehrere Vorschläge, die vor dem Bau des Schiffshebewerks zur Diskussion standen.

Gruß an die Schiffe: Willkomm-Höft

Schulauer Fährhaus, Parnaßstraße 29, 22880 Wedel. ✆ 04103/9200-0, www.schulauer-faehrhaus.de. **HVV:** S1 bis Wedel. **Auto:** B431 bis Wedel, Industriestraße, Feldstraße, Galgenberg, Elbstraße. **Zeiten:** Schiffsbegrüßung zwischen 11.30 und 20 Uhr (bzw. Sonnenuntergang), Restaurant täglich ab 11.30 Uhr. **Infos:** Welches Schiff wann kommt, sagt der Hafenradar unter www.hafenradar.de Hafen Wedel.

▶ Schiffe auf der Elbe zu beobachten macht überall Spaß. Im Schulauer Fährhaus erwartet euch dazu aber ein besonderer Höhepunkt: Die Schiffe, die hier entweder Richtung Hamburg fahren oder von dort kommen, werden nämlich begrüßt bzw. verabschiedet. Dazu wird die Nationalhymne des Herkunftslandes gespielt und ein Begrüßungstext in der Landessprache verkündet. Der Begrüßungskapitän gibt interessante Informationen zum Schiff, z.B. wohin es fährt und wie groß seine Ladung ist. Außerdem wird am Willkomm-Höft die Hamburger Flagge „gedippt", d.h. sie senkt sich zum Gruß. Seit 1952 gibt es die Anlage am Schulauer Fährhaus schon. Im Restaurant oder auf der großen Terrasse könnt ihr leckeren Kuchen essen, während ihr auf das nächste Schiff wartet. Es gibt auch eine Kinderspeisekarte zum Ausmalen.

Restaurant Rusticus, Adendorfer Straße 44, Scharnebeck. ✆ 04136/400. www.restaurant-rusticus.com. Mo, Mi 11 – 16, Fr – So 11 – 19 Uhr. Terrasse.

?! *Nur Schiffe mit mehr als 1000 Bruttoraumzahl (BRZ) werden begrüßt – sonst kämen die Begrüßungskapitäne aus dem Reden ja gar nicht mehr heraus. Kleinere Schiffe erhalten immerhin den Gruß mit der Flagge. Online könnt ihr auch verfolgen, welche Schiffe gerade unterwegs sind: www.hafenradar.de/de/ports/wedel.*

Burgen & Museen

Schloss Ahrensburg

Lübecker Straße 1, 22926 Ahrensburg. ✆ 04102/42510, www.schloss-ahrensburg.de. **HVV:** U1 bis Ahrensburg West, dann Bus 569 bis Schloss. **Zeiten:** März – Okt Di – Do, Sa, So 11 – 17 Uhr, Nov – Feb Mi, Sa, So 11 – 17 Uhr. **Preise:** 8 €; Kinder 4 – 14 Jahre 3,50 €; Familie 12 – 16 €.

▶ Dass eine Schlossbesichtigung überhaupt nicht langweilig sein muss, beweist das Schloss in Ahrensburg. In dem weißen Wasserschlösschen dürft ihr euch nämlich als **Sachensucher** auf den Weg durch die hochherrschaftlichen Räume machen. An der Kasse erhaltet ihr Karten. Die darauf abgebildeten Gegenstände gilt es nun zu finden (4 – 10 Jahre, 1,50 € für acht Suchkarten). Oder ihr geht mit einem **Audioguide** bzw. einer **App** auf Tour (kostenlos). Dabei führt euch ein Kind in 24 Kapiteln durchs Schloss. So manche Überraschung erwartet euch, z.B. wenn das Rokoko-Sofa von seinen Erfahrungen berichtet oder die Löwen des silbernen Tafelaufsatzes brüllen. Regelmäßig werden **Märchenstunden** im Turmzimmer angeboten und in den Ferien erwartet euch eine **Märchenrallye** (3 €). Sogar rund ums Schloss gibt es eine **Entdeckertour** (für 8- bis 10-Jährige, 3 € pro Person).

Das Schloss wurde übrigens im 18. Jahrhundert zu seiner heutigen Gestalt ausgebaut. Es gehörte der Familie Schimmelmann, die im 18. Jahrhundert in den Adelsstand erhoben worden war. *Heinrich Carl von Schimmelmann* (1724 – 1782) machte ein Vermögen mit dem Handel von Sklaven und Getreide. 1938 musste die Familie das Schloss verkaufen.

Freilichtmuseum Stade

Auf der Insel 2, 21682 Stade. ✆ 04141/7977330, www.museen-stade.de. **HVV:** S3 bis Stade, dann ca. 10 Min Fußweg, der Beschilderung folgen. **Zeiten:** Mai – Sep Di – Fr 10 – 17 Uhr, Sa, So 10 – 18 Uhr. **Preise:**

🎵 Eine gräfliche Tafel wird gedeckt, wenn ihr euren Geburtstag im Schloss feiert (140 € für bis zu 10 Kinder 7 – 11 Jahre). Ihr könnt auch die Welt der Ritter erkunden (120 € für bis zu 10 Kinder 7 – 12 Jahre).

Die Insel, Auf der Insel, Stade. ✆ 04141/2031. www.insel.restaurant. Mi, Do, Fr 12 – 14.30, 17.30 – 22 Uhr, Sa, So 12 – 22 Uhr. Restaurant im historischen Geestbauernhaus mit Innenraum und Terrasse.

Gelände ganzjährig kostenfrei, Altländerhaus 2 €; Kinder bis 18 Jahre frei; Sozialtarif 1 €.

▶ Im Freilichtmuseum von Stade könnt ihr euch einen Altländer Bauernhof anschauen, der idyllisch auf einer Insel liegt. Es gibt eine Schrotmühle, einen Backofen, Bienen und Bienenkörbe und natürlich das Altländer Bauernhaus samt Kräutergarten. Die Ausstellung der alten Wohnräume und Arbeitsgeräte kostet Eintritt, das Gelände ist frei zugänglich. Außerdem seht ihr eine Altländer Prunkpforte, eine kunstvoll geschnitzte, bunt bemalte Holzpforte, die traditionell als Eingang eines wohlhabenden Altländer Anwesens diente.

Zu Füßen der Bockwindmühle: Bei den regelmäßigen Inselmärkten seht ihr Hoftiere
© Freilichtmuseum Stade

Freilichtmuseum am Kiekeberg

Am Kiekeberg 1, 21224 Rosengarten-Ehestorf. ✆ 040/790176-0, www.kiekeberg-museum.de. **HVV:** S3 bis Harburg oder Neuwiedenthal, Bus 340, 4210 bis Museum. **Auto:** A7 Ausfahrt 34 HH-Marmstorf, Ausschilderung folgen. **Rad:** Radfernweg Hamburg – Bremen. **Zeiten:** März – Okt Di – Fr 9 – 17, Sa, So 10 – 18 Uhr, Nov – Feb schließen die historischen Gebäude zur Dämmerung. **Preise:** 9 €; Kinder unter 18 Jahre frei; Kombikarten mit Wildpark Schwarze Berge 17 €, Kinder 9 €, Ausleihe Bollerwagen gegen Pfand.

▶ Wie lebten die Menschen vor 50, 100 oder 300 Jahren auf dem Land? Hautnah lässt sich das im Freilichtmuseum am Kiekeberg erfahren. Um einen Heidehof wurden 40 historische Gebäude aus der **Lüneburger Heide** und der **Winsener Marsch** wiederaufgebaut, z.B. ein Fischerhaus, eine Schmiede und ein Leinenspeicher. Kühe, Schafe, Schweine und Gänse sind die tierischen Bewohner, die in alten

 Stoof Mudders Kroog, Am Kiekeberg 1, Rosengarten-Ehestorf. ✆ 040/79144498. www.stoof-mudders-kroog.de. Di – So 12 – 20 Uhr.

RAUS AUS HAMBURG

Haustierrassen daherkommen. Ihr könnt zuschauen beim Weben, Rösten, Backen oder Honigschleudern. Eine rote Hand weist euch auf zwölf Mitmachstationen im Gelände hin – den Entdeckerpfad. Ihr könnt euch auch auf den Wassererlebnispfad begeben und euch auf dem Wasserspielplatz austoben. Zahlreiche Aktionstage gehören genauso zum Jahresprogramm wie Termine der Gelebten Geschichte, an denen ihr ins Jahr 1804 zurückversetzt werdet. Wen der Hunger beschleicht, kehrt ein ins Gasthaus ⚲ **Stoof Mudders Kroog** oder ins **Café Koffietied**.

THEATER MIT MOCKES

Winnetou in Bad Segeberg

Die Karl-May-Spiele

Karl-May-Platz, 23795 Bad Segeberg. ☎ 01805/952111 (Tickets), www.karl-may-spiele.de. **Lage:** Freilichttheater am Kalkberg. **Barrierefrei:** ja. **HVV:** Bhf Bad Segeberg, 10 Min Fußweg. **Auto:** A1 Ausfahrt 19 Bargteheide, A21 Ausfahrt 12 Bad Segeberg-Nord, B206 Bahnhofstraße, Parkplätze ausgeschildert (kostenlos). **Zeiten:** Ende Juni – Anfang Sep Do – Sa 15 und 20, So 15 Uhr. **Preise:** 19 – 31,50 €; Kinder 5 – 15 Jahre 15,50 – 25,50 €; Familien ab 4 Pers Erw 16,50 €, Kinder 14,50 €.

▶ Das **Freilichttheater** am **Kalkberg** beeindruckt allein durch seine Größe und seine traumhafte Lage. Wenn dann noch **Winnetou** und **Old Shatterhand** erscheinen und über die Bühne reiten, gibt es kein Halten mehr. Schon seit 1952 wird jedes Jahr eine neue Geschichte aus dem Leben des berühmten Apachen aus der Feder von *Karl May* erzählt. Zur Tradition gehört es auch, mehrere Stars zu verpflichten. So gehörten *Pierre Brice* und *Erol Sander* zum Ensemble. Seit 2019 spielt *Alexander Klaws* den Winnetou. An bestimmten Tagen sind auch **Backstage-Führungen** buchbar (15 € pro Person), außerdem könnt ihr das **Indian Village** besuchen (2,50 €, Kinder 2 €).

⬜ Macht es euch gemütlich mit Kissen und Verpflegung, denkt aber auch an passende Kleidung, denn die Vorstellungen finden bei fast jedem Wetter statt!

Zum Glück gibt es die umweltfreundlichen Reiseführer von pmv!

Denn unsere Tipps und Touren sind so vielseitig wie umweltschonend, so amüsant wie lehrreich. Von AutorInnen sorgfältig ausgewählt und liebevoll beschrieben. So machen die Texte Lust auf Unternehmungen in der freien Natur oder der Stadt. Anfahrt mit ÖPNV, regionale Einkaufs- und Einkehrmöglichkeiten sowie am Ende die umweltfreundliche Herstellung der Bücher machen das grüne Glück perfekt.

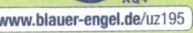

www.blauer-engel.de/uz195

Stand: 01.01.2022 ©hvv

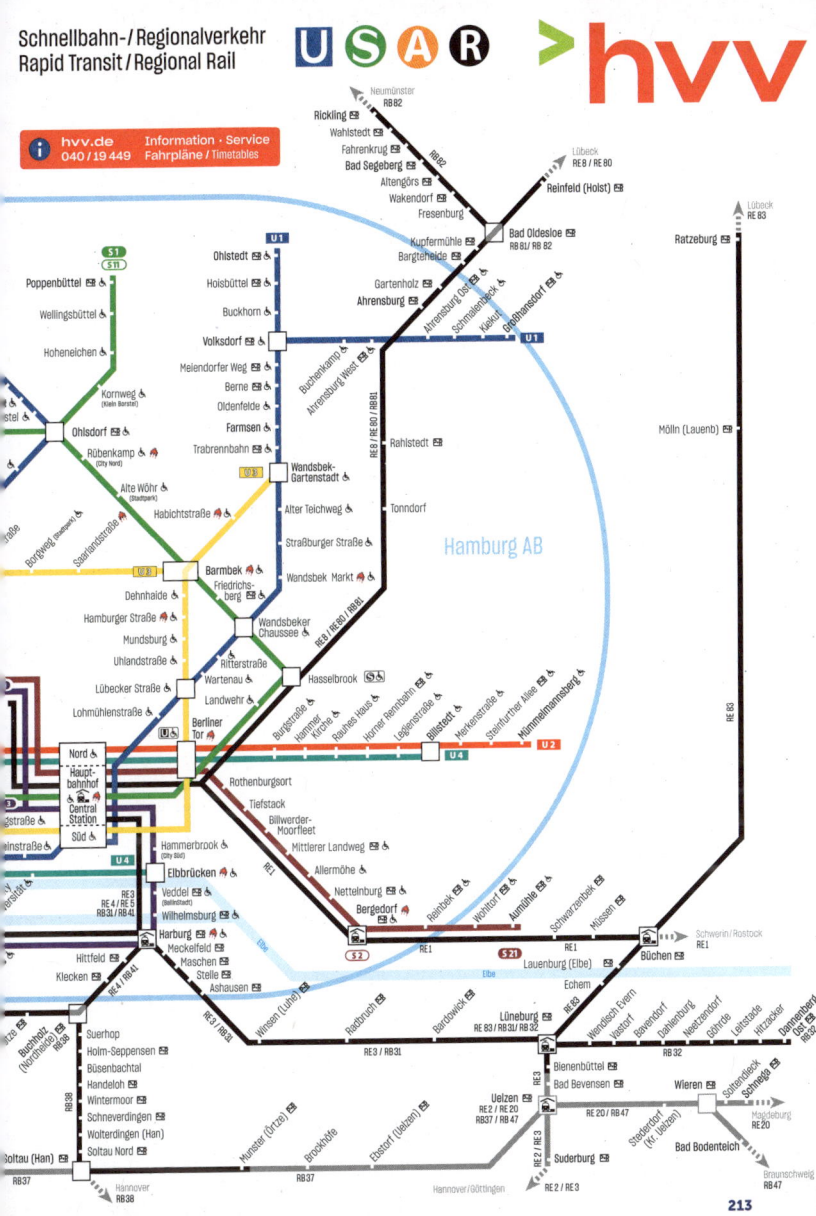

HAMBURG
Umland

Kiel

ErlebnisWald Trappenkamp

Kellinghusen

Wahlstedt

Bad Seg

Noct

Karl-May-Spiele

Itzehoe

Bad Bramstedt

206

Krempe   23

7

Kaltenkirchen

Glückstadt

Barmstedt

4

Henstedt-Ulzburg

B

432

Elmshorn

Torfbahn

Wanderung zum Himmelmoor

75

21

Drochtersen

Quickborn

Stadtpark

Gut Wulksfelde

Bargteheid

Tornesch

Norderstedt

Schloss Ahrensburg

Uetersen

Hof Wiedwisch

Arriba

Eiscafé

Ahrensburg

Himmelpforten

Almthof

PINNEBERG

Quellenhof

Gut Wulfsdorf

Stade

Schenefeld

Alsterwiesen

Kleinhuis'

Die Insel

Wedel

HAMBURG

1

404

Freilicht-museum

Wildgehege Klövensteen

Hoppelino

74

Schulauer Fährhaus

Eisenbahn-museum

Garte

Fredenbeck

Obsthof Matthies

Glinde

Klette

Horneburg

26

Radausflug ins Alte Land

Spiel-scheune

Reinbek

Schloss Berge

Leuchtfeuer Bunthaus

Die Esele

Buxtehude

73

7

Fußball-golf

Stern-warte

Harsefeld

Freilicht-museum

Hof Eggers

NIEDER-SACHSEN

Wildpark Schwarze Berge

Café Molina

3   261

Seevetal

404

Hoch

Märchen-wanderweg

Winsen (Luhe)

Museumsbauernhof Wennerstorf

39

Zeven

Buchholz i.d. Nordheide

1

Alaris Schmetterlingspark

Sittensen

Bremen

Tostedt

Lüneburger

Lüneburg

Unterwegs im Tister Bauernmoor

1

Walderlebnis

Naturium

Barfußpark Egestorf

75

Bien

Scheeßel

Schaf-stall

Heidekiosk

Heidemuseum Dat Ole Hus

7

209

Abenteuerresort

Rotenburg (Wümme)

Kutschenmeyer

Schneverdingen

Hofbräu Wirtshaus

Hei

71

Greifvogel-Gehege

440

Das verrückte Haus & Abenteuer-Labyrinth

Zeichenerklärung Karten

Frei-/Hallenbad	Minigolf
Strandbad	Theater, Kreativ
Paddeln, Surfen lernen	Spielplatz
Personenboot	Wintersport, Rodeln
Fähre	Leuchtturm
Wanderung	Windmühle
Zoo	Burg, Schloss
Tier-/Wildpark	Kirche
Schmetterlingsgarten, Vogelpark	Friedhof
Reiten, Führen	Museumsbahn
Kinderbauernhof	Museum
Wassertierpark	Betriebsbesichtigung
Lehrpfad, Umweltinfo	Gaststätte, Café
Natursehenswürdigkeit	Laden
Radtour	Buchhandlung/ Bibliothek
Fahrradverleih	Information
Kletterpark	Bahnhof
Skatepark	

Tipps für Clevere

Sport & Spiel	Packtipp
Wandern	Museumsbahn
Rund ums Wasser	Supertipp
Geburtstag feiern	Wissenstipp
Restaurant &	Einkaufen
Café nahebei	Boot fahren

© pmv Peter Meyer Verlag

N

1 cm
690 m

© pmv PETER MEYER VERLAG

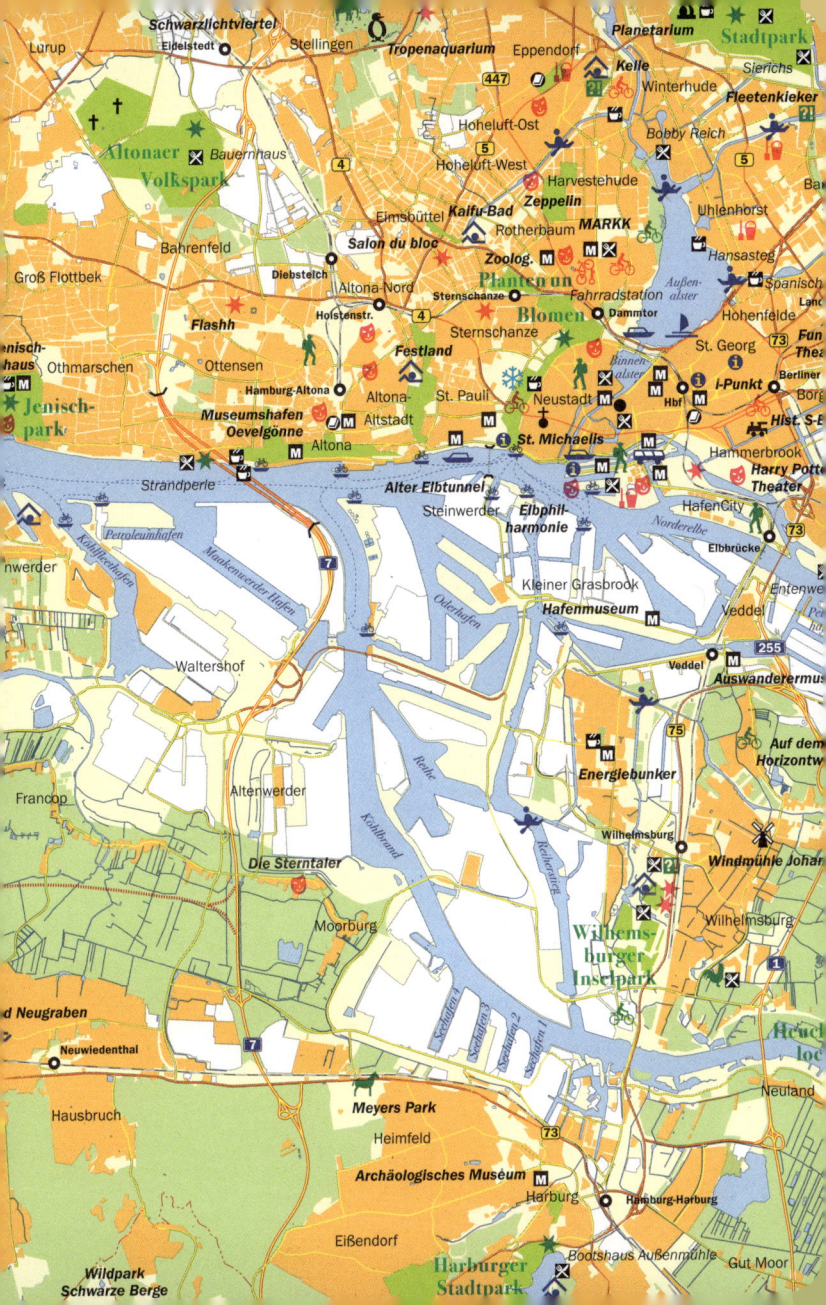

HAMBURG
Stadt – Nordosten

SCHLESWIG-HOLSTEIN

Langenhorn

Schnelsen

Junge Mimen

Niendorf

Hummelsbüttel

Fuhlsbüttel

Hamburg Airport Helmut Schmidt

Rad zur R

Ohlsdorf

Tierhaus Steilsh

Bondenwald-Bad

Ponyhof Niendorfer Gehege

Waldschule

Eidelstedt

Alsterdorf

Sengelmannstr. (City Nord)

Steilshoop

Groß Borstel

Poseidon-Bad

Güterumgehungsbahn

Lokstedt

Alsterdorf

Polizeimuseum

Rübenkamp

Schmidt & Schmidtchen

Barmbek-Nord

Tierpark Hagenbeck

Planetarium

Stadtpark

Alte Wöhr (Stadtpark)

Schwarzlichtviertel

Eidelstedt

Stellingen

Tropenaquarium

Eppendorf

Kelle

Sierichs

Barmbek

447

Winterhude

Fleetenkieker

Hoheluft-Ost

Bobby Reich

5

Hoheluft-West

onaer Bauernhaus

Volkspark

4

Harvestehude

Zeppelin

Uhlenhorst

Barmbek-Süd

Bahrenfeld

Eimsbüttel

Kaifu-Bad

Rotherbaum

MARKK

Hansateg

Eilbek

Salon du bloc

Diebsteich

Zoolog.

Fahrradstation

Außen-alster

Spanische Treppe

Hamme park.

Flashh

Altona-Nord

Holstenstr.

4

Sternschanze

Dammtor

Hohenfelde

Landwehr

Ottensen

Sternschanze

Plantenun

Blomen

Binnen-alster

St. Georg

73

Fundus Theater

Berliner Tor

Festland

Hamburg-Altona

Altona-Altstadt

St. Pauli

Neustadt

Hbf

i-Punkt

Borgfelde

Hamm

Museumshafen Oevelgönne

Altona

St. Michaelis

Hist. S-Bahn

Strandperle

Alter Elbtunnel

Steinwerder

Elbphil-harmonie

HafenCity

Harry Potter Theater

Hammerbrook

Norderelbe

7

Kleiner Grasbrook

Hafenmuseum

Elbbrücke

73

Rothen

coleumhafen

Moorwerder Hafen

Oderhafen

Veddel

Peute hafen

Billwer

Walterhof

Veddel

255

Auswanderermuseum

Wasse Kalteh

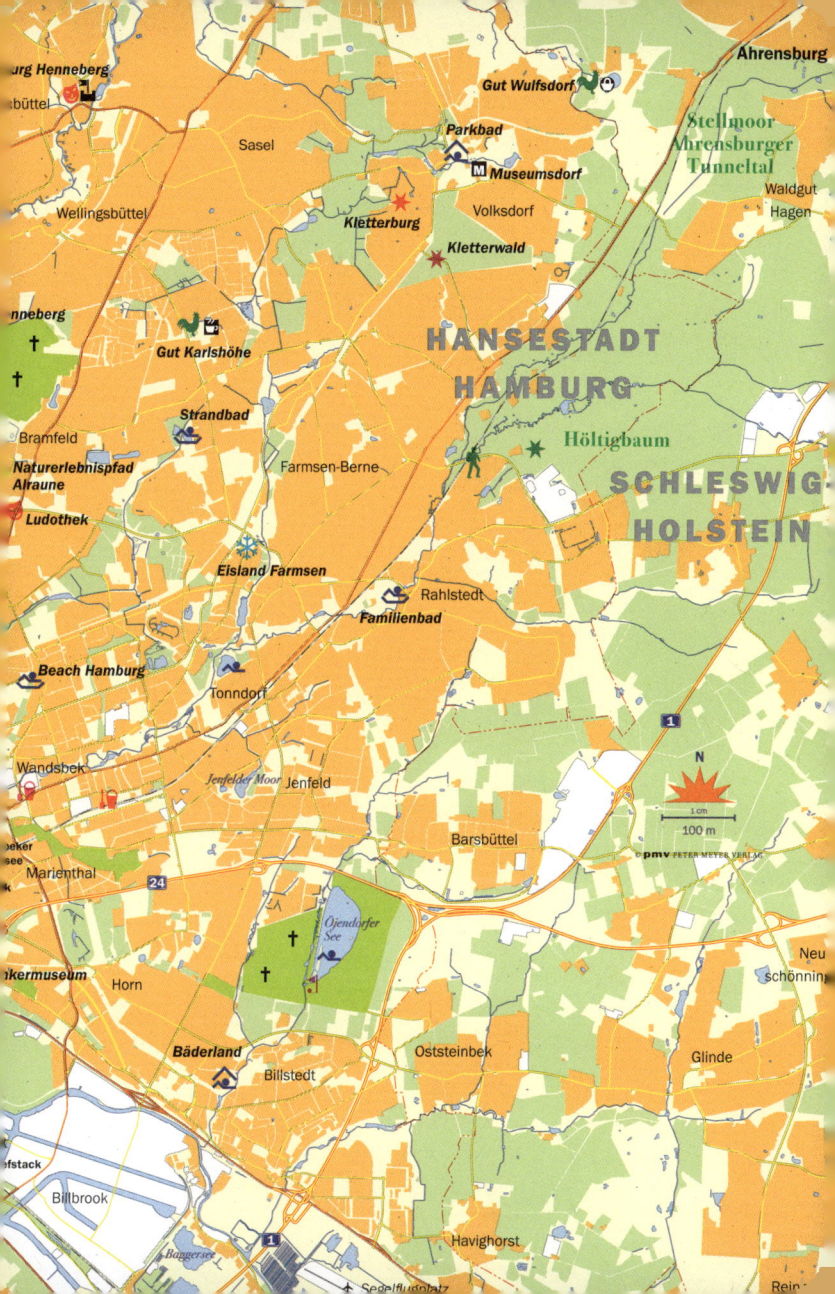

REGISTER